평범하지만 특별한
교사의 언어

평범하지만 특별한

교사의 언어

김태승 지음

푸른칠판

차례

Part 1.
건강한 관계를 만드는 교사의 언어

Part 2.
마음의 성장을
돕는
교사의 언어

Part 3.
진정한 만남으로 모두가 행복해지는 교사의 언어

대학을 졸업하고 교사가 되어 가장 어려웠던 것은 학급운영도 수업
도 아닌 생활교육과 상담 영역이었다. 대학에서 배운 것과 현장은
많이 달랐고, 학급운영과 수업을 잘 준비했더라도 갑자기 발생하는
문제상황에 당황하기 일쑤였으며, 이런 상황이 잘 갈무리되지 않으
면 애써 잘 세워 놓은 학급이 흔들리는 것을 경험했다.

　새 학년이 발표되면 머릿속으로 만나게 될 아이들과 학급을 상상
한다. 그리고 잘 짜 놓은 학급운영의 틀, 재미있고 의미 있는 놀이들,
배움과 즐거움이 있는 수업, 다양한 교육활동을 기획하고 준비한다.
학생이 변화하고 성장하는 모습을 지켜보는 나를 상상하면 무척 뿌
듯하고 기뻤다. 그러나 현실은 상상하거나 계획했던 대로 흘러가지
않았다. 온순하다가도 갑자기 분노를 표출하는 아이, 이 정도면 착

하다 생각했던 아이들 간의 미묘하고 소소했던 신경전과 커지는 파벌 갈등, 반복적으로 싸우고 화해하기, 아무도 뭐라 하지 않는데 쉽게 토라지는 아이, 가정의 변화에 방황하는 아이, 잘하고자 하는 의욕은 넘치는데 잘되지 않아서 실망하다 스스로 폭발해 버리는 아이 등등 잘 굴러가던 학급도 한 번씩 생각지 못한 곳에서 사건이 터진다.

이 책에서는 선생님들의 효과적인 생활교육 및 상담, 지도, 지시 및 훈육에 구체적인 도움을 주고자, 학생의 내면 성장과 행동의 변화를 이끌기 위한 다양한 의사소통 전략과 검증된 상담 기술을 실제 사례와 함께 설명했다. 이 책에 소개한 모든 사례는 학생들과 실제로 대화한 내용들을 거의 왜곡하지 않고 기록한 것이다. '상담, 대화'와 관련된 책들은 대화와 기술이 강조되다 보니 행간이 생략된 경우가 많아서, 말하는 이의 정확한 의도, 전략이 무엇인지 모르고 잘못 이해하게 될 때가 있는데, 이 책에는 생략된 행간이 거의 없다.

또한 생활교육과 상담을 진행하며 주의 깊게 보았던 학생의 마음 상태, 심정, 욕구, 신념들을 보고 판단하는 근거와 결과를 그대로 풀어냈다. 대화 방법을 그대로 따라 하는 것을 목표로 하지 않았고, 이 책을 읽는 선생님들이 자신의 교실 상황, 자신의 스타일에 맞게 대화 전략을 선택할 수 있도록 선택의 기준 등을 제시하고 판단 근거 등을 소개하였다.

이를 위해 학생 간의 갈등 상황에서 처음 개입하는 방법, 대화를 시도하는 방법을 묘사해 두었다. 또 학생의 어떤 모습을 관찰해야 하는지, 이것을 어떻게 해석할 수 있는지, 학생의 말에 어떤 이유로 직면을 선택하고 어떻게 직면을 하는지 3인칭 시점으로 자세히 서술했다.

각 사례의 끝에는 해당 사례와 관련하여 꼭 기억해야 할 것, 흔하게 놓치는 부분, '교사의 언어'를 더 효과적으로 활용하는 노하우 등을 간략하게 정리했다. 각 장의 마지막에 정리되어 있는 '교육 전문가를 위한 대화의 기술'은 보다 깊이 있게 자신만의 생활교육 및 상담 대화 전략을 만들고자 하는 분, 상담을 막 배우시는 분들에게 더 흥미롭게 다가갈 것이다.

이 책은 상담 심리의 내용을 쉽게 풀어 쓴 것이지만 독자 성향에 따라 에세이처럼 느낄 수도, 아니면 전문서처럼 느낄 수도 있다. 어느 쪽이든 반복하여 음미할수록 느낌이 달라질 것은 분명하다. 다독과 숙독을 통해 선생님들의 교실 상황과 비교하며 학습한다면 빛이 나는 교육활동을 돕는 '교사의 언어'가 만들어지리라 확신한다.

여기서 소개하는 '교사의 언어'의 흐름과 내용은 자신의 감정을 인식하고 관리하며 타인과의 관계를 유지하는 능력을 기르기 위한 사회정서학습SEL의 프레임 워크, 핵심 역량, 기술과 거의 동일하다. 이 책에서는 실제 교실 생활 장면에서 사회정서학습이 어떻게 학생들의 관계성 향상에 기여하며 학생을 성장시키는지 구체적인 사례로 보여 주고 있어, 관련된 학습을 준비하시는 선생님들께도 큰 도움이 될 것이다. 상담을 전공하는 선생님이나 전문상담교사를 꿈꾸는 분들에게도 좋은 공부가 될 것이다.

　결국 이 책이 추구하는 것은 '우리 마음에 확신을 갖자'는 것이다. 나와 타인의 본심을 인식하고 그것을 나누면 대부분의 갈등이 해결되는 것을 오랫동안 경험해 왔다. 비난, 평가가 난무하는 세상 속에서 따뜻한 마음, 진정성이 발현되지 못하는 삶을 살고 있는 우리가 때로는 마음이 만나는 잔잔한 경험을 통해 소소하지만 꾸준히 성장하고 변화하는 그 모든 모습을 이 책에 담았다. 아무쪼록 이 책의 맥락과 상황, 대화의 흐름을 익혀 선생님들 각자에게 최적화된 '교사의 언어'가 많이 탄생하길 기대한다.

　오래전 처음 상담을 배우게 되었을 때에는 말장난 같아서 타인에 대한 의심과 회의적인 시각이 가득했다. 그때 감수성훈련, 집단상담을 통해 처음으로 진한 본심, 선한 마음을 느끼게 되었다. 그 경험이 없었다면 이 책도 없었을 것이다. 그때 나를 훈련시켜 주고 자각하게 촉진해 주신 수리산 심경섭 박사님께 특별히 감사함을 전하고 싶다. 십수 년 전 상담 공부를 치열하게 했던 석박사 과정 선생님들께도 깊이 감사드린다. 아울러 이 책 주인공인 제자들 덕에 함께 성장했음을 고백하며 감사의 말을 전한다. 이 책이 바쁘고 열악한 학교 현장에서 묵묵히 소임을 다하고 계신 선생님들과 학생들이 서로의 본심을 찾고 함께 마음을 나누며 성장할 수 있는 마중물이 되길 기원한다.

　　　　　－ 모든 이가 '충분히 기능하는 사람'이 되길 바라며, 김태승

이 책은 효과적인 생활교육과 상담, 훈육에 필수적인 의사소통 기술 및 전략을 실제 사례로 쉽게 풀어냈다. 내면의 변화와 성장에 필요한 기술과 과정을 비전공자도 쉽게 따라 할 수 있도록 대화로 풀어서 설명하였다. 얼핏 보면 일상적인 대화지만 자세히 들여다보면 대화의 과정과 언어들 속에 학생의 변화와 성장을 촉진하기 위한 분명한 목적이 담겨 있음을 알 수 있다. 일상적으로 쓰는 언어도 '성장과 변화'라는 목적을 지닐 때 큰 힘을 발휘한다. 이 책의 목적은 교실 속 일상 대화의 과정을 살펴보면서 학생이 가진 본심을 이끌어 내고 그것을 바탕으로 성장과 변화를 가능하게 하는 대화 기술을 익히고 연습하는 데 있다. 따라서 교사의 말들을 색자로 표시하고 괄호 안에 대화 기술 방법을 표기해 두었다. 이 책에서 소개하는 주요 대화 기술들의 기능, 목적, 유의점 등을 살펴보면 다음과 같다.

개방적 질문과 폐쇄적 질문

- **기능** : 학생의 정보와 상황을 탐색할 때 '질문'을 쓴다. 질문에는 크게 개방적 질문과 폐쇄적 질문이 있다. 폐쇄적 질문은 '네', '아니요'와 같은 단답형 대답을 유도하며 사실 확인을 위한 질문을 제외하고는 대부분 대화를 지적, 비난, 꾸지람 등으로 이끌기 쉽고 관계를 흔드는 비효과적인 훈육으로 마무리하게 만든다. 따라서 간단한 정보를 확인할 때 폐쇄적 질문(확인)을 쓴다. 한편 개방적 질문은 학생 자신의 상태와 마음을 구체적으로 탐색하고 스스로 알아차리도록 이끌기 때문에 이 대화가 자신을 불편하게 하지 않을 거라는 심리적 안정감을 갖도록 한다. 더 많은 이야기를 할 수 있는 기회를 열어 주고 심리적 저항을 낮춰서 편안한 상태로 가벼운 대화를 이끌어 나갈 때 개방적 질문을 활용한다.
- **목적** : 학생이 스스로 자신의 감정과 상태를 알아차리고 탐색하여 표현할 수 있도록 지지하고 지속적인 의사소통이 가능한 상태로 만든다.
- **유의점** : 학생에 따라 혹은 학생의 심리 상태에 따라 개방적 질문에도 대답하지 않을 때가 있다. 이는 상담 관점에서 보면 지

극히 '그럴 수 있는' 상황이다. 교사가 조언, 판단, 추궁, 비난의 의도로 질문한다고 느끼면 대답하지 않을 수도 있다. 대답을 잘못하면 비난받을지도 모른다고 생각하기 때문이다. 또 "왜?" 라는 질문은 되도록 하지 않는다. '왜'라는 단어는 질문한 사람의 의도와는 관계없이 상대방의 의도에 맞춰야 한다는 압박감을 줄 수 있기 때문이다. 어떤 이는 '왜'라는 질문 자체가 나쁘지 않다고 말하는데, 갈등 상황이나 문제 해결이 필요한 상황에서는 '왜'라는 질문으로 인해 책임 소재에 집중하게 되어 문제 해결보다 문제상황에 대한 비난으로 대화가 마무리되는 경우가 많다. 따라서 일상의 학습에서는 자주 활용하더라도 생활교육을 할 때에는 비난, 추궁의 의미를 담고 있지는 않은지 점검하고 활용하도록 한다. 또한 한꺼번에 많은 질문을 하면 학생을 방어적으로 만들고 특히 저학년일수록 인지적인 과부하가 걸려서 교사가 의도한 대화가 되지 않을 가능성이 높다. 아무리 편안한 개방적 질문이라도 질문에만 의존하면 대화를 성장으로 이끌지 못하고 잔소리로 끝낼 확률이 높다. 폐쇄적 질문을 본문에서는 '확인'으로 표기했다.

- **예시** : "슬픔아, 무슨 일이야? 이거 망가졌어요?"(확인), 35쪽 / "퉁명아, 무슨 일이야?"(개방적 질문), 118쪽

탐색적 질문

- **기능** : 개방적 질문과 비슷하지만 보다 구체적으로 자신의 상태(감정, 행동, 생각, 욕구, 의도 등)를 탐색하도록 유도하는 목적으로 활용한다. 문제상황을 바라볼 시야를 제공하거나 균형 잡힌 관점을 갖추도록 촉진하는 역할을 한다. 탐색적 질문을 통해 학생의 통찰과 성장을 도울 수 있으며, 때로는 직면의 효과를 얻기도 한다.

- **목적** : 보다 직접적인 탐색을 통해 문제의 본질을 확인하고 자신이 바라는 바를 정확하게 알아차리도록 하는 촉진적 언어이다.

- **유의점** : 불필요한 탐색이 많으면 학생이 문제의 핵심을 인식하기 어려울 수 있다. 마치 수사기관에서 취조당하는 것 같은 압박감을 느낄 수도 있다. 탐색적 질문 자체가 학생 자신의 내면을 탐색하여 그가 가진 문제 해결 자원, 역량, 능력, 동기, 욕구 등을 발견하게 하려는 의도를 담고 있으며, 통찰을 촉진하는 역할을 해야 한다. 따라서 이런 목적에 부합하고 있는지 대화 과정 자체를 계속 모니터링 하지 않으면 학생과의 대화 속에서 서로 힘만 들 수 있다. 더구나 모든 탐색에는 심리적 에너지가 쓰인다. 탐색적 질문 이후에 학생이 자신의 알아차림을 표현하면 공감적 반응을 보여 주어 탐색을 지지하고 격려하는 것이 효과적이다.

- **예시** : "누구에게 미안하고, 무엇이 후회되나요?"(탐색적 질문), 67쪽

반영

- **기능** : 학생이 자신의 감정과 정서를 알아차리지 못할 때 이를 반영함으로써 알아차리게 할 수 있다. 학생이 자신의 감정을 부정적으로 평가하면 이를 외면하고 탐색하지 못할 수 있는데, 이때 교사가 감정에 대한 반영을 해 주면 학생이 자신의 감정을 자유롭게 표현하도록 격려하는 효과가 있다. 반영은 감정을 정확하게 파악하도록 하는 동시에 학생 스스로 그 감정을 인식하고 수용할 수 있도록 촉진시킨다.

- **목적** : 학생이 자신의 감정과 정서를 인식하고 표현하도록 촉진하는 데 활용한다. 또 그동안 표현하지 못했던 감정이 어떤 의미인지 드러나도록 하며 현재 자신의 감정과 문제에 대해서 어떻게 해야 할지 알아차리도록 촉진한다. 따라서 학생의 감정을 단순히 진술해 주는 반영뿐만 아니라 그 순간의 감정에 머무를 수 있도록 도와주는 반영을 시도해야 한다.

- **유의점** : 학생은 교사를 권위자라고 받아들이기 때문에 교사의 반영이 자신의 감정이라고 믿을 수 있다. 따라서 교사가 자신의 감정을 학생의 감정이라 착각하고 잘못 반영하거나 유도된 반영을 하면 대화의 관계가 약해진다. 또한 학생에 대한 정보가 충분하지 않을 때, 학생이 감정 표현에 대해서 거부할 때, 격한 감정을 해결할 시간이 충분하지 않았을 때, 학생이 감정을 다루는 능력이 다소 서툴 때에는 감정 반영을 하지 않는 것이 좋다.

왜냐하면 감정을 다루는 능력이 서툰 상황에서 스스로 감당하지 못할 감정이 튀어나온 것일 수도 있기 때문이다.

- **예시** : "지금 동동이 마음이 어때요? 선생님 보기엔 억울한 듯한데."(반영), 125쪽

재진술

- **기능** : 대화의 내용을 중심으로 학생이 이야기한 것을 다시 한 번 진술해 주어 혼동되는 내용을 명료화하거나 가장 중요한 문제에 우선적으로 주의 집중하게 하는 효과가 있다. 이는 일종의 반영과 비슷한 효과가 있는데, 학생은 교사를 통해 자신의 감정과 생각에 귀 기울여 들어 보는 경험을 하게 된다. 이는 자신의 문제를 객관화시키며 주도적으로 탐색할 수 있는 동기가 된다. 교사와 학생 간의 신뢰 관계 형성에 도움이 되며, 교사에게는 학생의 말을 잘 이해하고 있는지 점검하는 기회가 된다.
- **목적** : 재진술은 단순히 학생의 말을 이해하고 있다고 표현하는 것에서 나아가 학생이 경험한 핵심이 무엇인지 파악하여 문제에 집중하여 변화를 위해 내면의 이야기를 꺼내도록 돕는 데 목적이 있다.
- **유의점** : 지나치게 반복적으로 재진술을 하지 않는다. 대화에 집중하지 못해서 반복적으로 하는 것일 수도 있다. 재진술을 하면

서 흔하게 하는 실수가 학생 말에 의미를 덧붙이거나 비의도적으로 왜곡하는 것이다. 이는 대화의 신뢰 관계를 흔들 수 있다. 따라서 교사의 재진술이 정확한지 확인해 가며 연습해야 한다.

- **예시** : "아, 너는 친구들과 친해지고 싶은데 아이들은 널 안 좋아한다고 생각하는구나?"(재진술), 105쪽, "선생님이 이해하기로는 ~인데?", "선생님이 듣기에는 마치 ~로 들려.", "너는 ~라고 생각하는구나."(재진술)

직면

- **기능** : 대부분의 사람은 타인으로부터 자신을 방어하기 위해 불일치하거나 상반된 언행을 한다. 직면은 이러한 말과 행동에서 드러난 모순점과 불일치를 마주함으로써 생활 속 경험과 의사소통에서의 애매모호함, 부조화를 감소시킬 수 있으며 자기 이해와 변화, 성장을 위한 동기 수준을 높일 수 있다. 불일치의 종류는 언어적 진술 간의 불일치("너는 괜찮다고 말하면서 다른 애가 너에게 화낸다고 이르고 있네?"), 말과 행동 간의 불일치("괜찮다고 하지만 눈물이 나고 있는데?"), 두 가지 행동 간의 불일치("미안하다고 하면서 너의 표정은 화로 가득해 보이는구나."), 행동과 가치(신념) 간의 불일치("최선을 다해야 한다고 생각하면서 숙제는 안 해 왔구나."), 자신의 인식과 경험 간의 불일치("친구가 없다고 하지만 체육 시간에 친구들과 같이 응원

하는 것 같던데?"), 이상적 자아와 현실적 자아의 불일치("시험을 잘 볼 수 있다고 말하면서도 이번 시험 망칠 거라고 말하는구나."), 교사와 학생 생각의 불일치("너는 스스로 성실하지 않다고 생각하지만 선생님이 봤을 때는 지금 최선을 다하는 것으로 보여.") 등이 있다.

- **목적** : 자신의 일상과 삶 속에서 많은 영향력을 행사하고 있는데도 의도적으로 피하고 있는 사실과 불일치한 언행을 상기시켜 깨닫게 한다. 이를 통해 불일치되는 언행이 학생 자신의 성장에 도움이 되지 않음을 알아차리고 통찰하여 변화할 수 있도록 촉진한다.

- **유의점** : 사람은 누구나 크고 작게 자신의 생각과 행동, 말이 일치하지 않을 때가 많다. 직면은 이런 모순을 알아차리게 해 변화와 성장의 출발점이 되기도 한다. 하지만 모순점을 지적받으면 공격당하는 기분이 들기 쉽다. 따라서 직면은 따뜻하게 해야하며 비난이 아니라 '학생의 내면 성장'이라는 분명한 목적을 가지고 해야 효과적이다. 직면을 잘못 사용하면 학생은 자신이 비난받는다고 생각할 수 있다. 사실 직면은 교사가 일상적으로 가장 자주 쓰는 생활교육 방법이다. 다만 직면을 해도 변화하지 않는다면 직면의 수준을 높여야 한다. 학생에 대한 진심 어린 애정을 바탕으로 직면해야 한다. 학생에 대한 진심 어린 애정이 없는 상태에서 직면을 쓴다면 학생은 비난, 지적, 비꼼으로 받아들이고 관계가 훼손될 수 있다는 점에 유의한다. 학생들은 인지발달이 완성되지 않은 상태라 언행에서 쉽게 불일치를

발견할 수 있는데, 교사가 이런 인지발달 수준을 고려하지 않고 불일치되는 면을 직면하는 것은 위험하다. 직면은 학생에게 변화가 없더라도 실망하지 않고 다음 대화를 할 수 있다는 판단이 설 때 활용해야 한다. 따뜻하면서도 날카로운 직면은 변화와 성장에 효과적이므로 직면을 쓸 때는 섬세하게 살피며 활용한다.

- **예시** : "앞부분은 안 되어 있는데, 어떻게 다 했다고 검사를 받죠?"(직면), 288쪽

즉시성

- **기능** : 학생의 행동에 대한 교사의 반응이 즉각적으로 드러나는 것으로, 교사가 자신의 감정과 반응을 개방하여 학생의 통찰을 돕는 것을 뜻한다. 교사 또는 권위가 있는 전문가 입장의 반응이 아닌 한 인간이 자신을 그대로 드러내는 '개방'에 가까우며 보다 학생 중심의 반응이다. 의사소통의 명확성을 증가시켜 통찰과 성장을 이끄는 대화를 구사할 수 있게 된다. 즉시성은 직면의 요소를 포함한다. 일상에서 즉시성과 직면은 혼용되어 나타나기도 한다. 따라서 직면의 기능이나 유의점과 유사하다. 다만 즉시성은 지금-여기(Here & Now)를 더 강조하며 이를 통해 핵심 이슈에 더 집중할 수 있도록 한다.

- **목적** : 학생의 언행에 대한 교사의 즉시적인 개방과 반응으로

학생을 성장으로 이끄는 대화를 만든다.

- **유의점** : 교사의 권위에 기댄 즉시성은 곧 비난이 될 수도 있다. 따라서 인간적인 모습으로 즉시성을 노출해야 한다. 자기표현을 잘 못하는 학생이라면 교사의 즉시성 기법을 부담스럽게 느낄 수 있다. 때에 따라서는 교사의 의도와 다르게 비난으로 생각할 수 있으니 학생과의 평소 관계 수준, 현재의 심리 상태를 잘 살펴보고 해야 한다.
- **예시** : "선생님이 보기엔 튼튼이가 어떻게 사과해도 네가 안 받을 것 같은데?"(즉시성), 30쪽

자기 개방

- **기능** : 자신의 이야기를 솔직하게 전달하면서 대화의 목표와 실행에 새로운 시각을 제공한다. 모델링 효과가 있기 때문에 학생이 자신의 솔직한 마음을 이야기할 수 있도록 촉진한다. 대화에 불신을 갖고 있는 학생에게 효과적인데, 자기 개방에는 '감정 개방', '경험 개방' 등이 있다.
- **목적** : 학생의 내면 탐색과 문제상황의 이해에 필요한 새로운 시각을 제공한다.
- **유의점** : 충분한 신뢰 관계가 없는 상태에서 자기 개방을 하면 대화의 흐름을 깨뜨릴 수 있다. 또한 교사의 지나친 자기 개방

은 학생의 진정한 통찰을 방해할 수 있다. 자기 개방은 문제상황을 탐색하고 구체적으로 이해할 수 있는 틀을 제시한다는 분명한 목적을 가지고 해야 한다.

- **예시** : "언제까지 남 탓만 할 건가요?! 1학년 때 욱이가 잘못한 것까지 회상할 건가요? 선생님은 매우 속상하고 화까지 납니다!"(자기 개방), 65쪽

경청

- **기능** : 학생이 전달하려는 말을 포착하고 이해하는 능력을 뜻하는데, 이때 언어적 메시지뿐만 아니라 비언어적인 메시지도 함께 관찰하여 진짜 의미를 파악하는 것이 핵심이다. 경청은 일반적인 듣기의 수준을 넘어선다. 눈을 마주치고 귀를 기울이며 상대의 마음을 읽는 것이다. 상대의 심정, 본심, 의도, 욕구에 집중하여 듣는 것이다. 따라서 경청은 그 자체로 공감이 되기도 하며 치료 효과가 있다. 또한 학생의 심리적 저항을 낮추며, 학생이 자신의 본심을 확인하고 내면을 탐색하여 행동 변화에 이르도록 용기를 주고 격려하는 역할을 한다.
- **목적** : 경청을 통해 학생과 교사의 신뢰 관계가 형성되고 이는 작업동맹으로 이어진다. 학생이 존중받고 있음을 느끼며 그 과정에서 자신의 감정과 내면을 솔직하게 털어놓을 수 있어 불편

한 감정이 정화된다. 경청을 통해 단순히 시시비비를 따지는 수준을 넘어 마음을 나누어 변화를 이끄는 수준으로 만들기 위해 활용한다.

- **유의점** : 경청은 의욕만 있다고 되는 것이 아니다. 또 의무감으로 해도 잘되지 않는다. 흔히 '듣는 것' 자체를 '경청'으로 인식하는데 듣기와 경청은 하늘과 땅 차이만큼 다르다. 경청을 하기 위해서는 신체적인 피로가 덜하고 컨디션이 좋아야 한다. 또한 경청이 안되는 5가지 요인을 기억하며 자신의 대화 메타인지를 활용하여 경청이 되고 있는지 모니터링 하는 것이 효과적이다.

① 교사 자체가 어떤 이슈가 있어서 불편한 마음이 있는 경우

② 학생을 인격적으로 평가하게 되는 경우

③ 섣부르게 판단하는 편견이 있을 경우

④ 교사의 지도 의욕이 과도한 경우

⑤ 학생에게 동병상련을 느끼는 경우

맥락상 빠진 내용이 무엇인지 점검하며 듣는 연습을 해야 하고, 억지로 의무감에 하는 경청은 교사의 심리적 에너지만 소비시키기 때문에 의무감으로 경청하지 않도록 한다. 무엇보다도 경청하고 싶을 때 경청을 하는 것이 가장 좋다.

- '재진술, 탐색적 질문, 반영, 공감'은 모두 경청을 기반으로 한다.

- **수용** : 감정, 심정, 정서를 이해하고 받아들이는 것이다. 수용은 경청과 같이 학생의 본심과 내면이 더 드러나게 촉진해 주는 역할을 한다.
- **타인 정서 탐색, 자기 정서 탐색** : 앞에 있는 상대, 나 자신의 정서를 객관화시켜서 탐색하는 것이다. 대화를 이끌어 가기 위한 탐색적 질문의 형태를 띄는 것이 많다.
- **공감** : 맥락에 따라서 다르게 해석될 수 있지만 정서적·인지적·행동적 공감을 의미한다.
- **설명** : 일반적으로 교사가 학생에게 지도할 내용을 풀어서 이야기하는 것이다.
- **제안** : 어떠한 행동을 이끌어 내기 위한 마중물 역할을 한다. 지시를 할 정도의 상황이 아닐 때 제안을 통해 학생 내면과 행동의 변화를 이끌어 낼 수 있다.
- **지시** : 지도할 내용을 구체적으로 각인시킬 때 활용한다. 지시는 어떻게 활용하는가에 따라서 그 효과가 좋을 수도 그렇지 않을 수도 있음을 기억하고 사례에서의 맥락을 잘 고려해서 활용한다.
- **주의 환기** : 본 대화에 집중하여 몰입하기 전에 상황을 가볍게 정리하는 것이다. 이를 통해 지금-여기(Here & Now)로 학생을 이끌 수 있다.

Part 1.

건강한 관계를
만드는
교사의 언어

하루가 멀다 하고 싸우고 화해하기를 반복하는 일상,
찬찬히 생각해 보면 학교에서 싸우기만 했던 건 아닌데
집에 가면 꼭 싸웠던 일들만 기억하고 말하는 아이들.

사람 사는 세상에 다툼이 없는 것도 이상하지만,
교실 속 아이들의 갈등은 더 큰 문제로 번지기도 한다.
어떻게 하면 뒤끝 없이 잘 화해하도록 할까?
건강한 관계를 위해서는 어떻게 말해 줘야 할까?

사과받을 마음이
있는지도 중요해

농구공 제조사 현황 파악 국회의원 요구 자료를 기안하고 있는 교사
에게 과격이가 우당탕 뛰어와 거친 숨을 고르며 말한다.

"선생님, 튼튼이가 제 발을 밟고 사과를 안 해요!"

"그래? 그럼 튼튼이 좀 불러와 볼래?"(부탁)

잠시 후 튼튼이가 일그러진 표정으로 억지로 끌려오듯 다가왔다.

"튼튼아, 과격이 발을 밟고 사과를 안 했니?"(확인)

"(엄청 억울한듯) 아니에요! 사과했는데, 사과를 안 받아요."

"웃기시네. 네가 언제 사과했어?"

"내가 아까 미안하다고 했는데, 나한테 '웃기시네'라고 했잖아!"

튼튼이는 이 사건이 사과 거리도 아니라고 생각하는 모양이다. 평소에 과격이도 튼튼이에게 늘 거칠게 행동하기 때문이다. 반면 사과 받아야 한다고 주장하는 과격이는 튼튼이의 사과가 진심이 아니라고 생각하고 있다. 사실 과격이는 사과받을 생각도 없는 것 같다. 사실 관계만 체크해 본다면 사과를 했으나 상대는 비꼬았고, 사과한 아이는 억울해 하는 중이다.

아주 큰 잘못을 한 게 아니라면, 사과하면 받아 주는 것이 아이들 사이의 암묵적인 룰이다. '형식적인 사과'라고 하더라도 일단 '사과'라는 형식을 수용하여 넘어가곤 한다. 그런데 사과를 했는데도 사과 했는지 안 했는지 사실 관계를 따지는 데에는 몇 가지 이유가 있다. 첫째, 사과가 정확하게 전달되지 못했다. 예를 들어 사과하는 말소리가 너무 작아서 혹은 주변이 시끄러워서 안 들린 경우, 상대가 다른 곳을 보고 있을 때 사과하는 경우가 있다. 사실 이런 경우는 다시 사과하면 간단히 해결된다. 둘째, 둘 사이에 불편한 감정들이 쌓여 있는 경우다. 말로 하는 사과는 받았지만, 성에 차지 않는 것이다. 이런 경우는 사과받는 아이가 집요해지기도 해서 사소한 다툼이 묵혔던 감정 싸움으로 크게 번지기도 한다.

이번 일은 두 번째 이유 때문이다. 이럴 때는 사과를 했는지 안 했는지를 가리는 것보다는 아이들의 감정 나침반이 어디로 향하는지를 확인해야 한다. 이런 상황에서 시시비비를 따지다가는 조선 시대까지 거슬러 올라갈 수 있다.

"튼튼아, 아까 사과했다고 했지?(수용, 확인) 그런데 선생님이 지금 튼튼이를 보니 마치 화난 것처럼 보여."(즉시성)

"(고개를 떨구며 숨소리가 거칠어진다) 사과했는데, 자꾸 안 했다고 하니까 화가 났어요. 그리고 과격이가 지난번에 저에게……"

"잠깐만, 그럼 일단 하나만 물어볼게. 지금 튼튼이는 사과하고 싶은 마음이 있는데 화가 나서 사과가 안 나오는 거야? 아님 사과할 마음이 없는 거야?"(직면, 탐색적 질문)

튼튼이가 억울한 것을 이야기하고 싶었는지 현재 시점을 벗어나 과거의 일을 들춰내는 순간 교사는 단호하게 말을 가로막았다. 과거로 돌아가면 현재에 해결해야 하는 일과 자신의 감정에 집중할 수 없기 때문이다. 갈등 해결을 할 때의 대화는 '지금 여기here and now'에서 출발하는 것이 원칙이다.

"음…… 화가 나서 그런 거 같아요. 사과는 하고 싶어요."

"웃기시네! 네가 무슨 사과를 하고 싶다는 거야?"

과격이가 다시 끼어든다. 과격이가 이렇게 말하는 것을 보면 분명 쌓인 감정이 있다는 뜻이지만, 지금은 튼튼이의 감정부터 정확하게 살펴봐야 할 타이밍이다. 그래야 문제가 해결된다.

"(손을 입으로 가져가 '쉿'하는 동작을 취하며) 잠깐! 과격아, 선생님이 이야기를 듣고 있을 때 끼어들지 않았으면 좋겠어."(부탁)

"네."

"(부드럽고 천천히) 튼튼아, 샘이 보기에 지금 뭔가 억울해 보이고 화나 있는 거 같아. 화 많이 났어?"(반영, 탐색적 질문)

튼튼이는 그동안 뭔가 많이 참아 왔는지 눈물을 글썽인다.

"사과했는데, 자꾸…… 뭐라 해서 화가 나요."

"그렇지. 사과를 받아 주지 않으니 당황스럽고 조급했을 것 같아.(공감) 그런데 튼튼아, 정말 미안한 거야? 아님 사과를 해야 끝날 것 같아서 사과한 거야?"(탐색적 질문)

교사는 튼튼이의 감정이 격해 있다는 것을 알아서 다시 한 번 수용적인 태도로 질문을 건넸다. 아이는 마음을 탐색하는 질문을 듣고는 잠시 침묵한다. 당황하고 조급해지는 마음을 이해(공감)받으니 자신의 속마음을 탐색할 여유가 생겼기 때문이다. 이때가 가장 중요하다. 이 순간이 아이에게는 자신의 마음, 감정에 대해서 다시 살펴보는 시작점이 되기 때문이다. 잠시의 침묵이 흐르고 튼튼이가 말을 꺼낸다.

"미안하다고 사과하고 싶어요."

"응, 정말 미안하구나?(수용, 반영) 그럼 이제 과격이에게 사과해 보면 어떨까?"(제안)

"아까 발을 밟아서 미안해."

대부분의 아이들은 이쯤에서 사과를 받아 주는데, 과격이는 꼬투리를 잡으며 다그치듯 튼튼이를 몰아붙인다.

"뭐가 미안해? 진정성이 없잖아, 진정성이!"

이때 교사가 받은 느낌을 과격이에게 그대로 이야기한다.

"과격아, 혹시 사과받을 마음은 있니?(확인) 선생님이 보기엔 튼튼이가 어떻게 사과해도 네가 안 받을 것 같은데?"(즉시성)

"네? 아니 그건 아닌데요. 얘가 진정으로 사과를 안 해서요!"

"그래? 그렇게 느껴질 수도 있겠다.(수용) 그런데 선생님이 생각하기엔 과격이도 사과받을 마음이 없는 것처럼 느껴져.(반영) 어떻게 해도 받지 않을 사과라면 굳이 지금 사과받을 필요가 없을 것 같은데, 과격이 생각은 어떠니?"(탐색적 질문)

과격이는 사뭇 놀란 모습이다. 이런 사소한 다툼이 벌어질 때 대부분 사과시키고 마무리하는데 교사가 사과를 받지 않아도 된다고 말하니 당황한다. 이때 주의할 점이 있다. 교사가 핀잔을 주거나 비꼬듯 말하면 아이도 이를 정확하게 간파하여 튕겨 내듯 어긋나게 말한다는 점을 기억하자. 교사가 내레이션하듯 차분하게 말하는 것이 효과적이다.

"사과하는 사람의 진정성도 중요하지만, 사과를 받을 마음이 있는지도 중요한 것 같아."(설명)

"……"

"과격이가 사과받고 싶을 때 다시 올래?"(제안)

"(잠시 멈칫하다가) 아니요…… 지금 사과받고 싶은 마음 있어요."

과격이가 생각이 많아지는 듯싶더니 교사가 불러서 노는 시간이 줄어든다는 계산이 되었는지 허겁지겁 말한다.

"음, 그래. 그럼 튼튼이 눈을 볼래?(제안) 튼튼이는 지금 어떤 마음인 거 같아?"(탐색적 질문)

아이들이 서로 눈을 마주치는 것은 매우 중요하다. 서로의 눈을 차분히 바라보는 것은 어렵지만 진정성을 높이는 효과가 있다. 과격이가 튼튼이를 보자 튼튼이가 준비했다는 듯 말을 한다.

"과격아, 미안해. 내가 아까 사과했는데 다시 사과할게. 진짜 미안해."

교사와 과격이의 대화를 듣고 있던 튼튼이가 그 사이 많이 진정하고 사과를 다짐한 것이다. 사과가 차분하게 잘 전달되었다. 과격이는 마치 기다렸다는 듯이 처음과 다른 모습으로 사과를 받고는 다시 운동장으로 뛰어나간다.

아이들은 하루에도 몇 번씩 싸우고 화해하기를 반복한다. 잘 어울려 지내다가도 소소한 다툼이 지속되면 점차 애증의 관계로 변한다. 계속 쌓이는 불편한 감정들은 소통의 질을 떨어뜨리고 서로를 왜곡하게 만든다. 결국 아이들은 더욱 강하게 자신의 입장만 생각하게 되어 불편한 일에 대해 서로 다른 진술을 한다. 이런 아이들의 감정싸움에 교사가 개입하다 보면 지치기 마련인데, 지치는 이유 중 하나가 서로 다른 진술 속에서 무엇이 맞고 무엇이 틀렸는지를 찾는 작업이 지난하고 소모적이기 때문이다. 교사가 아이들의 시시비비를 가리는 것에만 집중하면 양쪽 모두에게 불공평하다는 원망을 들을 수 있고 교사와 학생의 관계에도 문제가 생길 수 있다. 그렇다고 해서 무엇이 맞고 무엇이 틀렸는지를 아예 가리지 않을 수도 없다. 그렇다면 어떻게 해야 할까?

우선 사안의 경중부터 판단해야 한다. 보호자에게 급하게 연락을 해야 하는 상황이 아니라면 둘의 행위에서 옳고 그름을 가리는 것에만 집중하지 말자. 아이가 억울하고 화난 상황에서 사과를 하지 못했던 이유는 무엇인지, 둘 사이에 쌓인 감정들이 있는 건 아닌지 살펴보고 탐색해야 한다. 그 과정에서 아이들의 흥분된 상태를 가라앉히고 아이 스스로 자신의 감정과 욕구를 살펴보며 자신이 진짜 원하는 관계와 상태는 무엇인지를 찾게 한다. 이때 '사실 확인-한 박자 천천히 마음 탐색하기(흥분 상태 벗어나기)-진정된 상태에서 눈 마주치기-지금 이 순간 바라는 바를 말하기'의 순서로 화해하도록 하자. 중요한 것은 억지로 사과를 하거나 받지 않도록 하는 진정성 있는 대화 시도이다.

아이가 자신의 마음을 조곤조곤 탐색하는 일은 쉽지 않다. 따라서 교사의 다양한 탐색적 질문과 확인이 중요한데, 이때 교사는 의견을 제안하는 형식으로 말해야 한다. 흥분된 상태에 있는 대부분의 사람은 다른 사람의 지시를 자신에 대한 비난이라고 생각하여 공격적인 태도 혹은 방어적인 태도를 취한다. 그런 상황이라면 결국 교사는 더 많은 에너지를 쏟아야 한다. 반드시 시시비비를 따져야 하는 사안이 아니라면 아이가 진정으로 바라는 자신의 마음을 탐색하도록 하는 것에 우선 집중하자.

정글 같은 교실이라도 눈에 띄는 모범생은 꼭 있다. 교사를 똘망똘
망 바라보며 멀지 않은 거리에서 조용히 교사의 목소리에 늘 귀를
기울이는 아이가 있다. '모범이'가 바로 그런 아이다. 뭔가를 월등하
게 잘하지 않는 아이라 해도 어떻게든 교사의 말을 잘 따르려고 노
력하는 아이의 '태도'는 교사에게 힘이 된다. 그런데 무슨 일인지 모
범이는 교실 뒤편 한 무리의 아이들에게 둘러싸여 있고 슬픔이가 소
리를 지르며 울고 있다.

"야! 너 때문에 이거 망가졌잖아! 어떡해, 이거 내가 아끼는 건데!!"

눈물 콧물을 다 쏟아 내는 슬픔이의 손엔 망가진 필통이 들려 있
고, 순식간에 모여든 아이들 속에서 모범이는 안절부절못하고 있다.
모범이는 슬픔이에게 몇 마디 건네고 멈칫멈칫 자기 자리로 돌아가

려 하고 있었다. 교사가 급히 다가가 슬픔이에게 말했다.

"슬픔아, 무슨 일이야? 이거 망가졌어요?"(확인)

"네, 이거, 으앙~ 쟤가 먼저 와서……(중략)"

이야기를 들어 보니, 모범이는 사물함의 상단(2층), 슬픔이는 하단
(1층)을 쓰는데 사물함 정리를 하던 모범이가 슬픔이의 팔을 쳐서 슬
픔이가 아끼는 필통의 투명 플라스틱 부분이 깨졌다는 것이다. 평소
대로라면 모범이는 교사가 가르쳐 준 대로 슬픔이에게 사과하고 이
일을 교사에게 알렸을 것이다. 그런데 모범이가 사과하지 않았다는
것이다. 교사는 슬픔이부터 진정시키고 모범이와 대화를 시도한다.

"모범아, 선생님하고 이야기 좀 할 수 있어?"(확인)

"네……"

"모범아, 무슨 일이 있었어?"(질문)

모범이는 선생님과 밥친구로 함께 밥을 먹을 때, 오래 이야기 나
누고 싶어서 일부러 밥을 두 그릇씩 먹는 아이인데 이번에는 아무
대답도 하지 않는다. 교사는 조금 당황했지만 다시 천천히 물었다.

"모범아, 무슨 일이기에 선생님에게 말도 못하고 그래? 괜찮아?"(탐색
적 질문)

교사가 걱정 어린 말투로 다시 묻자, 모범이는 울음을 터뜨렸다.
그 울음은 목구멍에서 슬픔을 삼키는, 서러움을 꾹 참고 훌쩍훌쩍하
는 울음이었다. 사실 모범이는 고의로 그런 게 아닌데, 슬픔이가 올

어 버리는 순간부터 당황했다. 평소 작은 실수나 잘못을 하지 않는 모범이였기에, 이런 상황이 굉장히 낯설고 당황스러워서 어떻게 대처해야 할지 몰랐던 것이다. 그런 와중에 선생님까지 알아 버렸으니 더 속상했을 것이다. 이때 교사가 모범이의 눈물을 멈추고 위로하기 위해 "괜찮아, 그럴 수도 있지."라고 먼저 말할 수도 있다. 그러나 한 박자 뒤에 위로해야 모범이가 좀 더 편안해질 것이다. 그리고 "괜찮아, 그럴 수도 있지."라는 말은 교사보다는 슬픔이가 해 주어야 더 의미가 있다.

> "모범아, 네가 일부러 그런게 아닌데 슬픔이가 울면서 뭐라고 해서 놀랐니?"(확인)
>
> "(끄덕끄덕)"
>
> "마음이 많이 미안했겠구나.(수용) 실수한 건데 미안하다고 말할 틈도 없어서 당황스러웠을 것 같아."(공감)

모범이는 계속 눈물을 흘리고 있었지만 아까처럼 힘들게 참으며 흘리는 눈물은 아니었다. 자신이 당황해서 잊고 있었던 감정을 교사가 공감해 주어서 스스로 알아차리고 자기 감정을 살펴볼 수 있는 심리적 공간이 생겼기 때문이다. 지금 이 순간 슬픔이와 모범이의 마음이 모두 편안해지려면 교사의 마음 촉진이 필요하다. 그 시작은 슬픔이에게 모범이의 상황을 살펴보도록 권하는 것이다.

"슬픔아, 지금 모범이 한번 볼래? 모범이가 어떤 마음인 것 같아?"(타인 정서 탐색, 탐색적 질문)

"억울해 보여요."

아이들은 자신이 주로 느끼는 감정을 상대도 느끼고 있을 거라고 인식하는 경우가 많다. 슬픔이는 평소에 자주 억울함을 느끼는 편이기도 하다.

"아, 그렇게 보였구나? 어떤 면이 억울해 보여요?"(탐색적 질문)

"제가 막 소릴 지르고 뭐라 뭐라 해서 억울한 거 같아요."

"그거야 슬픔이가 화나고 속상해서 그랬던 거잖아요."(공감)

"네, 그렇긴 한데…… 제가 막 울면서 소리를 질렀잖아요."

"그럼, 슬픔이가 보기엔 모범이가 억울하기만 한 것 같아?"(탐색적 질문)

"아뇨."

"그럼 또 어떤 마음이 있는 것 같아?"(탐색적 질문)

"미안해 하는 거 같아요. 일부러 한 것은 아니지만."

교사는 다소 진정된 슬픔이와 함께 모범이의 감정을 알아보았다. 이제 모범이의 감정을 탐색할 차례다. 양쪽의 감정을 비슷한 농도로 맞춰 주어야 감정을 나누기에 편하다. 그러나 교사가 살펴본 모범이는 아직 당황과 놀라움 속에 있다. 고개를 숙이고 있으며 눈에는 초점이 없다. 눈에는 많은 정보가 들어 있기 때문에 교사는 모범이의 눈을 잘 살펴본다. 눈은 뇌와 직접 연결되어 있는 감각기관이고 눈동자의 움직임, 시선은 아이의 내면을 살펴보는 단서가 되기 때문이다. 눈을 마주쳐서 주변의 모습을 함께 인식시켜야 한다.

"모범아, 슬픔이 눈을 한번 볼래?"(제안)

모범이는 울음을 겨우 참아 가며 슬픔이 눈을 바라본다.

"모범아, 슬픔이 보니 어떤 마음이 들어?"(탐색적 질문)

"미안해요…… 실수로 그랬어요."

"아, 미안하구나.(수용) 그런데 미안한 마음을 전달할 시간이 없었지?"(확인)

"네."

"지금 모범이의 미안한 마음을 슬픔이에게 전달해 볼까?"(제안)

"슬픔아, 미안해. 내가 실수로 그만……."

"모범아, 괜찮아. 실수한 거니까. 내가 막 소리치고 울어서 미안해."

흥분과 당황스러움을 가라앉히니 둘은 의외로 쉽게 사과를 주고받는다. 모범이처럼 평소에 실수나 잘못을 좀처럼 하지 않는 아이들은 이런 상황에 빠지곤 한다. 평소에 잘 생활하려는 아이일수록 다른 아이들의 시선에 당황하는 경우가 꽤 있다. 모범이는 교사를 잘 따르기도 하지만 평소 규칙이나 질서를 잘 지키고 학교생활에 효능감과 만족도가 높은 아이다. 규칙이나 질서를 잘 지키는 아이는 칭찬과 격려를 많이 받기 때문에 실패 경험에 쉽게 당황한다. 이런 아이들은 자신을 바라보는 기준이 높아서 작은 실수도 스스로 용납하지 않는 완벽주의자처럼 보이기도 한다. 그러나 이것은 완벽주의가 아니라 실수하면 안 된다는 '강박'이다. 살면서 누구나 실수하고 잘못할 수 있다. 교실 생활에서 중요한 것은 실수를 하지 않는 것이 아니라 실수했을 때 정말 미안하다고 진심으로 사과할 수 있는 용기를 가지고 사과와 용서를 구하는 행동이다.

아이들은 대체로 순하고 착하다. 어떤 장면에서 어떻게 하든 진심 어린 마음만 전달되면 뒤끝 없이 문제가 해결된다. 물론 가끔은 끝끝내 자기 분을 못 이기는 아이도 있지만, 그런 상황은 흔하지 않다. '진심 전하기'는 대단한 기교나 기술이 필요한 건 아니지만 그렇다고 마냥 쉬운 일도 아니다. 교실 현장에 많은 대화법이나 상담 기법이 잘 요약되어 소개되고 있어서 아이들을 이해하고 성장을 촉진하는 데 큰 도움이 되고 있다. 그런데 반드시 기억해야 할 것이 있다. 어떤 대화 기법이나 규칙, 스킬에서 가장 중요한 것은 바로 아이 스스로 자신의 감정과 욕구, 본심(진짜 마음)을 찾도록 해야 한다는 점이다. 그리고 그 마음을 밖으로 꺼내 전달할 수 있는 용기를 북돋아 주어야 한다.

성급한 위로는 오히려 독이 될 수 있다

이제 막 걸음마를 뗀 아이가 넘어지면 어떤 보호자는 막 뛰어가서 아이가 울음을 터뜨리기도 전에 "괜찮아? 괜찮아? 괜찮아! 괜찮아!" 라고 서둘러 말하며 아이를 안심시키려 한다. 사실 돌이 갓 지난 정도의 아이라면 몸이 가벼워서 넘어지더라도 크게 다치지 않고, 이미 걸음마를 떼며 엉덩이와 무릎, 손바닥이 단련되었기 때문에 크게 문제되지 않는다. 보호자는 그 사실을 모를까? 그렇지 않다. 다 알고 있지만, 그렇게 말함으로써 아이를 안심시키고 위로하는 동시에 자기 스스로를 안심시키기 위해서이다. 어쩌면 아이보다 본인 가슴이 더 철렁하며 놀랐기 때문에 위로와 안심이 필요한 것은 되레 보호자 본인일 수도 있다.

우리가 다른 사람을 위로할 때 자주 놓치는 것이 있다. 도움을 주고 싶은 마음에 '위로받는 사람의 상태'를 고려하지 않고 위로한다는 것이다. 예를 들자면 상심에 젖어 참았던 눈물을 흘리는 사람에게 "괜찮아, 뭐 그럴 수 있지!"라고 먼저 나서서 마무리하는 상황이 그렇다. 눈물을 흘리는 사람의 상태를 보고 적절한 타이밍에 위로의 마음을 전달해야 한다.

눈물을 흘리고 대성통곡을 하는 것은 개인의 감정 표현이다. 슬픔은 잘못되거나 나쁜 감정이 아니다. 슬픔이 어느 정도 해소되어야 그 공간에 새로운 감정이 들어온다. 그러나 너무 성급한 위로는 슬픔을 느끼는 이가 그 감정을 밖으로 흘러나가도록 하는 것을 막고 오히려 그 감정을 억누르게 만든다. 또 슬픔을 느끼는 이는 상대가 자신을 위로하려는 의도로 한 말이라는 것을 알기에 억지로 수용하는 척해야 하는 고통에 빠진다. 결국 이런 위로는 말하는 사람을 위한 위로일 뿐, 상대에게는 전혀 도움이 되지 않는 위로이다. 따라서 당사자의 상황을 고려한 위로가 필요하다.

"괜찮아! 그럴 수도 있지."는 아이의 감정과 그에 따른 행동을 부정하는 말이다. 감정을 느끼는 주체, 감정의 주체는 아이다. 따라서 위로하기 전에 아이의 감정을 먼저 인식하고 존중해 주는 과정이 필요하다. 잠시 머물러 있으면서 눈을 마주치고 위로를 받아들일 준비가 되어 있는지 살펴봐야 한다. 그 이후에 건네는 위로의 마음이 더 가치 있다. 아이의 감정을 앞서지 않고 뒤따르는 것이 아이의 마음 성장에 더 효과적이다.

마음속에서 미안한 마음이
들 때 사과하는 거야

가끔씩 아이들이 자기주장을 거칠게 할 때가 있다. 뭔가를 말하고 표현한다는 것 자체는 좋지만 효과적으로 표현하지 못하는 아이, 말 본새가 바르지 못해 역효과를 일으키고 다니는 아이를 만나면 교사는 어떻게 대화해야 할지 고민이 된다.

교과 시간을 마치고 억울이와 순딩이가 울면서 교실에 들어왔다. 아이들은 여왕벌을 호위하는 일벌처럼 그 둘을 둘러싸고 있다. 초등 1학년인 억울이는 또래보다 체격이 크고 오랫동안 태권도를 수련해 온 아이로, 교실에서 '억울함'의 감정을 자주 보인다. 또래보다 큰 체격 때문에 유치원 시절부터 친구와 갈등이 생기면 먼저 혼나거나 참기를 요구당한 경험이 있었다. 그래서 교사가 부르면 거의 조건반사적으로 혼나는 상황이라 생각해 '억울'해 한다. 보호자와 상담을 해 보니 보호자도 억울이를 상당히 엄하게 훈육하는 듯하다. 보호자는 억울이가 유치원 때부터 친구들과 갈등이 생기면 "네가 참아라." 라는 말을 반복적으로 했다고 한다. 이 때문에 억울이의 머릿속에는 자신의 의지와 무관하게 '갈등 상황=억울함'이라는 공식이 생겼다. 그래서 습관적으로 억울해 한다.

한편 순딩이는 겨울에 태어나 또래보다 어려서 아직 유치원생 같은 느낌이 많이 드는 1학년이다. 아이들은 나이가 어릴수록 태어난 시기에 따라 발달 편차가 큰데, 순딩이는 학급에서 키도 가장 작다. 이렇게 체격이 가장 큰 억울이와 가장 작은 순딩이가 싸우고 들어오니 교사도 놀랐다. 억울이가 울먹이며 교사에게 단호한 한마디를 외친다.

"저는 사과하기도 싫고 받기도 싫은데요!"

그러자 순딩이도 받아친다.

"저도 사과하고 사과받기 싫어요!"

교사는 이 상황이 무척 당황스럽지만 차분히 두 아이를 살펴본다. 사과를 주고받으라는 말을 하지도 않았는데 아이들이 먼저 사과를 주고받지 않겠다고 말하는 이유에 대해서 생각한다. 두 아이 모두 갈등 상황의 끝은 사과와 화해임을 알고 있기에 그렇게 하고 싶지 않다는 거부 표시를 분명하게 한 것이다. 화해는 상호작용이다. 사과를 하기도 싫고 받기도 싫다는데 억지로 화해시키는 것은 덧셈 문제를 2차 방정식 문제로 키우는 것과 같다. 그래서 교사는 화해의 본질에 접근해 이야기를 풀어 가기 시작했다.

"사과를 하기도 싫고 받기도 싫어요?"(확인)

"네!"

"그런데, 선생님은 지금 사과시킬 생각이 없었는데요?"(자기 개방)

"(둘이 동시에) 네??"

눈이 동그랗게 커진 억울이와 순둥이. 적지 않게 놀란 표정을 짓는다. 아마 '선생님이라면 사과를 시키고 화해시켜야 하는 거 아닌가?'라는 생각을 했을 것이다. 처음에 억울이가 사과하기도 받기도 싫다고 말한 것은 교사가 "억울이가 사과하지도 받지도 않겠다니 무슨 일 있었니?"라고 물으면 자신이 화난 이유를 자세히 말해야겠다는 생각 때문이었을 것이다. 하지만 자신의 예상과 다른 교사의 말에 억울이는 무척 당황했다.

"하지만 어찌된 일인지는 알아야 해요. 선생님도 궁금하고요. 이건 선생님이 꼭 해야 하는 일이에요. 그러나 오늘은 이유를 물어보지 않을게요. 이것만 물어보겠습니다."(설명)

"뭐를요?", "네."

억울이가 사과를 하기도 싫고 받기도 싫다는 말을 비장하게 꺼낼 때는 자기 보호 회로가 작동되어 당당했지만, 선생님이 싸운 이유를 바로 묻지 않다니 억울한 일이다. 자기 잘못이 아니라는 것을 강조

할 기회를 빼앗겼으니 말이다.

"억울이, 순딩이를 때렸나요?"(확인)

"순딩이가 먼저 저를 밀치고 때려서 저는 처음에는 막기만 하고 그러고……(중략)"

이 순간 교사는 단호하게 말을 끊었다. 화해할 생각이 없다고 하니 이유는 들을 필요가 없고 사실 확인만 필요할 뿐이다.

"잠깐! 때렸나요?"(확인)

"네……."

"순딩이, 억울이 때렸나요?"(확인)

겨울에 태어난 순딩이는 이 싸움의 시작을 짧은 순간에 잊었다.

"그게 잘 기억이 안 나요."

저학년 아이들과 한참을 이야기하다 보면 시간이 지나 자신들이 왜 싸우게 되었는지 잊어버리는 일이 자주 있다. 싸웠을 때의 감정만 남고 사건의 발단은 잊어버리는 것이다. 아이들이 사과를 주고받고 싶지 않다고 하니 이 상황을 더 진전시키면 안 된다. 사과를 억지로 주고받을 수는 없기 때문이다.

"순딩이는 기억이 안 나고 억울이는 때린 것이 맞군요?"(상황 확인)

(둘 다) "네."

"자, 알겠습니다. 그럼 억울이와 순딩이 어머니께 오늘 있었던 사실을 말씀 드리고 서로 아직 화해할 생각이 없다는 사실도 말씀 드리겠습

니다."(자기 개방)

"네?", "네."

교실에서 늘 친절하고 친구들과의 갈등도 억울함이 남지 않게 잘 풀어 주던 교사가 이렇게 냉정하게 할 말만 하다니 억울이의 표정 변화가 다양하다. 교사는 그 표정 변화를 유심히 살펴보며 뜸을 들여 본다. 잠시 뒤 억울이 눈빛이 한결 부드러워졌다. 억울함은 참은 '화' 감정 중 하나인데, 억울이 눈빛에서 이제 '화'는 보이지 않는다. 그때 억울이가 말한다.

"선생님, 사과하면 안 될까요?"

"왜요? 사과하기도 싫고 받기도 싫다면서요."(확인)

"생각해 보니, 제가 때리긴 했으니 때린 건 사과하려고요."

"음, 그래요? 그럼 순딩이는 어떻게 할 건가요?"(질문)

"저도 때리긴 했으니 사과할게요."

"네, 그럼 억울이와 순딩이 둘이 서로 사과한다고 했으니 한번 해 보세요.(제안) 선생님은 사과하라고 시킨 적이 없어요.(확인) 둘이 서로 눈을 마주치고 미안한 마음이 느껴질 때 그 미안함을 전달해 보세요.(설명) 그리고 서로 눈 마주친 상태에서 미안함을 말로 전했을 때 선생님에게 와서 말해 주세요. 그때 확인할게요."(설명)

"네", "그럼 사과하고 선생님께 가면 돼요?"

"네. 꼭 지켜야 할 건 억지로 사과하는 게 아니라, 마음속에서 미안한

마음이 들 때 사과해야 한다는 거예요."(설명)

(둘다)"네."

진정성 있는 사과는 미안함을 느낄 때 말과 눈으로 마음을 전하는 것이다. 사과를 교사 앞에서 주고받게 할 수도 있지만, 아이들끼리 하도록 맡기는 것은 아이들을 믿는다는 신호이자 아이들에 대한 배려이다. 그렇다고 해서 그냥 아이들에게 맡겨만 두고 잊어버리면 안 된다. 저학년 아이들은 보통 얼마 안 가 사과했다고 오는 것이 일반적인데, 하루가 지나면 그 자체를 잊을 수 있기 때문에 그날 당일로 한정 지어야 한다.

점심시간이 끝날 무렵, 이마에 땀이 송글송글 맺힌 상태로 억울이와 순덩이가 손을 잡고 교사에게 왔다.

"선생님, 저희 사과 주고받고 화해했어요."

"아, 그랬어요? 어디 진짜 사과를 주고받고 화해했는지 볼까요? 둘이 눈을 바라보세요."(수용, 제안)

둘이 서로의 눈을 보자마자 바로 키득키득 웃는다. 이렇게 키득키득 웃는 모습을 보이는 건 화해했다는 뜻이다. 교사는 다시 한번 아이들이 화해했음을 확인하고 돌려보낸다. 주변에 있던 아이들도 덩달아 낄낄거리며 평범한 일상으로 돌아간다.

일 년 내내 교실에 다툼과 갈등이 없다면 얼마나 좋을까? 그러나 시간이 지나면 희미해져 기억이 나지 않을 뿐 그런 교실은 없다. 반추해 보면 교실 속 학생 간의 갈등은 언제나 있어 왔다. 공감과 배려에 대한 다양한 놀이나 활동과 함께 배우고 익힌다 해도 갈등 자체를 막을 수는 없다. 다만 이런 활동들은 예방주사처럼 갈등이 생기더라도 관계가 파국적으로 틀어지지 않도록 막아 주고 화해시킬 때 효과가 있다. 결국 다툼과 갈등의 발생을 막을 수는 없기 때문에 교사는 '화해', 잘 해결된 좋은 마무리에 집중해야 한다. 그렇다면 어떻게 하는 것이 '좋은 화해'일까?

바로 자발성 있는 사과를 주고받도록 하는 것이다. 사과를 하는 학생도 스스로 미안함을 느끼고 사과를 해야 하고 사과를 받는 학생도 진심으로 사과를 받아야 한다. 즉 사과의 진정성이 중요하며, 사과를 받는 학생이 진심으로 받아들였다면 이후에는 절대로 이 갈등 상황이 문제 있다고 말해서는 안 된다.

억지로 사과를 하거나 받도록 하면 학생들의 귀가 후 가정에서 또 다른 문제로 번질 수 있다. 마치 교사가 학생에게 사과를 강요한 것처럼 묘사될 가능성도 있다. 억지로 사과하는 학생은 억울함을, 사과를 받는 학생은 짜증스러움을 보호자에게 호소하여 민원으로 이어질 수도 있다. 갈등이 발생한 당일 학생들이 바로 화해를 하면 참 좋겠지만, 그렇지 못한 상황이라면 갈등 중재와 화해 중임을 보호자에게 알리고, 갈등 상황을 교육적으로 해결하여 학생 성장으로 이끌기 위해 노력하고 있다는 사실을 안내해야 한다.

급하거나 강제적인 사과보다는 진정성 있는 사과를 이끌어 내기 위해 잠시 멈추고 조금은 버티며 기다리는 것도 필요하다. 폭력적으로 바뀌는 급박한 상황이 아니라면, 잠시 멈추며 기다려 주자. 이때 아이들의 심리적 여유 공간이 생기면서, 사과를 전달할 마음과 여유가 생긴다.

감정이 섬세하고 풍부하며 예술가적 기질이 있는 여학생 감성이와, 덩치가 크고 가끔씩 버럭 화를 내기도 하지만 마음은 여린 남학생 푸름이가 한 모둠이 되었다. 탐구활동 프로젝트를 수행하는 과정에서 이 둘 사이에 약간의 갈등이 생겼나 보다.

갑자기 감성이가 소리 없이 고개를 숙인 채 눈물만 뚝뚝 흘리고 푸름이는 평소와 달리 무척 저자세로 소심하게 중얼거리고 있다. 같은 모둠의 다른 아이들이 교사에게 설명하기로는 프로젝트 주제 선정과 탐구를 주말에 모여 함께 해야 해서 감성이네 집에서 모이는 것이 좋겠다는 의견이 나왔는데, 감성이네 집에는 강아지가 있어서 친구들이 오면 강아지에게 피해가 될 것 같아 감성이가 어렵다고 했다는 것이다. 그러자 푸름이가 목줄을 채우면 될 걸 뭐가 문제냐고 핀잔 아닌 핀잔을 주었는데 그 말을 들은 감성이가 가족과 같은 강아지에게 목줄을 채우는 것은 동물 학대 같다며 울어 버렸다고 한다. 거기에다가 옆에 있는 감성이 친구가 보탠 한마디가 푸름이의 마음을 후벼팠다.

"선생님, 감성이는 자매도 없고 혼자 외롭게 커서 강아지가 자매나 마찬가지인데 푸름이가 목줄을 매면 된다고 말해서 그걸 상상하다 우는 거 같아요."

푸름이는 마음이 복잡해 보인다. 당황스러움이 70%, 억울함이 30%이다. 당황스러움이 사라질 무렵이면 점차 평소의 익숙한 감정인 억울함이 영역을 넓힐 것이다. 지금의 당황스러움은 본인이 실수를 한 것 같긴 한데, 정확히 뭘 잘못했는지 모른다는 뜻이다.

"감성이와 푸름이 잠시 선생님에게 와 줄 수 있어요?"(제안)

"네."

"어떻게 된 일인지 설명해 줄래요?"(확인)

"푸름이가 저에게는 가족 같은 강아지에게 목줄을 채우라고 해서요(울먹울먹 다시 목소리가 떨리기 시작한다)."

어쩔 줄 몰라 하던 푸름이가 감성이의 설명을 가로막으며 작은 목소리로 속삭이듯 외쳤다.

"미안해, 미안하다고. 그런 줄 몰랐다고. 미안해. 제발 그만하라고. 좀!"

감성이는 점점 더 많은 눈물을 흘리고 있다. 갑자기 아이들이 모여들기 시작했다. 푸름이는 더 당황하는 모습이다. 짜증이 섞이긴

했지만 마치 애원하듯 사과를 한다.

"미안해, 정말 미안하다고! 내가 몇 번을 사과하고 있는데 이렇게 울면
어떡해! 내가 어떻게 사과해야 돼? 미안하다고!"
"푸름아, 너 당황스럽지?"(확인)
"네, 제가 미안하다고 사과했는데 받아 주지도 않고 울기만 하잖
아요."
"푸름아, 많이 미안하지?"(반영)
"네."
"푸름이가 미안하기도 하지만 사실 감성이가 이렇게까지 울 줄 모르
고 한 말에 사과도 안 받아 주니 속상하고 억울하지?"(공감)
"네……."

'속상하고 억울하지?'라는 말을 듣는 순간 푸름이의 짜증은 미안
함으로 바뀌었다. 사실 아까의 미안함은 감성이에게 미안한 것이라
기보다는 상황을 모면하기 위한 미안함에 가깝다. 그런 미안함은 아
직 감성이의 마음을 잘 모른다는 뜻이다. 감성이가 사과에 응답하지
않은 이유도 그 때문이다.

"푸름아, 이제 조금 미안함이 진해졌구나? 감성이가 어서 사과를 받아
줬으면 하지?"(탐색적 질문)
"네, 사과를 뭘 어떻게 해야 할지 모르겠어요."

푸름이는 지금 자신의 모습이 한심하다고 느껴졌는지 고개를 푹 숙였다.

"응, 그래. 그럴 수 있어. 푸름아, 선생님 눈 좀 봐."(제안)

"네."

"사과를 할 때는 공을 던지듯 하는 것이 아니라 친구가 사과를 받을 수 있는 상태인지 먼저 살펴본 다음 미안함을 두 손으로 조심스럽게 전달하는 거야."(설명)

"아…… 네. 그런데 조심스럽게 어떻게 전달해요?"

"우선 친구 눈을 보며 네가 먼저 미안함을 느끼는 거야. 그리고 친구의 마음에 다가설 수 있게 말로 전달하는 거야. 너의 미안한 마음이 친구 마음과 만날 수 있도록 말이야."(설명)

"그럼 눈을 보고, 미안함을 표현하면 되는 거죠?"

"응, 그런데 그게 말처럼 쉽지 않아. 용기 내서 해야 되는 거야. 푸름이가 용기 내길 응원할게."(지지, 공감)

교사의 설명을 듣던 감성이가 고개를 끄덕인다. 푸름이가 용기를 냈는지 이내 말을 꺼낸다.

"감성아, 정말 미안해. 강아지가 너에게 가족 같은 줄 몰랐어. 내 말이 너무 끔찍했을 것 같아. 정말 미안해."

푸름이는 용기 내서 진심으로 사과했다. 보통 이쯤 되면 감성이도 눈물을 거둘 법한데 더 서럽게 운다. 이때 눈물이 많이 나오는 것은 참았던 감정이 터졌기 때문이다. 미안하다고 사과를 했는데도 더 크게 울어 버리는 감성이를 보며 푸름이는 더 당황스럽고 짜증이 날 법도 한데, 자신의 미안함과 말실수에 대한 반성의 농도가 진해졌는 지 배운 대로 다시 차분히 사과한다.

"미안해, 정말 미안해."

오히려 그 모습을 지켜보고 있는 교사와 다른 친구들이 안쓰러워 할 정도로 푸름이가 사과를 한다. 사과는 받아들이는 사람이 수용해 야 화해로 연결되는데 감성이는 그냥 고개만 끄덕이며 자리로 돌아 갔다. 사과를 받아들였는지 교사가 유심히 살펴보지만 계속 괜찮다 는 말을 하지 않는다. 그러나 수업 중에 교사가 재미난 이야기를 하 자 함께 웃는 모습을 보인다. 어느 순간, 사과가 자연스럽게 받아들 여졌는지 이내 모둠활동에서 열띤 토론을 하기 시작한다. 괜찮다는 말은 없었지만 자연스럽게 푸름이의 미안한 마음이 감성이의 마음 에 스며들었다.

교사가 학생 간의 갈등에 개입하면 특별한 상황을 제외하고 보통 학생들은 서로 사과하고 화해한다. 이때 진심을 담아 사과하는 것이 가장 중요한데, 평소에 쌓인 감정이 없다면 가볍게 사과해도 흔쾌히 받아들이고 넘어간다. 사과는 미안한 마음의 표현이고 일종의 의식에 가깝기 때문이다. 우리는 어릴 적부터 사과하면 받아야 한다고 배워 왔다. 그런데 만약 사과를 안 받겠다는 아이가 있다면 어떻게 해야 할까? 그런 말을 들으면 교사도 당황스러울 수 있다.

우선은 사과를 안 받겠다는 이유를 탐색해 봐야 한다. 가장 흔한 이유는 그동안 쌓인 감정이 있어서 사과를 쉽게 받아들이지 못하기 때문이다. 이런 상황이라면 자리 배치 등을 통해 둘을 물리적으로 멀어지게 하여 불쾌한 감정이 쌓지 않도록 한 후, 어느 정도 시간이 지난 다음 자연스럽게 관계를 회복시키는 것이 효과적이다. 또 다른 이유로는 사과받는 것을 어색해 하기 때문이다. 이런 경우가 의외로 많은데 이럴 때는 따로 불러서 아이의 진짜 생각을 살펴볼 필요가 있다. 만약 사과를 받아 주고 싶은데 어색해서 대답이 나오지 않는다면 그럴 수 있다고 말해 주고 사과를 받아 주는 말을 하고 싶을 때는 꼭 해 달라고 제안해 본다. 아이가 방어적인 태도를 지니고 있을 때에도 사과를 안 받으려 할 수 있다. 자신이 사과를 받아 주면 그 일이 없었던 일처럼 되는 것 같아 그게 싫어서 안 받겠다는 경우도 있다. 이때는 사과를 받았다고 하더라도 그 일이 없었던 일이 되는 게 아님을 알려 주고, 사과를 받아들여도 그걸로 끝나는 게 아니라 그다음 단계인 '용서'가 있음을 설명한다. 사과를 받는 것은 문제 삼지 않는다는 것일뿐, 마음으로 용서하는 것과는 별개라는 뜻이다. 이 설명을 들으면 사과를 받아 주는 경우가 종종 있다.

아이들은 '사과-용서'의 의미를 정확하게 알고 있지는 않다. 사과를 받아들이는 것이 표면적인 의식이라면 용서는 그 일에 대한 마음의 갈무리다. 그 일이 있었던 상황을 용서로 바꿀 수는 없지만, 자신이 용서를 선택하여 그 상황 속에서 생긴 심리적인 불편함을 버리는 것이다. 따라서 용서하는 사람은 용서받는 사람보다 도덕적으로 심리적인 우위에 있음을 설명하며 언제든지 그것을 선택할 수 있다고 안내한다. 이렇게 사과와 용서를 분리해서 알려 주면 원만한 갈등 해결에 도움이 된다.

청진기로 친구의
마음을 들어 볼까

저학년 아이들의 잦은 고자질은 교사의 진을 빼곤 한다. 막상 아이들의 이야기를 들어 보면 그 말이 그 말이고, 누가 먼저 했느니 안 했느니 불분명하고 시차도 뒤죽박죽 엉켜 버린 이야기들이 많다. "선생님, 쟤가요. 선생님, 있잖아요."라는 말을 듣기만 해도 벌써 지치기 시작하는 건 교사의 열정이 부족해서가 아니라, 그렇게 심각한 일 같지 않은 사소한 일인데다 뻔한 고자질이 너무 많기 때문이다.

점심시간에 가장 친한 친구 셋이 놀다 둘이 싸웠다. 한 아이가 빨갛게 충혈된 눈에는 눈물이 그렁그렁한 채로 거친 숨소리를 내며 교사에게 말한다.

"선생님, 있잖아요. 쟤가요, 자꾸……"(이하 생략)

"저는 계속 싫다고 했는데 쟤가 자꾸 따라다니면서……"(이하 생략)

"잠깐만 기다려 줄래요?"(부탁)

교사는 다른 일을 하고 있었는데 아이들은 자기 할 말만 생각한다. 저학년은 인지발달 단계상 타인의 상황을 고려하기가 어렵다. 또 자신의 생각을 떠오르는 대로 표현하기 바쁘기 때문에 '잠깐 기다려'라는 메시지를 꼭 주어야 한다. 이때 존대어를 쓰는 것이 매우 중요하다. 존대어를 쓰면 아이들은 그 미묘한 어감에서 오는 진중함을 눈치채기 때문이다.

교사는 청진기를 2개를 꺼냈다. 청진기를 보자 아이들은 잠시 실랑이를 멈추고 '선생님이 뭘 하려는 걸까' 궁금해 한다. 억울함과 화의 반이 호기심으로 전환되는 순간이다. 교사는 사실 확인의 단계를 건너뛴 후 바로 이야기를 꺼낸다.

"얘들아, 이게 뭔지 알아?"(확인)

"네? 이거 의사 선생님이 쓰는 거잖아요."

"이게 왜요?"

"자, 이걸 하나씩 귀에 걸고 선생님 이야기가 들리는지 한번 들어 볼래?"(제안)

아이들은 순순히 귀에 청진기를 꽂고 소리를 듣는다. 교사는 두 아이의 청진기에 입을 댄 후 조용하고 나지막한 목소리로 말했다.

"얘들아, 선생님 목소리 들리면 고개만 끄덕여 봐."(제안)

(끄덕끄덕)

"잘 들리면 손가락으로 OK를 만들어 봐."

(OK)

"그럼 이제 앞에 있는 친구 숨소리를 들어 볼까? 잘 들어 봐. 어떤 소리가 들리는지."(제안)

청진기는 소리를 모아 주는 도구다. 소리가 이동하는 고무관에 다른 물체가 닿으면 다른 소리를 들을 수 없다. 따라서 청진기로 몸의 소리를 들으려고 하는 순간부터 조심조심 행동해야 한다. 자신의 숨소리가 크면 앞에 있는 사람의 숨소리를 들을 수 없다. 처음 청진기를 귀에 꽂을 땐 화내며 고자질하려던 자신의 숨소리가 가장 크게 들린다. 그렇기 때문에 앞에 있는 친구의 숨소리를 들으려면 숨을 차분히 고를 수밖에 없다.

한 5초 정도 숨을 죽이고 모든 신경을 청진기 끝에 두고 있던 중 억울해 하던 아이가 먼저 말을 꺼낸다.

"무슨 끄르륵끄르륵 하는 소리가 들려요."

"어? 저도 들려요. 꼬르륵 하는 소리가 들려요."

"가만히 들으면 꼬르륵 하는 소리 뒤에 친구의 심장 뛰는 소리가 들릴 거야. 한번 잘 들어 봐."(제안)

고개만 끄덕이던 한 아이가 먼저 말한다.

"와! 선생님, 저 들려요. 두둑두둑 하는 소리 맞죠?"

"저도, 저도 들려요!"

"드디어 친구의 심장 뛰는 소리가 들리는구나? 그럼 지금 앞에 있는 친구의 마음은 무엇일까?(탐색적 질문) 심장 뛰는 소리를 듣고 있으면 어떤 마음인지도 들릴 거야. 미안한 마음인지, 서운한 건지, 화해하고 싶은 건지, 토라진 것인지, 한번 들어 봐."(탐색적 질문, 제안)

교사는 아이들의 호기심을 자극하며 가만히 듣게 한다.

"들려?"

"음, 심장소리만 들리는데요?"

"그렇지. 심장소리만 들리지. 그런데 그 심장소리가 뭐라고 말하는 거 같아?"(탐색적 질문)

"화해하고 싶다는 것 같아요."

"미안하다고 말하는 거 같아요."

사실 심장소리만 들리는 것이고 아이들이 들었다는 것은 순전히 화해하고 싶은 자신의 마음 상태를 반영한 것이다. 본인들의 마음을 투사한 것이다.

"와, 들렸구나! 그럼 이제 청진기에 대고 친구에게 하고 싶은 이야기를 천천히 조심조심 해 봐."(제안)

"자꾸 따라다니면서 놀려서 미안해."

"나도 지난번에 놀린 거 미안해."

싸우던 아이들이 하고 싶은 말을 하고 나니 다시 웃는다.

"선생님, 이제 놀이터에 나가 놀아도 돼요?"

"뛰지만 말고. 담에 또 싸우면 손 청진기로 마음을 읽어 봐."(제안)

"손 청진기요?"

"그래, 손을 맞대고 눈을 서로 보면 마음이 더 잘 읽혀. 한번 해 보렴."

"네~"

청진기를 귀에 대는 순간 아이들은 흥분된 감정을 진정하기 시작한다. 당장 더 집중해야 할 새로운 대상이 생겨났기 때문이다. 이 방법은 저학년에게 특히 효과적이다. 어떤 사람이든 화나 억울함의 순간에는 다른 사람의 말이나 마음이 들리지 않는다. 그래서 사과를 시킨다 해도 진정성 없는 사과가 된다. 이럴 때에는 사과하라고 강요하거나 지시하지 않아도 된다. 그럴 필요도 없다. 단지 격앙된 감정을 진정시킬 수만 있다면 이내 본래의 마음을 드러내기 때문에 자연스레 서로 사과하게 된다. 교사가 그 상황을 조성하고 촉진해 주는 역할만 해 주어도 아이들은 자신과 타인의 관계에 대해서 또 한 뼘 배우고 자라난다.

발달단계를 고려한 간단한 생활교육 도구

저학년 아이들은 많이 다투기도 하지만 금방 화해한다. 다른 측면에서 보면 싸우는 만큼 관계 형성의 방법을 배우는 것이다. 그러나 이를 지켜보는 보호자나 교사는 힘들고 지치기 마련이다. 싸움과 화해가 자주 반복되기 때문에 아이들을 중재하는 일이 기계적으로 흘러갈 때가 있는데, 이때 아이들의 발달단계를 고려하여 간단한 도구를 활용하면 효과적이다.

앞선 사례는 청진기 활용 사례인데 다음과 같은 효과가 있다.
① 도구가 등장하는 순간 저학년 학생의 호기심이 발동하여 현재 화난 일에서 분리가 된다.
② 청진기를 쓰려면 자신의 호흡을 조절해야 하므로 이 과정에서 화, 억울, 속상한 마음이 본격적으로 진정된다.
③ 상대의 숨소리, 심장소리를 들으면서 자신이 바라는 바를 말하면서 자연스럽게 화해를 하게 된다.

고학년의 경우에는 풍선을 활용할 수 있다. 화가 난 학생에게 화의 크기만큼 풍선을 불어 보라고 하고 그 풍선 위에 화가 난 이유를 네임펜이나 매직으로 쓰게 한다. 마지막으로는 상대에게 하고 싶은 말, 원하는 것을 포스트잇에 써서 풍선 위에 붙이고 이것에 대해 설명하도록 한다. 이때 화를 내는 자리가 아니고 내 화를 '소개'하는 자리라고 안내하면 아이들은 화를 객관화하여 설명하게 된다. 이 설명이 끝나면 화의 수준이 줄어들 수밖에 없는데 지금 현재, 자신의 화가 풍선의 크기보다 큰지, 작은지 물어보면 아주 조금이라 하더라도 대부분 줄어들었다고 한다. 그런 다음 화 풍선을 터뜨리고(풍선 터지는 걸 무서워하는 학생이라면 투명테이프로 붙인 다음 바늘로 뚫어서 바람만 빼는 방법이 있다.) 남은 것은 무엇인지 살펴보게 한다. 바로 자신의 바람과 하고 싶은 말을 적은 포스트잇만 남게 되고 그것이 자신의 본심임을 알게 된다. 이것을 읽고 상대에게 전달하면 화해의 과정에 있는 자신의 감정과 마음을 깨닫는다.

고학년은 이 과정을 한 번 연습시켜 또래 조정, 학급자치 활동의 중재 활동 등으로 활용할 수 있다.

그 밖에 다른 물체(아이클레이, 실전화기 등)를 활용해 교과서에 나오는 다양한 활동을 하는 것도 화나 감정을 객관화하여 여유 있는 대화를 이끌어 내는 데 도움이 된다. 이처럼 말, 대화로 표현하기 어려운 추상적인 마음을 구체물, 도구를 활용해 표현하는 방법도 효과적이다.

평소에 장난기가 많고 자기중심적인 당찬이와 자기표현을 잘하지만 한 번씩 욱하며 화를 쏟아 내는 욱이가 씩씩거리며 교실로 들어와 교사에게 다가온다.

"선생님, 당찬이가 저보고 친일파래요!"

욱이의 눈동자는 이미 붉어져 눈물이 글썽글썽하며 뭔가 화가 나고 억울해 보인다.

"친일파라니? 무슨 말이야?"(확인)

"당찬이가 놀다가 저를 친일파라고 모욕했어요!"

마침 일제강점기에 대해 배우던 때라 친일파라는 말이 더 모욕적으로 느껴질 수 있다. 욱이는 모욕감 때문에 온몸으로 억울함과 분노를 표현하고 있었다.

"당찬아, 그런 말을 했어? 무슨 일이 있어서 그랬던 거야?"(탐색적 질문)

"(앞부분 생략) 아까 욱이가 제 발을 밟고 사과도 없이 그냥 지나가서 그랬어요!"

평소에는 잘 노는 아이들인데, 사소한 일로 심사가 꼬여서 내뱉은 말이다. 아침에 발을 밟고도 사과를 안 해서 그랬다는 것은 뭐라도 핑계를 대야 해서 한 말일 가능성이 높다. 논리적으로 말도 안 되는 핑계를 들으면서 교사는 점차 화가 나기 시작했다.

"(강한 어조로)그런 이유였어요? 솔직히 지금 선생님은 친일파라고 말한 이유를 들으니 화가 납니다!"(자기 개방)

적당히 화해하고 끝날 것 같았는데, 교사가 단호함을 넘는 강한 어조로 반응하니 둘 다 짐짓 놀라는 눈치다. 이때 핑계를 대던 당찬이는 '아차' 하며 당황하는 표정이다. 평소 자기중심적으로 생각하고 말하지만 교사와 대화를 자주 해 왔던 당찬이에게 교사의 강한 어조가 강렬하게 다가간 것이다. 교사의 이 강한 어조가 당찬이에게 주의 환기와 국면 전환의 효과를 발휘하는 것은 평소에 교사와 당찬이가 부드럽고 소소한 대화를 자주 했기 때문이다.

순간 "욱이가……"라며 또 핑계 대는 말을 시도하는 당찬이. 평소와는 달리 교사가 당찬이의 말을 자르고 단호한 어조로 말했다.

"언제까지 남 탓만 할 건가요?! 1학년 때 욱이가 잘못한 것까지 회상할 건가요? 선생님은 매우 속상하고 화까지 납니다!"(자기 개방)

여기서 기억해야 할 것은 교사가 화가 났다는 것을 표현하면서

'속상해서'라고 강조한 것이다. '화'가 중심이 아니라 '속상하다'는 것이 핵심이다. 혼나는 상황에서 아이들은 자칫 교사의 화만 기억할 수 있다. 그러면 교사의 속마음인 속상함이 드러나지 못한다. 교사가 이유 없이 화낸 것이 아니라 지금 이렇게 된 상황이 속상하다는 것을 표현하기 위해 '속상하다'는 말을 먼저 하는 것이다. 이 말 뜻은 아이를 비난할 의도가 아닌데 일이 이렇게까지 진행되어 속상하다는 것이다. 이 말은 현재 상황을 함께 해결하자는 신호이다. 거칠게 욱하며 내는 화가 아닌, 교사의 지도 의도가 드러나는 화의 효과적인 표현이다. 친절하기만 하고 화도 안 낼 줄 알았던 선생님이 '화'를 품격 있게 내는 모습은 평소에 자신의 분노를 쌓아 놓고 참기만 하는 욱이에게 모델링이 되기도 할 것이다. 교사의 힘 있는 어조에 주변 아이들의 이목이 집중된다. '선생님도 속상할 때 화를 내실 수 있구나!' 교사가 이렇게 화를 내는 것은 아이들에게 짜증을 낸 것이 아니라, 화 감정에 따른 행동을 조절하며 지도 의지를 갖고 표현한 '자기 개방'이다. 평소와 다른 교사의 반응에 당찬이의 눈빛은 억울함이 아닌 반성의 눈빛으로 바뀌었다. 자신의 핑계가 부끄러웠는지 고개를 숙인다.

"죄송합니다."
"미안하고 죄송하죠? 자, 고개를 들어 선생님을 보세요."(제안)

당찬이는 계속 고개를 숙이고 있다. 이때 자신이 잘못했다는 자책에만 몰입하면 다른 문제들이 발생한다. 이 대화를 하는 목적은 아이에게 자책감을 심어 주려는 것이 아니기에 교사의 눈을 보라고 한다. 잘못을 인정한 당찬이를 보는 교사의 달라진 눈빛도 보여 줘야 상황이 마무리되기 때문이다.

"지금 어떤 마음인가요?"(탐색적 질문)

"후회돼요. 미안하기도 하고요."

"누구에게 미안하고, 무엇이 후회되나요?"(탐색적 질문)

"욱이에게 미안하고, 제가 친일파라고 놀린 것이 미안해요."

"그럼 그 마음 욱이에게 전하는 것이 어떨까요? 다행히 친구가 바로 앞에 있네요."(제안)

"네, 욱아…… 미안해."

"무엇이 미안한지도 전달해 볼까요?"(제안)

"친일파도 아닌데 친일파라고 놀려서 미안해."

"지금 친구 감정은 어떨지도 말해 보고 당찬이의 미안한 마음을 전해 보세요."(제안)

"친일파라고 놀려서 많이 화났을 것 같아. 미안해."

미안하다는 마음만 전해도 문제가 해결될 수 있다. 그러나 친구의 감정도 헤아리고 자신의 미안한 마음을 말해야 뒤끝 없는 화해가 된다. 미안하다며 본인 중심으로 사과를 던지면 이런 다툼은 반복된다. 상대가 진정성 있게 받아들이도록 하는 방법을 연습해야 한다.

흔히 '화를 낸다'고 하면 짜증을 내며 소리를 지르거나 하는 모습을 떠올리지만 사실 '화'를 꼭 거칠게 표현할 필요는 없다. 특히 아동을 정서적으로 위협하는 수준의 거친 화 표현은 자칫 학교 현장에서 문제가 되기도 한다. 사실 어디에서든 누구라도 인격을 존중해야 할 상대에게 거칠게 화를 내며 겁박하거나 압력을 주는 일은 바람직하지 않다.

화를 품격 있게 표현하고 화를 내는 목적을 달성하는 것이 중요한데, 그것에도 방법이 있다. 특히 교실에서 교사 스스로 화날 때 자신의 신체 변화, 인식, 행동 등의 표현 패턴을 잘 알고 있어야 한다. 화가 났을 때 0.1초 정도의 짧은 순간이라도 '지금 내가 화가 났구나!'라고 스스로 알아채고 자신의 화가 무엇을 의미하는지 알 수 있다면, '화'를 생활교육의 재료로 활용할 수 있다. 화를 인식한다는 것은 '화'를 거칠게 표현하지 않고, '화'가 났음을 상대에게 전달할 수 있는 준비가 되었다는 뜻이다. 화 감정의 기본적인 속성은 '표현하지 못한 말과 마음을 표현하고 싶은 욕구'이기 때문이다(더 자세한 내용은《교사 감정 사전》(김태승, 푸른칠판) 참고). 따라서 하고 싶은 말의 핵심을 강하고 단호한 어조로 표현하면 교사의 화는 학생들에게 짜증이 아닌 교육으로 인식된다.

또한 '화'를 거칠게 표출하지 않고 차분하게 표현하면 학생들은 더 잘 집중하여 듣는다. 학생들이 평소에 자주 접하지 않았던 방식의 화이기 때문이다. 심지어 저학년 학생은 "화나셨는데, 왜 조용히 화내세요?"라고 묻기도 한다. 교사라고 해서 화를 참고 누르는 것만이 능사는 아니다. 오히려 화를 잘 내야 하며, 화를 내면서 전달하고자 하는 내용을 효과적으로 전달할 수 있어야 한다. 그래야 학생들은 교사도 화를 낼 수 있다는 것을 인식하고, 화를 표현하는 방법은 다양하다는 것을 배울 수 있다. 또한 학생들이 화내는 방식을 모델링하는 효과도 있다.

'화'와 같은 감정 표현은 일종의 자기 개방으로, 학생들에게 교사의 감정을 보여 줌으로써 보다 원만하게 감정 대화를 해 나갈 수 있는 기반을 마련해 준다.

앞으로 그거 하나는
꼭 지켜 보자

모처럼 교실이 평화롭고 안정되어 '더도 말고 덜도 말고 남은 날이 오늘만 같아라' 싶은 날이 있다. 아침부터 교실의 하루가 끝날 때까지 그런 상태가 지속되면 좋겠지만 대부분 이런 평화로움은 금방 깨지고 만다. 한 학생이 헐레벌떡 교실로 뛰어 들어오는 모습을 보며 누가 다쳤나 싶어서 교사는 심장이 쿵쾅거리기 시작한다.

"선생님, 큰일 났어요. 반말이가 씽씽이에게 맞아서 울어요!"

뛰어 들어오던 아이 뒤로 씽씽이가 졸졸 따라오며 반말이를 다급하게 위로한다. 마치 교사에게 직접 듣고 판단하라는 말 같다.

"내가 일부러 그런 게 아냐! 반말아, 괜찮니?"

평소에 장난이 심한 씽씽이는 힘을 쓰지 않아도 될 때 힘을 써서 자신과 다른 친구를 다치게 한 적이 있다. 교사가 눈물을 흘리며 우는 반말이를 차분히 살펴보니, 아마도 뒷머리 쪽을 맞은 것 같다. 꽤 아파하는 표정이다. '외상은 없지만 머리라도 심하게 다친 거면 어떻게 하지?'라는 생각이 들자 교사의 심장은 다시 쿵쾅쿵쾅 뛴다. 교사는 반말이를 보건실로 보내고, 쉬는 시간에 씽씽이와 단둘이 마주 앉았다. 교사의 표정은 굳어 있다. 화가 많이 나 있는 상태다. 놀라서 뛰기 시작한 심장은 이제 화로 더 세게 뛰고 있다. 그 와중에 교사는 생각한다. '씽씽이가 올해만 이러는 것일까?' 씽씽이의 이런 행동 패턴은 예전부터 있었을 가능성이 크다. 그렇다면 예전 담임교사들로부터 분명 지적을 많이 받았을 것이다. 그래서 교사는 이런 상황마다 씽씽이가 의도하지 않은 점에 집중하여 강하게 혼을 내지 않았다. 차분하게 위험한 행동을 지적하고 늘 조심해야 하는 이유를 함께 설명했다. 그때마다 씽씽이도 여러 번 다짐을 해 왔는데 도대체 이게 몇 번째인가? 교사는 방법을 바꿔야겠다고 생각했다.

"선생님은 지금 너무 걱정돼요. 그리고 화가 많이 났어요!"(자기 개방)

"죄송해요."

보통은 학생이 잘못을 인정하면 화가 가라앉는데, 반복되는 공허한 사과에 교사는 더 화가 치밀어 오른다.

"지금 죄송한 게 문제가 아니에요. 이게 도대체 몇 번째입니까?"(확인)

"죄송해요."

"3학년 때 이런 일로 많이 혼나지 않았어요?"(폐쇄형 질문)

"많이 혼났어요."

"2학년 때는요?"(폐쇄형 질문)

"네……."

"왜 그러는 거죠? 지난번에도 그렇게 말했잖아요."(폐쇄적 질문)

교사의 속은 타들어 간다. 의도하지 않았지만 자꾸 주변 친구들을 다치거나 울게 만드는 씽씽이를 보며 어떻게 해야 할지 난감하다. 화를 내고 혼을 내도 잘 안 통하는 것을 이미 여러 번 보았다. 씽씽이는 교사의 지적과 꾸짖음에 이미 적응이 된 것이다. 씽씽이에게 교사의 '화'는 익숙한 자극이다. 익숙함은 변화를 이끌어 내지 못한다.

"선생님은 걱정돼요."(자기 개방)

"네?"

"3학년 때까지는 힘이 약해서 장난을 쳐도 크게 다치지 않았지만, 이젠 그때보다 힘이 세져서 장난을 쳤다가는 크게 다칠 수도 있어요. 오늘은 반말이가 다쳤지만 내일은 또 다른 친구가 다칠 수도 있어요. 그게 눈에 보여서 걱정돼요."(설명, 자기 개방)

"죄송해요."

"선생님이 지금까지 이만큼 기다렸는데, 어떻게 해야 하죠? 선생님이 많이 배려해 준 건 알고 있나요? 이제는 선생님도 어떻게 해야 할지 고민돼요. 선생님도 다른 방법을 찾아야 할 것 같아요."(자기 개방)

갑자기 눈물이 뚝뚝 떨어진다. 이내 씽씽이가 고개를 숙이면서 흐느끼기 시작한다.

"선생님이 많이 참아 주신 거 알아요. 정말 죄송해요."

씽씽이의 표정을 보니 진심으로 반성하고 있다. 자신도 이러고 싶지 않다는 눈빛이다. '씽씽이라고 이러고 싶었을까?'라는 생각이 들자 교사의 마음도 복잡해진다. 씽씽이는 그 상황에서 아무것도 통제하지 못했을 것이다. 그동안 교사가 많이 참고 기다려 준 것도 잘 알고 있다. 그런데 더 나아지리라는 교사의 기대에 부응은커녕 사고만 치는 자신을 책망하고 있다. '왜 나는 매번 이런 식이지? 나는 도대체 왜 이럴까?' 자책하면서 스스로를 비난하고 있는 모습이 교사의 눈에 보이기 시작했다. 아이의 눈물에 그런 의미들이 있다고 생각하니 교사의 화는 연민으로 바뀐다.

"씽씽아…… 더 가까이 오렴. 씽씽이도 지금 많이 힘들지? 선생님이 안아 줘도 될까?"(공감)

교사의 말에 갑자기 울컥해진 씽씽이는 소리 내서 울기 시작한다.

성인도 자신이 늘 반복하는 실수를 어떻게 하면 안 할지 잘 모를 때가 많다. 씽씽이는 지금 이 순간 많이 외로울 것이고 자기 안에서 자책하는 말들이 올라올 것이다.

"씽씽아…… 하나만 해 보자."(제안)

"네."

교사가 씽씽이의 어깨를 토닥이며 말했다.

"복도에서는 무슨 일이 있더라도 뛰지 않는 것. 그거 하나만 해 보자."(제안)

"네, 그럴게요."

"아니, 그렇게 쉽지 않아. 계속 생각해야 할 수 있어. 그런데 하루만 잘 지켜지면 그다음부터는 어렵지 않아."(설명)

"네."

"월요일부터 꼭 해 보자. 더 많이 노력해야 해. 그리고 하다 보면 돼!"(지지)

"네, 잘할게요."

"월요일이 제일 중요하단다. 월요일에 다시 알려 줄게. 계속 생각해. 월요일!"(강조)

그렇게 이야기를 마치고 교사는 씽씽이를 돌려보냈다. 얌전히 걸어가는 뒷모습이 유난히 안쓰럽다. 그러나 씽씽이가 뛰지 않기란 어려운 일일 것이다. 오래도록 지속된 행동, 습관이 어떻게 한 번에 바뀌겠는가? 그렇다면 세상 못 이룰 일이 없을 것이다. 그나마 다행인 것은 대화가 끝난 이후의 모습이 어느 때보다 차분하다는 것이다. 조금씩 할 수 있는 것을 하나씩 실행하다 보면 한 방울씩 떨어지는 물방울에 빈 그릇이 가득 찬 물로 찰랑이듯 어느 사이에 성장해 있는 씽씽이의 모습을 볼 수 있을 것이다. 지금 이렇게 마음으로 느끼고 변화하는 것이 그 시작점이다.

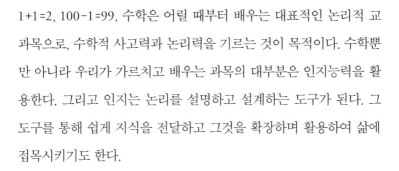

이성적으로 지도하는 것이 통하지 않을 때

1+1=2, 100-1=99, 수학은 어릴 때부터 배우는 대표적인 논리적 교과목으로, 수학적 사고력과 논리력을 기르는 것이 목적이다. 수학뿐만 아니라 우리가 가르치고 배우는 과목의 대부분은 인지능력을 활용한다. 그리고 인지는 논리를 설명하고 설계하는 도구가 된다. 그 도구를 통해 쉽게 지식을 전달하고 그것을 확장하며 활용하여 삶에 접목시키기도 한다.

아이들은 어릴 때부터 폭풍적인 인지발달을 이루고 있다. 시냅스가 빠르게 확장되는 어린아이 시절부터 지금까지 정보의 '조절'과 '동화' 과정을 거치며 새롭게 판단하고 가설하며 예상하고 실천할 수 있는 논리적인 근거를 구축해 오고 있다. 어릴 때부터 이성과 논리를 교육받았음에도 불구하고 아이들은 때때로 위험한 행동을 하거나 수업 방해를 한다. 이때는 왜 지극히 상식적이고 논리적인 교육 내용이 효과를 발휘하지 않을까? 도대체 왜 이런 일이 벌어질까?

아이가 이성과 논리를 몰라서 그러는 것이 아니다. 물론 '왜 그래야 하는가?'라고 따지는 아이도 있지만 그 아이 역시 논리적으로 이야기한다고 해서 쉽게 행동이 바뀌지는 않는다. 사실 딱딱 논리적으로 지도해서 잘되면 다행이지만, 그렇지 않은 경우가 많다. 그럴 때에는 전략을 수정해야 한다.

효과가 떨어지는 이성적 접근보다는 감정과 정서의 신호를 주어 아이의 변화를 이끌어 내는 접근 방법이 필요하다. 이 방법은 아이들에게는 무척 새로운 자극으로 받아들여지기 때문에 더 오래 남는다. 아이의 감정을 읽고 교사의 감정을 전달하는 방식으로 이야기를 나누다 보면 조금은 더디지만 오래 지속되는 경우가 있다. 서로 상반되는 느낌인 친절함과 단호함을 동시에 추구하는 것 역시 같은 맥락이다. 편안하고 수용적인 정서 상태로 교육활동을 하다가, 단호하게 이성의 논리로 이야기하는 것이다.

문제 행동에 대해서 혹시 논리적인 단호함만 추구하고 있었다면 이제는 아이의 마음을 읽고, 그 마음과 마주하여 마음을 움직이는 새로운 자극을 주는 것은 어떨까? 아이와 교사의 마음이 만나 함께 성장하는 경험이 될 것이다.

교실 한편에서 옥신각신하던 버럭이와 힘찬이가 결국엔 멱살잡이를 한다. 둘의 행동을 주시하던 교사가 물었다.

"잠깐만, 너희 무슨 일 있니?"(확인, 주의 환기)

"쟤가 약 올려요.", "니가 먼저 그랬잖아!"

"내가 언제!", "웃기시네, 니가 먼저 그랬잖아!"

교사가 개입했는데도 더 격해지는 상황이다. 고학년은 힘이 세기 때문에 사소한 다툼이 부상으로 이어질 수도 있다.

버럭이는 평소 억울한 상황이나 다른 사람이 약 올리는 것을 못 참는다. 보호자 상담을 할 때 이야기 들어 보니 저학년 시절 말 더듬는 것 때문에 친구들에게 놀림을 당했던 일이 원인인 것 같다고 한다. 버럭이가 느리게 말해도 옆에서 차분히 들어 주는 친구들이 있었다면 괜찮았을 텐데, 저학년 시절에 당한 놀림 때문에 말을 빨리 하지 않으면 자신이 말할 기회를 잃을 것이라는 조급함이 있다. 평소 버럭이는 이렇게 화를 낼 때를 빼고는 학습 태도도 좋고, 학교생활에 적극적이다. 단지 예민해지는 부분에서 폭발시키는 화 때문에 잘해 온 것까지 퇴색되는 게 안타까울 따름이다. 특히 이번과 같이 멱살잡이를 한 경우에는 더욱 그렇다. 어떤 이유로든 멱살잡이는 절대로 해서는 안 되는 거친 행동이다.

"버럭아, 선생님 눈을 좀 볼래?(제안) 친구 멱살을 잡으면 안 돼. 지금 손의 힘을 빼세요."(지시)

"쟤가 먼저 약 올렸다고요!"

교사의 부드러운 말에 동화되지 못하고 계속 거칠게 화를 내는 버럭이의 모습에 교사는 다소 당황했다. 그렇다고 버럭이의 행위를 그냥 두고 볼 수는 없다. 다른 사람이 놀렸다고 물리적인 폭력으로 대응한다는 것은 콜버그의 도덕성 발달단계로 보면 낮은 단계다. 친절하게 이야기하던 교사는 정색하며 단호하게 힘주어 말했다.

"친구가 먼저 놀리면 멱살 잡아도 되는 건가요?"(즉시성)

갑자기 싸늘해진 교사의 표정과 단호함에 버럭이는 순간 당황했다. 어느 순간 잡고 있던 멱살도 풀었다. 이것이 가능한 것은 버럭이가 평소에 교사를 따르고 좋아하기 때문이다. 만약 버럭이가 교사를 좋아하지 않는다면 이 상황을 종료시키기 어려울 수도 있다. 버럭이의 멱살잡이가 풀리자, 교사는 힘찬이에게 이 상황에 대한 감정을 물었다. '왜 그랬냐?'라는 이유를 물으면 누가 먼저 시작했는지 무엇이 맞고 틀린지 등을 따져야 한다. 그러면 대화는 다시 지루하게 반복될 것이다. 그래서 이유를 묻지 않고 바로 상대방을 보게 했다.

"지금 버럭이 감정은 어떤 것 같나요?"(탐색적 질문)

"화가 난 것 같아요."

"화가 얼마나 난 것 같나요?"(탐색)

"많이 화가 난 것 같아요."

"10점 만점에 몇 점 정도로 화가 난 것 같아요?"(척도 질문)

"10점 정도 화가 난 것 같아요."

"이렇게 화가 나 있는 버럭이를 보니 지금 힘찬이 기분은 어떤가요?"(탐색적 질문)

"……."

"화난 버럭이 얼굴을 보세요. 힘찬이는 버럭이를 보니 어떤 마음이 듭니까? 혹시 화나게 할 생각이었나요?"(탐색적 질문)

"아니요, 제가 놀려서 화가 난 것 같아요. 죄송합니다."

"아니요! 선생님께 죄송할 일이 아닙니다. 누구에게 죄송해야 하나요?"(설명)

"버럭이에게 미안해요."

"그럼 버럭이에게 직접 미안한 마음을 잘 전달하세요."(제안)

"(고개를 숙이며) 버럭아, 미안해."

"눈 마주치고 마음을 전하세요."(제안)

"버럭아, 미안해."

버럭이의 표정에서 어느새 화는 사라졌고 아이는 다시 순해졌다.

"버럭이, 힘찬이 눈을 보겠어요? 힘찬이의 미안한 마음이 느껴지나요?"(확인)

"네, 느껴졌어요."

"그럼, 힘찬이의 사과를 받아 주는 건가요?"(탐색적 질문)

"네."

"그래요, 사과는 버럭이가 스스로 받겠다고 선택한 것입니다. 선생님이 사과를 억지로 받으라고 했나요? 아니죠?(설명) 잘못을 용서해 주는 것도 용기가 필요한데 그 마음 반갑습니다(지지) 이렇게 다시 예전처럼 돌아갈 수 있어서 참 다행입니다.(자기 개방) 다만 다른 친구를 때리는 것, 놀리는 것, 흉보는 것은 하지 말아야 하고 무조건 안 되는 일입니다. 꼭 기억하세요."(지도)

이제 삶을 10여 년 살아 온 아이들에게 다시는 이런 행동을 하지 않겠거니 기대하기는 어려운 일이다. 구구단처럼 마음먹고 외워서 바로 쓸 수 있는 것이 아니다. 한 번에 즉시 바뀌는 성질의 것도 아니다. 그러나 적어도 이런 사건을 계기로 친구와의 갈등을 어떻게 해결할 수 있는지 되돌아보고 느끼며 배우는 기회를 주는 것만으로도 생활교육의 의미는 충분하다.

누구나 감정적으로 격해지면 '하지 말아야 할 행동'이라는 걸 알면서도 순간적으로 망각하고 그것을 해 버린다. 일시적인 감정의 지배를 받아 이성적인 판단이 멈춘 학생이라면 이 학생의 이목을 끌어야 한다. 평소와 같은 어조, 표정, 목소리로 잔잔하게 학생의 감정을 마주하고 속마음을 이끌어 낼 수 있다면 좋겠지만, 멱살잡이와 같은 격한 상황에서는 평소와 같은 언어로 학생의 이목을 끌기 어렵다. 따라서 평소보다 더 강한 어조나 표정, 목소리를 활용하는 게 효과적이다. 그런데 여기서 한 가지 점검해 보아야 한다. 만약 평상시에도 강한 어조나 표정, 목소리를 자주 쓰던 교사라면 더 강하게 할 것도 없고 별다른 효과도 없을 것이다.

학생의 격해진 감정을 멈추고 이목을 끌어야 할 때는 강한 어조로, 감정을 탐색할 때는 부드러운 어조로, 문제가 되는 행동을 다시한 번 정리해서 요약해 줄 때는 차분한 어조로 대화한다면, 학생의 이성이 멈추어 버린 상황 속에 매몰되지 않고 교사와 함께 문제의 본질을 인식하고 탐색하여 변화를 이끌어 낼 수 있다.

교사의 지도 방향을 고려하여 상황에 맞는 몇 개의 어조를 취사선택하여 쓸 때, 학생은 교사의 말에 더 귀를 기울이게 된다. 분명한 발음과 어조, 목소리의 크기로 말의 내용이 잘 전달되도록 하는 것도 감정을 읽고 행동의 변화를 이끄는 데 매우 중요하다.

점심시간에 놀던 1학년 아이들이 교사 주변으로 모여든다.

"선생님, 때린 게 나빠요? 아니면 때린 걸 이른 게 더 나빠요?"

단단히 화가 난 꼬물이가 씩씩거리며 독촉하듯 묻는다. 그 뒤에
는 관련된 아이들이 함께 귀를 쫑긋하고 듣는 모습이다. 뛰어오느라
숨이 찬 꼬물이에게 교사는 미소를 지으며 여유 있는 어조로 이야기
한다.

"우리 꼬물이에게 무슨 일이 있었어요?"(확인, 주의 환기)

"빙글이가 체육 시간에 게임하다 제 위에 넘어지더니 두 대 때렸어요.
두 대!"

"아이고, 많이 아팠겠다. 그랬는데?"(공감)

"그래서 체육 선생님께 일렀는데, 체육 선생님이 빙글이에게 경고를 주셨어요."

"아, 그런데요?"(지지)

"그런데 빙글이가 이제 저랑 안 놀고 친구도 안 한대서 기분 나빠요."

"아이고, 우리 꼬물이가 많이 속상했겠구나?"(공감)

"네, 속상했어요. 때린 게 나빠요? 아니면 이른 게 더 나빠요?"

꼬물이는 맞은 것도 화가 나는데 절교한다는 말까지 들으니 마음속에 억울함이 가득하다. 교사는 꼬물이의 억울함 속에 담긴 속상함을 보고 억울함을 속상함으로 치환해서 공감하였다. '속상함'이 빙글이에 대한 근본적인 감정이기 때문이다. 또 억울함은 상대에게 풀어야 해소되는 속성이 있지만 속상함은 상대와 나누면서 사라질 수 있다.

"그럼 일단 빙글이랑 같이 이야기해 보는 게 어때요? 괜찮아요?"(제안)

사건의 당사자인 빙글이는 뭔가 자신이 잘못했다는 것을 눈치챈 모습으로 교사 주변을 빙글빙글 돌며 이 대화를 엿듣고 있다.

"빙글이님,(환기) 잠시만 선생님과 이야기할 수 있나요?"(제안)

빙글이는 교사에게 다가가 뭔가를 쏟아 내듯 말한다.

"제가 일부러 그런 것도 아닌데 쟤가 일러서…… 으앙!"

아이들은 자신이 뭔가 불편한 상황 속에서 담임교사가 부르면 교사의 이야기를 듣기도 전에 혼날 것이라 예상하고는 방어적인 태도를 취한다. 그래서 말을 들어 보지도 않고 자신의 억울함을 호소한다. 이때의 억울한 감정 아래에는 '잘하고 싶은 마음'이 자리하고 있다.

"응, 그러니까 일부러 그런 게 아닌데 꼬물이가 선생님께 말씀드려서 많이 속상했다는 말이지?"(공감, 확인)

"네.(계속 운다)"

교사는 빙글이 눈에서 닭똥 같은 눈물이 떨어지는 것을 지긋이 바라본다. 그렇게 7~8초 정도 지나자 빙글이가 말한다.

"꼬물아…… 미안…해……(이후 뭔가 사과하는 듯한 알 수 없는 말)"

교사와 꼬물이가 울고 있는 빙글이를 보고만 있었는데 얼굴이 눈물범벅 된 빙글이가 사과를 시작하자 꼬물이가 당황했다.

"(말을 더듬으며)빙글아, 내가 너가… 아니 내가 아… 너가 이렇게 슬퍼할지 몰랐어… 나도 미안해."

1학년이라 당황해서 나, 너가 헷갈렸는지 말도 정리가 잘되지 않는다. 그래도 대견한 것은 스스로 먼저 화해의 사과를 하며 시키지도 않았는데 악수를 건넸다는 사실이다.

"선생님, 저도 이렇게 빙글이가 울지 몰랐어요. 죄송해요."

저학년 아이들이 흔하게 마주하는 상황에서 잠시 멈추고 기다려 주니 아이 스스로 흥분된 마음을 가라앉히고 먼저 사과한다. 학생들이 어리기 때문에 자신의 마음에 귀 기울이도록 촉진하면 그대로 받아들이는 것이다.

"그러면 이제 다시 둘이 친구하는 거예요?"(확인)

"네!"

학생들은 종종 자신의 감정을 기분이 '좋다', '안 좋다'로 표현한다. 상황을 기분으로 평가하면 비난으로 이어진다. 문제의 원인을 타인에게 돌리는 비난의 방식은 상황의 변화나 상대와의 소통에 도움이 되지 않는다. 따라서 학생이 말하는 '좋다', '안 좋다'의 구체적인 의미를 살펴보고 그에 합당한 감정 단어로 치환해 주어야 한다.

'좋다', '안 좋다'는 결국 자신의 바람, 욕구 등이 실현되지 않았다는 뜻이므로 그 의미에 집중하여 듣고 학생의 내면을 탐색하도록 촉진시킨다. 이런 상황에서는 학생이 진심으로 무엇을 원했는지 떠올려 보고 그것이 좌절되었을 때의 심정을 살펴본다. 앞의 사례에서는 학생으로부터 표면적으로는 '화나다, 억울하다'가 더 잘 보이지만 본질적으로는 그런 상황을 바라던 게 아니었기 때문에 '속상하다'가 진심에 가깝다.

교사가 학생의 마음을 탐색하고 진심을 발견할 수 있도록 대화를 촉진할 때 가장 먼저 할 것은 학생이 습관적으로 쓰는 '좋다, 싫다, 안 좋다'라는 말을 감정 단어로 바꿔서 표현해 주고 학생이 이를 모델링하도록 하는 것이다. 저학년부터 감정 단어를 소리 내어 읽게 하고 교사 스스로도 평소에 감정 단어를 활용하여 대화하는 연습을 해 보길 권한다. 그러면 보다 다양한 감정과 생각을 인식하고 풍부하게 표현하여 보다 원활하게 소통할 수 있는 힘을 기를 수 있다.

"선생님, 엉엉이가 너무 많이 울어요."

한 아이가 교사에게 다가와 우는 친구를 좀 봐 달라고 말한다.

정도 많고 끼도 많은 엉엉이는 성실하다. 초등학교에 처음 입학했을 때는 조금 과격하게 행동하기도 했지만 크게 문제가 되지는 않았다. 반에서 가장 키가 크고 힘이 센 편이었고 목소리도 크고 기개가 있어 얼핏 보면 담대한 성격의 학생이었지만 시간이 지날수록 교사의 눈에 엉엉이의 섬세함이 점점 더 크게 보이기 시작했다. 짧은 시간 동안 성격이 변한 것일까? 그렇지 않다. 그동안 표면에 드러나는 성격만 보이다가 그 내면의 성격이 드러나기 시작한 것이다.

"엉엉아, 무슨 일이야? 선생님이 좀 도와줄까?"(지지)

그 말이 끝나기가 무섭게 엉엉이가 서럽게 온다.

"엉엉아, 무슨 일 있었어?"(확인)

"네(계속 울음)."

"무슨 일인지 이야기해 줄래?"(지지, 제안)

"그게……"

엉엉이는 그동안 얼마나 서러움이 쌓였는지, 말을 잇지 못하고 계속 울기만 한다. 교사는 지난번에도 엉엉이가 서럽게 우는 것을 보았다. 그때 엉엉이가 대답을 하지 않길래 도대체 무슨 문제일까 고민하기 시작했다. 이렇게 잘 달래지지 않는 것은 쌓인 감정이 있다는 뜻이다. 쌓여서 묵은 감정을 급하게 해결하려고 들면 오히려 상황이 더 꼬일 수 있다. 쌓인 감정들을 눈물로 해소하고 있는 것이기에 잠시 더 울도록 시간을 주어야 한다. 교사 입장에서는 아이가 우는 것이 길게 느껴질 수 있지만 사실 길어 봐야 1분도 안 되는 짧은 시간이다. 잠시 기다려 준 다음 교사가 말했다.

"어떤 일인지 알려 줄 수 있을 때 말해 줘, 기다릴게."(수용, 제안)

울음이 잦아들고 엉엉이는 입을 떼서 말을 한다.

"제가 종이접기 한 것을 쾌활이에게 주었는데, 쾌활이가 그걸 쓰레기통에 버렸어요. 으앙!"

있었던 일을 말하다 보니 속상하고 억울한 마음이 다시 올라오는지 엉엉이는 다시 크게 울었다.

"아이고, 우리 엉엉이가 많이 서운하고 속상하고 야속하고 슬펐나 보다."(공감)

교사는 엉엉이의 모습에서 느껴지는 감정들을 읽어 주기 시작했다. 서운함, 속상함, 야속함, 슬픔과 같은 자신의 불편한 감정을 교사가 공감해 주니 엉엉이는 용기 내어 그 감정들을 털어 내고 수용할 준비가 된 것 같았다. 이어서 엉엉이는 마음을 열기 시작했다.

"네, 많이 속상해요."

"그래, 그 종이접기 한 것을 좀 볼까?"(수용, 공감)

엉엉이가 폐지 수거함에서 종이접기 한 것을 꺼내 왔다.

"아, 정말 열심히 만들었을 텐데, 많이 서운했겠구나."(공감)

"네."

이제 엉엉이가 어느 정도 심리적 여유를 찾았으니 이 상황을 지켜보던 쾌활이와 이야기할 차례가 되었다.

"쾌활아, 잠깐 이야기할까? 괜찮아?"(제안)

쾌활이는 늘 예의 바르고 밝은 아이다. 평소에 담임교사에게 미주알고주알 이야기를 잘하고 친구들에게도 친절하다. 그런 쾌활이가 왜 그랬는지 궁금해서 교사는 탐색의 질문을 했다.

"쾌활아, 지금 엉엉이 얼굴 좀 볼래?"(제안)

"……"

쾌활이가 당황한 모습을 보인다.

"엉엉이 어때 보여?"(탐색적 질문)

"슬퍼 보여요."

"혹시 엉엉이 슬프라고 그렇게 한 거야?"(확인)

"아니요, 이렇게까지 울 줄 몰랐어요."

"지금 쾌활이 마음이 어때?(탐색적 질문) 엉엉이에게 그걸 말해 주면 돼."(제안)

"엉엉아, 나는 다른 게 있어서 버린 것뿐이야. 미안해."

"어? 정말?"

"응, 미안해."

엉엉이가 마음이 진정된 후 이 상황을 객관적으로 보니 사실 별일이 아니었다는 것을 깨달았나 보다. 한결 표정이 밝아졌다. 교사는 두 아이의 표정을 살펴본 후 쾌활이에게 이야기했다.

"쾌활아, 아까 엉엉이 울 때 마음이 어땠어?"(탐색적 질문)

"뭐라고 해야 할지 몰랐어요."

"당황했구나?"(공감)

"당황? 네, 그거 같아요."

"응, 어쩔 줄 모르는 것을 '당황'이라고 해. 당황스러울 때는 '괜찮아?' 라고 물어보든지 '왜 그런 거야?'라고 물어보면 마음이 좀 편해질 거야."(설명)

"그렇게 물어보면 친구가 안 울어요?"

"친구가 왜 그러는지 듣고 네가 실수하거나 잘못한 거라면 미안하다

고 사과하면 되지. 한번 연습해 볼까? '괜찮아? 미안해.'"(제안)

"괜찮아? 미안해."

쾌활이는 교사를 따라 연습하고서는 재미있다는 표정을 지으며 웃는다.

"같이 놀던 친구가 갑자기 울어서 당황스러울 때 꼭 해 봐. 아주 좋아."(제안)

"네, '괜찮아. 미안해' 잘할게요!"

영문도 모르겠는데 갑자기 친구가 울 때 당황스러워서 모르는 척 했던 쾌활이에게 교사가 어떤 말을 해야 할지 알려 주고 함께 연습하니 주변에 몰려든 1학년 아이들도 함께 따라 한다. 싸우고 나서도 금방 잊어버리는 저학년 아이들 간의 갈등은 복잡하게 사실 관계를 따지고 분석하기보다는 "괜찮아? 미안해!" 이 두 마디로 해결할 수 있는 일들이 더 많다.

학생이 울면 교사는 마음이 급해져서 빨리 해결하려 한다. 하지만 성급하게 해결하려다 보면 학생은 표면에 머무르는 불편한 감정만 풀어내고 내면에 있는 묵은 감정들을 다시 숨기게 된다. 감정은 복합적으로 동시에 존재한다. 다만 이것을 하나씩 다 풀어낼 수가 없으니 인식되는 감정부터 표현하는데, 인식되기 쉬운 감정들은 대부분 '화나다, 짜증나다, 억울하다, 황당하다'와 같은 불편한 감정들이다.

서럽게 우는 학생에게는 잠시 동안이라도 울 시간을 주는 것이 효과적이다. 놀라서 우는 것이 아닌 이상 대부분 쌓인 감정들이 표현되는 순간이기 때문이다. 표면에 있는 감정을 해결해야 교사가 학생과 대화를 쉽게 풀어 갈 수 있고 생활교육의 효과도 높아진다. 학생이 많이 울 때 당황하지 말고 조금 기다리면서 학생에게서 느껴지는 감정을 3개 이상 찾아 읽어 준다면, 잠시 후 울음을 그쳤을 때 대화를 이끌어 내기 수월해진다. 학생 입장에서는 공감을 받은 것이라 심리적으로 편안해진 상태에서 이야기를 나눌 수 있다. 학생들은 불편한 감정을 표현하기가 어려워 꾹꾹 참는 경우가 많다. 불편한 감정을 드러내면 친구나 선생님이 불편해 한다는 것을 직관적으로 알기 때문이다. 이럴 때는 아이가 느낀 불편한 감정을 있는 그대로 수용해 주는 것이 좋다.

선생님과 밥친구를 하던 바라기가 갑자기 눈물을 뚝뚝 흘리더니 금세 코끝이 빨개지고 말을 잇지 못한다. 별말 없이 식사를 하던 중이라 교사는 당황스럽다. 바라기가 울기 시작한 건 '학교폭력 실태 조사' 이야기를 꺼내면서부터였다.

"선생님, 어제 저 학교폭력 실태 조사를 했는데, 작년에 있었던 일 거기에 다 썼어요."

"작년에 무슨 일이 있었나요?"(확인)

"네, 당당이가 작년에도 며칠 전에도……(생략)"

교사는 당당이의 학교생활이 3월보다 좋아져서 성장이 눈에 보이는 학생으로 평가하고 있던 차였다. 작년까지는 수업 태도가 별로 안 좋았지만 올해는 다른 학생들도 당당이가 차분해지고 수업에 집중을 잘한다고 인정할 정도였다. 교사는 내심 당황했지만 바라기에게 탐색적 질문을 이어 갔다.

"무슨 일인지 말해 줄 수 있나요?"(탐색적 질문)

"네."

바라기가 들려준 이야기는 대략 이랬다. 작년에 당당이가 너무 장난이 심했는데, 아이들 간 신체 노출을 하는 척하는 장난을 했다는 것이다. 바라기는 그 장난을 받아들일 수 없었고, 올해 교실에서는 안 하는데 다른 교과 시간에 가끔 그런 장난을 해서 바라기가 너무 힘들다는 이야기였다. 이런 신체 노출에 관한 이야기는 섬세하게 접근해야 된다. 심한 노출이 아니더라도 하는 척만 했어도 지도를 잘해야 한다. 사실 명백하게 잘못된 사안이라 원인 제공한 학생만 지도하고 넘어가도 되지만 좀 더 자세한 대화를 통해 재발하지 않도록 내면화시켜야 한다. 처벌만으로는 행동을 중단시키는 데 한계가 있다. 따라서 심리적 개입이 필요하다.

이 사안의 핵심은 당당이는 장난이지만 그것이 다른 사람에게는 '고통'을 준다는 사실을 당당이 본인만 모른다는 것이다. 우선 식사를 마무리하고 교사는 '감정조절카드'를 꺼냈다. 우선 피해자인 바라기의 마음부터 살펴보았다.

"우리 바라기, 그때 많이 놀랐구나? 조금 더 자세히 알고 싶은데, 여기서 지금 감정을 고를 수 있겠니?"(탐색적 질문)

바라기가 카드를 3장 정도 고르고 무엇인가 망설인다.

"선생님이 당당이에게 말하려고 하는데, 그러기 위해서는 바라기가 도와줘야 될 것 같아. 몇 장 더 고를 수 있겠니?"(탐색적 질문)

그제서야 흔쾌히 카드를 몇 장 더 고른다.

"아…… 괴롭고, 힘들었구나. 혼란스럽고 당황스럽고. 그래, 그랬겠다. 또 뭐가 있어?"

하나씩 고를 때마다 바라기의 감정이 더 선명히 다가온다. 감정을 발견하고 그것을 읽어 주는 선생님이 있다는 것이 바라기에게 지금 이 순간 안도감을 줄 것이다. '성'과 관련된 이슈는 말을 꺼내기가 불편하지만 그래서 더더욱 분명하게 처리해야 뒤끝이 없다.

정확한 사실을 알아야 해서 교사는 당당이에게 자초지종을 물었다. 들자 하니 옆에 있는 맹랑이(당당이 단짝)가 자극적인 그림으로 장난을 치길래, 자신이 더 세 보이려고 장난을 하다가 그런 그림을 그렸다는 것이다. 아직 당당이 자신이 어떤 잘못을 했는지 잘 모르고 있다. 교사는 당당이에게 예를 들어 설명하기 시작했다.

"집에서 괴롭고 짜증 날 때 있죠? 언제 그래요?"(주의 환기, 탐색적 질문)

"엄마가 잔소리할 때 괴로워요."

"그래서 어떻게 해요? 울어요?"(확인)

"아뇨, 그냥 듣고 말아요."

"아, 그렇구나. 그럼 이거 한번 볼래요?"(제안)

교사는 바라기가 고른 카드들을 당당이에게 보여 주었다.

"당당이는 장난이지만 옆에서 그 그림을 본 친구는 이런 마음이었어요."(설명)

"……."

"지금 바라기는 당당이의 그 낙서 때문에 괴로워서 울었어요. 바라기를 바라보세요."(제안)

"……."

"어떤 것 같아요? 바라기 마음이 보이나요?"(탐색적 질문)

"슬퍼 보여요."

"당당이는 바라기를 괴롭히고 울리고 싶었나요?"(확인, 탐색적 질문)

이 질문은 아이 스스로 자신의 행동이 어떤 결과를 가져왔는지 알 수 있도록 통찰을 촉진하는 질문이다. 물론 바라기에게 그 낙서를 보여 준 것도 아니고, 맹랑이를 더 자극하기 위해서 그린 낙서라는 것을 알고 있었지만 문제의 심각성을 모를 때는 그 의도를 물어보는 것이 효과적이다. 누구를 향하지 않더라도 이런 행동 자체가 다른 사람을 힘들게 할 수 있다는 것을 명확하게 '알아차리도록' 해야 반성이 시작되기 때문이다.

"아니요……."

"그럼 지금 어떤 마음이 들어요?"(탐색적 질문)

"바라기에게 미안해요."

"왜 미안해요?"

"저 때문에 괴로워한 것 같아서요. 그럴 생각은 아니었는데 죄송합니다."

"어서 그 마음 전달하세요."(제안)

그렇게 당당이는 진심으로 사과를 했다. 낙서로 인해 기분이 상했던 바라기도 웃으며 흔쾌히 당당이를 용서해 주었다.

둘은 다시 웃으며 자리로 돌아갔다. 그 모습을 보니 학교폭력이란 단어로 놀랐던 교사도 안도의 한숨과 함께 에너지가 한층 더 채워짐을 느낀다. 사람은 누구나 실수한다. 다른 사람에게 괴로움을 주는 일인지 모르고 실수할 수 있다. 그럴 때 상대의 괴로움을 알아차리고 그 마음을 느껴야 변화할 수 있다. 변화와 성장은 자신의 행동이나 생각에 대한 알아차림이 있을 때 시작된다.

학생들이 성 관련 행동을 장난처럼 할 때

고학년을 제외하고(학생의 발달 수준에 따라 간혹 고학년도 포함) 흔히 성적인 장난으로 간주되는 행동, '치마 들추기, 똥침, 남성 성기를 그려 놓고 키득거리기' 등을 남학생들이 할 때 그 의미를 정확하게 모르고 하는 경우가 많다. 과거에는 장난으로 치부했지만 사실은 폭력적인 행동이기 때문에 학교에서 지도해야 하는데 간혹 그 경계의 선을 잘못 설정하는 경우가 있다. 무조건 학생이 성적인 의도로 한 행동이라고 몰아붙이다가는 오히려 역풍을 맞을 수 있다.

일단 이런 상황은 개인의 발달 수준과 성 이슈 특유의 복잡성을 동반하므로 성적인 폭력의 의도가 있었다고 단정하여 접근하면 문제를 해결하기가 오히려 어려워질 수 있다. 성 이슈로 접근하기보다는 본질적인 문제로 접근하는 것이 더 효과적일 때가 있는데, 이런 행동이 상대방을 불쾌하게 만들고, 상대방이 폭력으로 느낀다는 것을 감정카드를 뽑아 시각적으로 보여 주는 식이다.

'나는 장난이었다', '고추를 그리면 웃음이 난다'라고 해맑게 웃으며 말하는 학생에게 그런 장난이 다른 친구에게는 힘들고, 당황스럽고, 혼란스럽고, 괴롭고, 불쾌하고, 짜증스러운 감정을 유발한다는 점을 알려 주는 것이다. 이때 아이가 이런 점을 인정하고 수용하며 반성하면 사과를 통해서 앞으로 그러지 않도록 내면화한다. 그리고 이런 행동은 물리적인 폭력만큼 엄중하게 다뤄진다는 점을 알려 준다.

일부러 그런 게 아니더라도
친구는 슬퍼해

다독이가 눈물범벅이 된 얼굴로 교실에 들어왔다. 평소에 긴장하면 자신의 입술을 손으로 잡는 습관이 있는 다독이는 보기에도 안쓰러울 정도로 연신 손으로 입술을 틀어잡으며 울고 있다. 이내 통실이가 와서 교사에게 자초지종을 이야기한다.

"선생님, 다른 반 애들이 다독이한테 변태라고 놀렸어요."

보통 5학년 정도 되면 누가 변태라 놀리든지 말든지 무시하는 경우가 많지만, 다독이 성격을 고려할 때 이 일은 그냥 넘기면 안 된다. 다독이는 책과 함께하는 시간이 더 많고 상대적으로 친구들과 많이 교류하지는 않지만 평소에 타인을 배려하고 존중하는 태도가 몸에 배어 있는 학생이기 때문이다.

사건을 간단히 요약해 보니 아침 자습 시간에 학교에서 발간하는 영자 신문 촬영이 있었다. 각 반에서 몇 명씩 차출되어 사진을 찍는데, 다독이가 실수로 여학생들이 옷을 갈아입으려고 모인 공간의 문을 열었다. 그 순간 목소리 큰 3명이 "변태다!"라고 소리를 지른 것이다. 교사는 다른 아이에게 소리 질렀다는 학생을 불러오게 했다. 다른 반인 아이는 학년에서 꽤 유명한 아이라는 것을 교사는 한눈에 알아보았다. 그 학생은 뭔가 자신이 불리하게 느껴졌는지 교사의 말이 시작되기도 전에 선수치듯 먼저 말했다.

"제가 일부러 그런 거 아닌데요!"

"선생님이 뭘 말하려고 했는지 알아요?"(확인, 즉시성)

"제가 일부러 그런 거 아닌데요. 그리고 다른 애들도 했어요!"

생각지도 못한 교사의 질문(즉시성)에 너무 쉽게 자백을 한다. 그러나 옆에서는 다독이가 계속 훌쩍이고 있다. 이럴 때는 왜 놀렸냐고 물어볼 필요가 없다. 일부러 그런 게 아니라니 왜 그랬냐고 물어봐야 일부러 그런 게 아니라는 말만 반복될 것이고 학생은 비난받는 느낌만 받으며 진정성 없는 반성으로 끝날 가능성이 크다.

"그래요, 일부러 그런 것은 아닌데(의도 수용), 지금 다독이 얼굴 좀 보세요.(확인) 어때 보여요?"(탐색적 질문)

우는 다독이를 보더니 눈빛에서 억울함이 사라지고 미안해 하는 것이 보인다.

"슬퍼 보여요."

"네, 그렇죠.(수용) 일부러 그런 거 아니고 그냥 장난친 것뿐이고 다독

이를 슬프게 하려고 한 건 아니란 말이군요?"(확인)

"네······."

"그런데 지금 다독이는 너무 괴로워하고 속상해 하며 슬퍼하네요."(설명, 직면)

교사는 다독이의 마음을 천천히 읽어 주고 있다. 그런데 다독이를 놀린 아이가 뭔가 깨달았는지 잠시 후 교사에게 말한다.

"잘못했습니다. 이러려고 한 건 아닌데 죄송합니다."

사실 그 학생도 다독이가 이렇게 서럽게 울 줄 모르고 한 행동이라 억울함을 느낄 수도 있다. 그러나 교사가 무작정 혼을 내지 않고 일단 그럴 수도 있다는 것을 수용했기 때문에 억울함의 대상은 사라진다. 대신 억울함이 있던 자리에 자신과 다독이를 볼 수 있는 심리적 공간, 즉 여유가 생긴 것이다.

"다독이에게 어떤 마음이 드나요?"(탐색적 질문)

"울리려고 한 건 아닌데 미안해요."

"정말 미안하다면 그 미안한 마음 전하는 것이 어떨까요?"(제안)

"다독아, 미안해. 너 울리려고 그런 건 아니야."

서럽게 울던 다독이는 진심으로 반성하는 친구의 모습을 보았기 때문에 사과를 받아 주었다. 그러나 다독이에게는 여전히 자신이 여학생 옷 갈아입는 곳의 문을 열었다는 창피함, 부끄러움이 남아 있다. 교사는 그 부끄러움을 다독이의 성장과 연결해 주어야겠다고 생각했다.

"다독이가 일부러 그런 것은 아니잖아요? 옆에 있는 친구의 사과를 받았는데 지금 부끄러움이 어느 정도 남아 있나요? 10점 만점에 몇 점 정도 되나요?"(척도 질문)

"지금은 나아졌어요. 10점 만점에 1~2점 정도 되는 것 같아요. 선생님."

"그래요, 있었던 일이 당장 없던 일처럼 되진 않겠지만 선생님과 다른 여학생들은 다독이의 실수라는 것을 알고 있어요. 아무도 다독이가 일부러 그랬다고 생각하지 않습니다. 다독이 마음이 조금이나마 편해졌으면 해요. 여학생들은 아무 신경도 안 쓰잖아요."(설명)

교사의 설명을 듣고 있던 다른 여학생이 다독이에게 와서 이야기를 건넨다.

"괜찮아, 쟤들이 유치하게 네 실수를 가지고 놀린 거니까 이제 마음 풀어. 다독아, 너가 일부러 그런 거 아니라는 거 잘 알아."

"어, 그래? 고마워."

다독이의 평소 모습, 행동, 태도를 잘 알고 있기에 지켜보던 여학생 중 한 명이 이런 위로를 건넨다. 여학생의 말을 듣고 다독이는 한결 마음이 편안해진 듯한 얼굴로 자리에 돌아갔다.

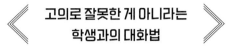

고의로 잘못한 게 아니라는
학생과의 대화법

교사에게 지적받은 학생들이 반사적으로 내뱉는 말이 있다. 바로 "일부로 그런 거 아닌데요."라는 말이다. 많은 학생이 이 말을 자주 하는 이유는 이 말을 했을 때 혼나는 수위가 낮아지는 경험을 해 봤기 때문이다.

의도가 선하면 결과가 나쁘더라도 용서하고 배려해 주는 것이 당연하다. 그러나 간혹 성과 관련된 것, 관계적으로 힘들게 하는 행동, 겉으로 잘 드러나지 않는 형태의 폭력적인 행동을 할 때는 고의가 아니라고 하더라도 행동에 대한 책임을 분명히 인식시켜야 한다.

이때 교사는 어떻게 잘못을 시인하게 만들어서 사과를 시켜야 할지 고민이 된다. 안 했다고 잡아떼는 게 아니라, 일부로 그런 게 아니라고 하기 때문이다. 이때에는 학생이 말하는 '의도'에 반응할 필요 없이 이 행동의 결과가 다른 사람을 아프고 힘들게 만들었다는 사실에 집중하도록 지도해야 한다.

힘들어 하는 학생이 어떤 종류의 감정을 어떤 강도로 느꼈는지 살펴보고 이를 접하게 하여 어떤 생각과 감정이 드는지 인식시키는 방법이다. '의도 없음'보다는 '의도와 관계없음'을 강조하는 것이다.

약간은 건조하고 사무적으로 보일 수 있지만, 반성과 사과를 할 때에는 덤덤하게 받아 주고 사과를 하는 학생이 진정성을 담을 수 있도록 대화를 나눠야 한다.

와글이는 적극적으로 수업에 참여하지만 더러 과한 행동을 하기도
해서 아이들이 부담스러워 할 때가 있다. 고학년(6학년) 정도 되면
다른 친구에게 넘으면 안 되는 선이 있다는 것쯤은 아는데 와글이
는 아직 그것을 잘 알지 못해 친구들에게 쉽게 오해를 받는다. 교사
가 수업할 때 시도 때도 없이 끼어들고 다른 친구의 발표를 방해하
는데, 이때 친구들이 별다른 반응을 보이지 않으면 스스로 시큰둥해
하는 패턴을 보인다. 교사는 와글이의 이런 행동 패턴에 무시 또는
엄하게 주의를 주는 것 두 가지 방식으로 대응한다. 사실 와글이는
친구들에게 인기를 얻고 싶은데 자꾸만 엉뚱한 행동을 해서 핀잔을
받는 상황이라 점심시간에 교사에게 도움을 청하러 왔다.

"친구들과 친해지고 싶은 마음이 많구나?"(공감)

"네. 근데 잘 안 되는 거 같아요. 아이들이 제 말을 잘 들어 주지 않아요."

"왜 그런 것 같아?"(탐색적 질문)

"애들이 저를 별로 안 좋아해서 그런 것 같아요."

아이가 어떤 문제로 어려움을 겪고 있는지 알았고, 아이 스스로 무엇을 문제의 원인으로 진단하고 있는지 알았으니 이제 본질적인 이야기로 진입할 단계이다. 여기서 "그렇지 않아! 네 행동이 문제지."라거나 "맞아. 이제 그러면 안 돼. 알겠지?"라는 식의 말로 섣불리 긍정이나 부정을 하면 행동의 변화를 위한 탐색을 할 수 없다. 대화의 결론이 똑같더라도 대화 과정에서 아이가 스스로 생각하고 판단할 시간을 주어야 비로소 행동이 변화할 수 있다. 이때 아이의 말을 재진술하는 것이 필요하다.

"아, 너는 친구들과 친해지고 싶은데 아이들은 널 안 좋아한다고 생각하는구나?"(재진술)

"네, 그래서 자꾸 무시당하는 거 같고."

"와글이 생각에는 왜 그런 것 같아?"(탐색적 질문)

"음…… 잘 모르겠어요."

"그래, 선생님 같아도 선뜻 생각나지 않을 것 같아.(공감, 수용) 그런데 다시 한번 생각해 보자. 어떤 이유가 있을까?"(탐색적 질문)

한 5초 정도가 지났다. 와글이는 꽤 빠른 속도로 이야기하다가 잠시 멈추고 뭔가 생각하더니 다시 말을 이어 갔다.

"그건 제가 말이 너무 많아서 그런가요?"

와글이 인지 수준은 또래 아이들의 평균 이상이다. 상식도 많이 알고 학습 내용도 곧잘 이해한다. 다만 사회성 발달이 아직 중학년 (3-4학년) 수준이라는 점이 문제의 원인이다. 자신의 감정과 정서를 중학년 수준으로 표현하고 행동하니 고학년인 또래 친구들이 보기에 탐탁지 않은 것이다. 방금 와글이는 스스로 그 지점을 문제라고 인식했다.

"그렇게 생각할 수 있지. 선생님은 와글이가 말을 줄이기보다는 때와 장소에 맞는지 생각해 보고 말하는 게 좋지 않을까 생각했어. 내 이야기를 아무 때나 하는 것이 아니라 주변 사람들이 무엇을 하고 있는지 살펴보고 말하는 거지."(설명)

"아, 그래요? 그럼 말하기 전에 미리 생각해 보면 돼요?"

"그렇지."

"그럼 앞으로는 그렇게 할게요."

"그래, 노력해 보렴. 잘 안 되는 것 같으면 말해. 선생님이 도와줄게." (지지, 제안)

다른 때보다 유난히 교사의 말에 눈을 크게 뜨고 진지하게 듣는 와글이의 모습이 기특하다고 생각하는 순간 와글이가 또 말한다.

"선생님, 저 그리고 또 고민이 있어요. 좋아하는 여자아이가……"

여기서도 와글이의 대화 패턴이 여지없이 드러난다. 이 산만함이 쉽게 고쳐질 수는 없다. 이런 순간순간마다 덤덤하게 안 되는 건 안 된다고 이야기해 주어야 이 대화 패턴의 방향을 바꿀 수 있다.

"잠깐만, 하루에 고민 하나씩만 이야기해 줘.(환기) 너희 등교 수업 때 는 선생님도 하루에 처리해야 할 일이 많아. 다음 등교 수업 때도 고민 되면 그때 물어보렴."(제안)

"아! 네, 근데 제가요. 슬기를 좋아하는데요."

"하하, 그래. 다음 등교 수업 때 이야기하자.(확인) 선생님이 이거 좀 해 야 너희들 하고 전에 나눠 줄 수 있어. 계속 이야기를 들어 주고 싶지 만 지금은 이 일이 급해."(자기 개방)

"네."

자기 할 말만 하고 그냥 가려는 와글이를 교사가 다시 불렀다.

"선생님이 시간 내서 이야기를 들었으니 인사는 하고 가는 게 어 때?"(확인, 제안)

"앗, 감사합니다. 이제 친구들 생각하고 말할게요."

대화의 변화는 작은 출발점부터 시작된다. 아주 느리게 조금씩 변 화하는 것이 바로 교육과 성장이다.

앞 사례의 와글이는 인지적인 발달 면에서 뛰어난 학생이다 보니 어떤 문제가 생겼을 때 문제에만 집중하면 그 원인을 곧잘 찾곤 한다. 하지만 이런 학생의 경우 문제의 원인을 곧바로 찾았다고 해도 바로 긍정하지 않고 재진술을 통해 한 번 더 탐색하게 하는 것이 좋다. 이런 학생들은 원인의 발견을 바로 문제 해결이라고 착각하기 때문이다. 따라서 문제의 원인을 알아냈다면 그것을 다시 곱씹어 보게 하면서 거기서부터 행동의 방향을 탐색하도록 해야 하는데, 이때 재진술 기법이 효과적이다.

재진술 기법은 상대방의 말을 이해했다는 것을 전달하거나, 말하고자 하는 핵심을 알아차리고 그것을 되돌려줄 때 활용하는 상담 기법이다. 경청이나 공감처럼 어려운 과정을 거치지 않아도 된다. 단지 핵심적인 단어나 유사한 단어로 요약 정리하여 되돌려주는 정도면 충분하다.

재진술 기법으로는 '이야기 재진술, 의미 재진술, 초점 맞추기 재진술, 요약하기 재진술' 등이 있다. 이야기 재진술은 상대방의 이야기를 그대로 표현하는 것, 의미 재진술은 상대상의 말 속에 담긴 의미를 나의 언어로 바꾸어 표현하는 것, 초점 맞추기 재진술은 한 가지 내용이나 주제에 집중하는 말을 하는 것, 요약하기 재진술은 지금까지의 대화 요약, 선택한 요약, 이득과 손실을 따져 보는 요약 등을 말한다.

와글이와의 대화 사례에서 나온 재진술은 '이야기 재진술'에 해당한다. 다소 생각의 흐름이 빠른 와글이의 인지적 수준을 고려해서 재진술을 통해 한 번 더 생각해 보게 한 것이다. 그래서 이런 아이들이 산만하거나 ADHD처럼 보일 때도 있는데, '재진술하기'를 활용하면 의식의 흐름을 차분하게 할 수 있는 효과가 있다.

미안한 마음이
10점 만점에 몇 점이야?

또래보다 유난히 작은 체구의 똘똘이는 아는 게 많은 똑똑한 학생이다. 눈빛도 항상 반짝반짝해서 교사가 눈을 보고 있으면 대화에 잘 몰입하는 학생이다. 한편 묵묵이는 말이 별로 없고 좀처럼 자신의 감정을 드러내지 않지만 승부욕이 강한 학생이다. 똘똘이와 묵묵이가 보드게임을 하는데 똘똘이가 너무 쉽게 다른 친구들을 이겨 버렸나 보다. 다른 학생들이 다소 허탈해 하며 게임이 끝났는데, 똘똘이 지나가는 길에 묵묵이가 발을 내밀어서 똘똘이가 넘어질 뻔한 일이 일어났다.

똘똘이가 교사에게 이르기 전에 묵묵이는 먼저 미안하다며 사과하는데 똘똘이는 묵묵이의 사과를 듣지 않고 있다. 교사는 둘을 불러 이야기를 듣기 시작했다. 일부러 발을 걸은 건 아니지만 어찌되었든 사과하는 묵묵이와, 묵묵이가 발을 일부러 걸었다고 주장하는 똘똘이의 기싸움이 만만치 않다.

넘어지거나 다친 것도 아니고 발에 걸려 넘어질 뻔한 건데 똘똘이가 묵묵이의 사과를 받지 않고 버티며 대치하는 이유는 무엇일까? 여러 가지 이유가 있겠지만 이 둘의 평소 감정이 좋지 않다는 것이 가장 큰 원인이다.

"작년에 둘이 같은 반이었어요?"(확인)

"아뇨, 서로 다른 반이었어요."

"그런데 왜 이리 쌓인 감정이 많아 보이죠? 둘 사이에 무슨 일이 있었나요?"(질문)

"묵묵이는 매번 놀이를 하면 마지막에는 짜증을 내서 저도 막 짜증이 나요."

"똘똘이는 자기만 알아요. 맨날 혼자만 다 해요."

결국 이기고 지는 게임의 속성 속에서 둘의 승부욕이 부딪힌 것이다.

"이기고 지는 게임을 했으니 그럴 수도 있죠. 그런데 선생님이 보기엔 크게 문제없는데 무엇이 문제일까요?"(자기 개방)

"묵묵이는 꼭 마지막에 저를 짜증 나게 해 놓고 사과를 대충 해 버려요."

"내가 언제? 네가 사과를 안 받잖아. 미안하다고 몇 번이나 말했는데도 사과를 안 받는 건 너잖아!"

똑똑이가 가당치도 않다는 표정으로 묵묵이를 보자 묵묵이가 울먹이면서 이야기하기 시작한다.

"저는 진심인데, 똑똑이는 진심이 아니라며 자꾸 시비 걸어요."

"그래? 그럼 묵묵이 네가 내 눈을 똑바로 보고 말해. 진짜 미안한 거야?"

똑똑이가 어이없다는 듯 묵묵이에게 쏘아붙이자 묵묵이의 억울함은 그 농도가 더 진해진다. 사과를 받고자 하는 똑똑이가 진정 어린 사과를 받더라도 쌓인 감정을 털어 내긴 어려워 보인다. 핵심은 묵묵이의 시비를 거는 행동인데, 오히려 묵묵이는 자신의 진심이 의심받는다며 억울해 한다는 것이다. 서로 간에 쌓인 감정이 있을 때는 누가 맞고 누가 틀린 것인지 시시비비를 가리는 대화보다는 감정을 중심으로 대화를 이끌어야 한다. 이때 먼저 체크해야 할 것이 있다. 묵묵이가 진짜 사과를 하고 싶은지 알아봐야 한다.

"선생님이 궁금해서 그러는데 질문 하나 해도 될까?"(확인)

"네……."

"똑똑이에게 미안하다고 했지?"

"네."

"얼마나 미안해? 10점 만점에서 몇 점 정도가 되니?"(척도 질문)

"한 3점 정도 미안해요."

"아, 3점 정도 미안하구나?"

둘 사이 감정의 온도 차이를 찾은 순간이다. 똑똑이는 10점 만점의 사과를 원하는데 묵묵이는 심정적으로 미안하지 않은 습관적인 사과를 하고 있었다.

"그럼, 똘똘이는 몇 점 정도 미안해 하기를 원할 것 같아?"(탐색적 질문)

"10점이요?"

"음, 사실 선생님도 잘 모르니 똘똘이에게 물어보자.(자기 개방) 똘똘아, 너는 묵묵이가 몇 점 정도의 미안함으로 사과하면 받아 줄 거야?"(확인)

"저는 7점만 되어도 받아 줄 수 있어요. 그런데 얘는 눈을 안 보고 핑계대듯 미안하다고 해서 화가 나요."

"아, 7점이구나. 똘똘아, 그럼 7점이면 눈 마주치고 핑계 대듯 하지 않고 미안하다고 하면 되는 거니?"(확인)

"네!"

"묵묵아, 사과는 받는 사람이 판단하는 거잖아.(설명) 그러니 7점 정도의 사과를 한번 해 볼까? 똘똘이는 눈을 안 보고 핑계 대듯 미안하다고 말하는 것을 3점으로 생각하고 있어. 눈을 마주치고 미안함을 전달해 볼 수 있겠어?"(제안)

묵묵이는 다시 똘똘이의 눈을 마주 보고 미안하다고 사과를 한다. 그 사과가 7점을 넘었는지 안 넘었는지 교사와 묵묵이는 알 수 없지만, 똘똘이는 이 정도면 되었다고 생각하고 넘어간다. 하지만 교사는 바로 묵묵이의 생각 중에 똘똘이가 시비를 건다고 생각하는 부분을 점검해 보기 시작했다.

"묵묵아, 똘똘이가 시비를 건다고 생각했구나?"(확인)

"네."

"지금 사과하고 난 후의 생각은 어때? 지금도 똘똘이가 시비 건다고 생각해?"(확인)

"그건 아닌데, 별것도 아닌 것에 너무 막 그러는 것 같아서요."

"그래, 좀 억울했을 것 같아.(공감) 그럼 사과를 받아 준 지금과 받지 않았던 방금 전 두 상황 중에 묵묵이가 진짜 더 원했던 것은 무엇이었니?"(탐색적 질문)

"제가 사과할 때 사과를 받아 주는 것을 원했어요."

"아, 그랬구나. 사과를 할 생각이었다면 그냥 사과를 진심으로 하는 것이 나아. 어차피 사과를 할 생각이었잖아. 조건 같은 걸 달지 않고 깔끔하게 할 때 진짜 사과가 되는 거야. 쟤가 그랬니 얘가 그랬니 사과에 이런 토를 달면, 사과가 어느 순간에 핑계가 되거든. 사과에도 용기가 필요해. 묵묵이가 사과를 할 때는 오늘 선생님 이야기를 생각하면서 용기 내어 사과를 해 보렴."(설명, 제안)

♣

교사가 천천히 눈을 마주치며 설명과 제안을 하자 묵묵이는 고개를 끄덕인다. 교사는 대화 속에서 묵묵이의 애매한 사과와 태도를 점검한 다음 돌려보냈다. 이후 묵묵이는 다른 친구에게 사과를 할 때 더 당당하게 진심을 전하는 모습을 많이 보였고 자기 생각을 편안하게 표현하는 상황도 늘어났다.

추상적인 개념으로 말이 겉돌 때
척도 질문 활용하기

앞선 사례에서 학생들과의 대화 속에서 자주 사용한 대화 전략들은 무엇이었을까? 바로 미안함의 강도를 척도 질문으로 알아본 것이다. '화, 슬픔, 우울, 분노, 미안함, 자책, 고통, 억울' 등의 감정은 눈에 잡히지 않는 개념이다. 이 개념들은 수량화할 수가 없어서 한 사람이 말한 화의 크기가 듣는 사람의 화의 크기와 다를 수 있다. 이럴 때 마음과 감정을 수량으로 나타낼 수는 없지만 숫자로 표현하도록 하는 것이 효과적이다. 이것을 '척도 질문'이라고 한다.

이렇게 자신이 느끼는 감정을 숫자로 표현하기 시작하면, 이를 통해 감정을 정확하게 인식하게 되어 감정에 대한 통제감이 생긴다. 감정의 농도를 숫자로 나타내면서 감정을 조절하기 시작하는 것이다. 이때부터는 감정에 몰입해 이성적인 판단과 행동을 잘하지 못했던 아이도 이성적인 판단을 하기 시작한다.

즉 말이 통하는 상태로 변화한다. 이 상태가 되지 않으면 교사의 어떤 말도 아이의 머릿속에 들어가지 못한다. 교사는 늘 지도하고 있지만 아이는 기억이 안 나는 것이다.

척도 질문을 활용하여 10점 만점에서 몇 점 정도의 화, 분노, 슬픔, 억울, 미안함인지 질문해 보자. 아이가 10점 만점이라거나 0점이라고 해도 괜찮다. 감정을 통제하기 시작하면서 어차피 그 점수보다 낮아지거나 높아지기 때문이다. 척도 질문은 이렇게 이성이 작동하도록 만드는 전략이 될 수 있다. 그런데 10점 만점이라는 숫자 단어를 잘 모르는 저학년 학생들에게는 어떻게 하는 것이 좋을까? 그때는 양팔을 최대로 벌린 것이 만점, 두 손을 거의 닿도록 모은 것이 0점이라 알려 주고 표현하도록 하면 된다. 이외에도 풍선을 활용하여 풍선의 크기만큼 '기쁘다, 감사하다, 화났다' 등을 표현하도록 할 수 있다.

모둠활동을 하다가 명랑이가 퉁명이에게 한마디했는지 둘이 싸운다. 퉁명이는 1학기 때는 다소 쌀쌀맞고 무뚝뚝했으나 말과 행동이 조금씩 긍정적으로 변화하고 있는 여학생이다. 명랑이는 쾌활하지만 성격이 조금 급하고 직설적으로 말하고 행동하는 남학생이다. 이 둘은 같은 모둠인데 진로가치카드를 달라고 말하는 명랑이에게 퉁명이가 퉁명스럽게 이야기하자, 명랑이가 직설적인 말을 하려다 한 박자 참고 말했다.

"너는 말투 좀 부드럽게 고쳐야 할 것 같아!"

그 말을 들은 퉁명이가 눈물을 흘렸는데, 퉁명이가 눈물을 흘리는 것은 이례적인 일이라 교사는 좀 더 자세히 이야기를 들어 봐야겠다고 생각하고 퉁명이에게 말을 건넸다.

"통명아, 무슨 일이야?"(개방적 질문)

"명랑이가 구박했어요."

"(억울한 듯)야! 내가 언제 구박을 했어? 너 말투 좀 부드럽게 고치라고 내가 충고한 거잖아!"

자기는 비난이 아닌 적절한 조언과 충고를 한 것뿐이라며 명랑이는 억울하다는 듯 화를 냈다. 이때 교사는 명랑이의 태도에서 무엇을 지도해야 할지 발견했다. 상대에 대한 애정 없는 충고는 상대의 마음을 다치게 한다. 즉 "너 말투 좀 부드럽게 고쳐야 할 것 같다."가 표면적으로는 충고나 조언이지만 애정이 없는 말이기 때문에 상대에게는 비난으로 들린다는 것을 인식시켜야 한다. 사실 이건 조언을 가장한 비난이다. 나아가 자신은 할 도리를 지켜 선을 넘지 않았으니 나머지는 상대 탓이라는 뜻이다. 명랑이가 아무리 형식을 지켰다고 하더라도 비난하는 마음으로 말했다면 통명이는 분명 비꼼이나 비난의 말로 들었을 것이다. 이 지점이 핵심이다. 그러나 명랑이는 지금 자신의 억울함을 호소하기 위해 노력 중이다. 또 교사에게 잘못 보일까 봐, 혹은 오해 받을까 봐 두려워하고 있다.

"명랑아, 선생님 눈 좀 볼 수 있겠니?"(환기, 제안)

명랑이는 교사의 눈을 보고 나서야 혼을 내려는 것이 아님을 눈치챈 듯하다. 억울한 눈빛은 서서히 본래의 모습으로 돌아왔다. 거친 숨소리도 점차 가늘어지고 몸에서 느껴지는 진동도 잦아들었다. 이런 신체 사인은 매우 중요한데 누구나 이런 상태가 되어야 상대의 이야기를 들을 최소한의 준비가 되었다고 볼 수 있다. 이제 명랑이에게 무슨 말을 해도 통할 것이다.

"퉁명이에게 말투를 부드럽게 고치라고 충고할 때, 누구를 위해서 말한 거야?"(탐색적 질문)

"퉁명이를 위해서였…… 아……!"

퉁명이를 위해서 충고했다고 습관적으로 말하려다가 갑자기 탄성을 내뱉는다. 뭔가 느낌이 온 것이다. 퉁명이는 짧은 탄식과 함께 고개를 숙였다.

교사는 이때가 중요한 시점이라 생각해 이야기가 잘 흡수되도록 말투를 존댓말로 부드럽게 바꾸었다.

"고개 들어 볼래요? 그리고 선생님 눈을 봐 주세요."(제안)

"네."

"퉁명이를 위해 충고한 것이 아니라 명랑이가 화나서 한 말 같은데, 맞나요?"(확인)

"네, 아까 화가 났어요."

"아, 화가 났는데 많이 참고 이야기했군요?"(재진술, 공감, 확인)

"네."

"참고 이야기한 것까지는 노력했는데, 결국 화낸 것 같은 결과가 되어 조금 당황스러웠을 것 같아요."(공감, 확인, 탐색적 질문)

"네, 충고한다고 이야기하면 될 줄 알았는데……."

"퉁명스러운 말투를 고치라고 한 것은 퉁명이에게 꼭 필요한 충고일 수 있어요. 선생님도 평소에 그렇게 생각하거든요.(자기 개방) 하지만 퉁

명이가 조언과 충고를 원할 때, 퉁명이를 아끼는 마음에서 말해 주어
야 상처가 되지 않을 것 같은데 명랑이 생각은 어때요?"(설명, 직면)

"선생님, 죄송해요."

사과의 말이 나왔으니 교사는 다시 친근한 말투로 바꾸어 용기를
주며 말한다.

"미안한 마음이 드는구나? 그 미안함은 선생님에게 할 말이 아니라,
퉁명이에게 해야 할 말 같아. 그 미안한 마음을 퉁명이에게 전달할
래?"(제안)

"퉁명아, 미안해. 아까는 내가 화가 나고 짜증이 났어. 네가 원하지도
않는데 충고를 해서 미안해."

퉁명이는 사과를 받고 진정이 되었다. 교사와 명랑이의 대화를 다
듣고 있었기 때문에 명랑이의 사과를 잘 받아들일 수 있었다.

나름대로 버럭 화내지 않고 한 말이지만 명랑이의 말이 퉁명이에
게는 비꼼이나 잔소리로 들렸을 것이다. 퉁명이 말투가 무뚝뚝한 것
을 퉁명이가 왜 모르겠는가? 본인도 다 안다. 단지 그게 지금 당장
안 고쳐질 뿐이다. 아마도 많은 사람들이 퉁명이의 말투를 '애정'이
라는 말로 포장하여 지적했을 것이다. 그들 입장에서는 애정과 충고
의 말이었는지 몰라도 퉁명이에게는 상처의 말들이다. 그래서 퉁명
이는 딱 한마디 말에 눈물을 흘렸던 것이다.

명랑이는 자신의 잘못을 인정하면 더 크게 혼나거나 오해 받을지 모른다는 걱정을 하고 있었다. 이런 이유로 학생이 자신의 잘못을 인정하지 않다 보면 더 큰 잘못을 하게 되는 경우가 종종 있다. 자신이 잘못을 인정하면 안전하지 않은 환경과 상황에 놓일 거라고 느끼기 때문이다. 굳이 아이의 심리라고 이야기하지 않아도 된다. 이는 공통적으로 모든 사람들의 마음속에 자리잡고 있는 것이다.

두려움과 걱정, 불안은 쉽게 할 수 있는 대화도 어렵게 만든다. 누군가에게 비난받을까 봐 두려워하는 순간 대화의 내용과 본질은 사라지고 자신이 잘못하지 않았음을 증명하기 위한 수많은 핑계들이 튀어나오기 시작한다. 이런 핑계들은 결국 대화하는 상대를 지치게 만들고, 이런 대화가 지속되면 두 사람 사이의 관계도 어그러지기 시작한다.

어떤 대화를 하든 상대의 감정 상태가 불안, 걱정, 두려움이라면 대화의 옳고 그름을 따지지 말고 일단 상대의 감정을 수용할 수 있도록 나의 마음을 비워야 한다. 물론 마음을 비우는 것은 그리 쉬운 일이 아니다. 학생의 불안, 걱정, 두려움이 어디에서 왔는지를 궁금해 하며 살펴보면 자연스럽게 학생의 마음을 탐색하게 된다. 그러면 학생은 이 상황을 무의식중에 핑계를 찾지 않아도 되는 환경과 맥락으로 인식하게 된다. 이럴 때 대화는 더 쉽고 자연스럽게 진행된다.

서로 솔직하지 못한 채 마음의 벽을 높게 쌓아서 불신만 양산하는 대화는 안 하는 것만 못하다. 따라서 대화의 중간중간 학생이 어떤 상태인지, 그리고 그 상태를 무조건적으로 들어 볼 수 있는지, 수용하면서 불편한 마음의 수준을 낮추고 정말 학생과 교사가 찾고자 하는 본질에 다가설 용기가 있는지 등을 점검해 보는 것이 효과적이다.

아이들이 수업하기 싫은가 보다. 국어 진도를 나가려고 하니 꼼꼼이
가 문득 제안한다.

"선생님, 우리도 고민 상담소 해요. TV에서 하는 것 봤어요. 네?"

"꼼꼼아, 우리 공부하자. 진도 밀리면 나중에 힘들어진다."

이때 산만이가 거든다.

"선생님, 저희 요즘 고민 많은 사춘기예요. 상담 좀 해 주세요!"

"산만아, 고민 해결이 목적이니? 아님 자유 시간이 목적이니?"

"고민…… 히히, 공부하지 말아요. 넹?"

"여러분, 고민이 많아요?"(확인)

"네! 선생님도 다이어트, 대출 고민이 있듯 저희도 고민이 많아요."

"꼭 그걸 해결해야 해요? 어차피 고민은 생겨요. 여러분도 아시다시피

인생은 고민의 연속이잖아요."(설명)

"아니에요. 친구들과 함께 해결하면 사이도 더 좋아져요!"

교사는 아이들이 고민이 많다고 하니 함께 잘 풀어 보는 것도 의미 있겠다고 생각했다.

"그래요. 그럼 고민 있는 어린이가 앞에 나와서 발표해 보고 그 해결책이 무엇이 있는지 친구들과 함께 생각해 보도록 할게요."

"우아~!"

먼저 고민 상담 시간을 제안한 꼼꼼이 고민부터 듣기로 했다. 꼼꼼이는 학원에서 만난 언니가 무서워서 고민이라고 했다. 잘난 척도 많이 해서 재수 없는 언니라며 어떻게 해야 할지 고민이란다. 친구들은 나름의 해결책으로 조언하느라 난리가 났다. 그런데 친구들의 조언은 다 채택되지 않았다. 그래도 아이들은 고민을 이야기했다는 것만으로도 뭔가 시원함을 느낀다며 자리로 돌아갔다.

똑똑이의 고민은 역사 게임을 만들고 싶은데, 본인이 혼자 하기 힘든 것이라고 했다. 이 말이 나오자마자 지식이가 자기랑 같이 만들자며 제안했다. 그들 계획대로라면 2~3년 안에 웹 형태로 역사 게임을 만들어서 시판할 예정이다. 아이템이 정말 좋다.

산만이의 고민은 학원에서 남자 같은 여학생이 자꾸 괴롭힌다는 것이었다. 산만이의 고민 사연을 들은 아이들이 난리다. 심지어는 학폭으로 신고하겠다며 정의감에 불타 분노하기도 했다. 교사는 아이들을 말렸다. 일단 학폭 사안도 아닌 '갈등 상황'이고 산만이가 말하는 고민의 핵심은 인간관계를 맺는 방법에 대한 것이었다. 이는 서서히 방법을 찾는 것이 최선이다.

뽀롱이의 고민은 학원에서 패드립을 하는 아이에 관한 응징 방법이다. 학원에서의 고민을 학교에서 해결하는 상황이 다소 씁쓸했지만, 어찌 보면 그것도 아이들 삶의 일부분이다. 교사는 이 고민들을 함께 나누면서 갈등 해결 관리 전략을 기르는 것도 나쁘지 않다고 생각했다.

마지막으로 리더십 욕구가 강한 동동이의 고민을 들어 본다.

"수학 학원에서 어떤 중학교 2학년 형이 나한테 수학도 못하는데 뭐 하러 공부하냐고 하는데……."

동동이 말이 끝나기도 전에 아이들이 또 난리다. 응징해야 한다는 둥, 내가 아는 오빠가 고등학생인데 싸움 좀 한다는 둥, 우리 아빠 친구가 싸움 잘한다 등등 별별 이야기들이 막 쏟아진다. 그런데 동동이의 목소리가 미세하게 떨린다. 아이들끼리 갑론을박 응징 수위를 놓고 소설을 쓰고 있을 때, 동동이가 울기 시작한 것이다. 반에서 덩치도 가장 크고 운동도 공부도 잘하는 동동이가 눈물 흘리고 있다니 심상치 않아 교사는 아이들을 진정시키고 동동이에게 말했다.

"지금 동동이 마음이 어때요? 선생님 보기엔 억울한 듯한데."(반영)

"네, 억울해요."

"중학교 형이라서 뭐라고 말도 못하고, 수학 공부도 잘하는데 자꾸 놀리니까 더 억울하고 약도 오르고 화도 나서 눈물이 나는군요?"(공감,

지지, 재진술)

"네."

대답하면서도 동동이는 계속 눈물을 흘렸다. 늘 씩씩하고 주도적인 아이가 갑자기 우니 아이들도 숨죽여 지켜본다.

"그 오빠에게 놀리지 말라고 하면 안 될까?"

"그 형이 그러는 거 학원 선생님께 말해 보는 건 어때?"

아이들이 좀 전보다는 차분한 언어로 진지하게 고민을 한다. 그러나 아이들이 제시하는 해결책은 사실 동동이도 다 써 봤을 것이다.

"우린 동동이의 상황을 잘 몰라서 우리가 말한 내용 중에 해결책이 있을 수도 있고 없을 수도 있어요. 확실한 해결책보다 우리가 함께 해결해 주기 위한 마음, 고민을 들어 주는 마음을 동동이가 느끼는 것이 어쩜 가장 좋은 위로와 해결책이 되지 않을까요?"(설명, 제안)

실질적인 도움이 되는 해결책은 아니지만 아이들이 진지하게 내놓는 해결책을 들으며 동동이의 표정은 점차 편안해졌다. 그 이유는 친구들이 자신의 고민을 '진지하게 들어 주는 것에서 오는 위안, 편안함' 때문이다. 많은 해결책 중에 결국 동동이가 원하는 해결책은 찾지 못했다. 그러나 분명한 건 동동이가 다시 웃었다는 것이다. 여유를 찾은 얼굴로 힘내라는 아이들의 박수를 받으며 동동이는 자리로 돌아갔다.

교사들이 가끔 이런 질문을 한다.

"선생님, 아이의 고민을 완전히 해결해 줄 수도 없는데 상담이 무슨 소용 있나요?"

아마도 아이들의 고민을 들어 주고 꼭 해결해 주고 싶은데 현실적으로는 해결이 어려워 안타깝고 답답한 마음 때문에 하는 이야기일 것이다. 예를 들어서 가정환경 문제로 인한 어려움, 보호자가 아이에게 좋은 영향을 주지 못하는 문제들, 경제적인 문제로 아이가 힘들어 하는 경우 등이 그렇다.

고민이란 그 사람의 삶과 맥락 속에서 발생한다. 정보가 부족해서 오는 고민들은 관련된 정보를 찾아 주거나 알려 주는 식으로 해결을 도울 수 있고, 해결 방법이나 전략을 모르는 경우 각자의 삶과 경험을 기초로 하여 해결 방법을 공유할 수도 있다. 제3자의 시각에서 문제를 한 발자국 떨어져서 볼 때 보이는 해결 방법도 이야기할 수 있다. 누군가의 고민을 해결해 줄 수 있다면 좋겠지만 사실 우리가 타인의 고민을 완벽히 해결해 줄 수는 없다. 그 사람의 상황을 완벽하게 이해하거나 경험할 수 없고, 때에 따라서는 선의의 충고나 조언이 오히려 문제 해결을 더 어렵게 할 수 있기 때문이다.

아이의 고민 해결을 목표로 하면 항상 아이 고민의 무게에 짓눌려 교사의 경청, 공감 에너지가 더 빨리 빠져나간다. 아이가 처한 상황을 해결하고자 몰입하다 보면 그 과제를 나의 미해결된 과제로 여기는 것이다. 교사는 학생이 마지막으로 기댈 곳이기 때문에 금방 소진되어서는 안 된다. 실제로 교사가 아이의 고민을 완벽하게 해결해 주는 것도 불가능하다.

그렇다면 학생의 고민 상담을 해 줄 때 교사는 어떤 목표를 가져야 할까? 아이의 고민 해결에 함께하는 '동행하기'를 목표로 하면 어떨까? 아이가 문제를 해결하면서 겪는 추가적인 생각들과 감정에 대해 이야기 나누고 문제 해결의 지난한 과정에 선생님이 함께하고 있음을 따뜻하게 느끼도록 하는 것. 이것이 타인이 해 줄 수 있는 최선이 아닐까? 누구도 다른 이의 고민을 완벽히 해결해 줄 수 없다. 단지 우리가 함께 듣고 곁에 있으며 마음으로 응원한다는 것을 느낄 수 있도록 해 주고, 힘을 잃지 않도록 따뜻함을 주는 것이 가장 큰 응원이 될 것이다.

교직 생활을 하다 보면 유난히 아이들과 호흡이 척척 잘 맞는 해가 있다. 이럴 땐 급한 공문 처리마저도 힘들게 느껴지지 않을 만큼 모든 것이 좋다. 하지만 아무리 아이들과의 관계가 좋아도 보호자의 민원 문자 한 통 때문에 마음이 뒤숭숭해지기도 한다. 마침 그런 학년을 맡고 있던 교사는 한 보호자로부터 민원 문자를 받고는 무척 당황하고 있다.

문자의 요지는 '우리 아이 찬찬이가 같은 반 여자아이 툴툴이에게 등짝 스매싱을 당했는데, 그 아이가 사과도 안 했다니 선생님께서 알고 처리해 주셨으면 한다'는 내용이고, 마지막 문장은 '바쁘실 텐데 번거롭게 해 드려서 죄송하다'는 말과 '항상 올바른 가르침에 감사드립니다!'로 끝나는 문자였다. 교사는 수업 시간에 공개적으로

이 둘의 일을 해결했다고 생각했는데, 보호자의 문자에 당황스러웠다. 분명 사과하는 것과 그것을 받아들이는 것을 봤고 다음 수업 시간에 서로 장난치며 낄낄거리는 것도 봤는데, 보호자의 이야기는 도대체 뭘까? 조금 억울했지만 교사는 혹시 놓친 것이 있었나 싶어, 보호자에게 아이들 문제는 이미 다루었던 내용이라 해결된 줄 알았다고, 알려 줘서 고맙다는 답 문자를 보냈다.

사실 이런 민원 문자를 받으면 교사 입장에서는 일단 서운하고 억울한 감정부터 올라온다. 왠지 이 한 가지 일로 교사의 모든 것을 평가받는 느낌도 들고, 엄청난 잘못이라도 한 것만 같아 마음이 불편해진다. 차분히 생각해 보면 이 보호자가 가지고 있는 정보는 아이가 전하는 말밖에 없다. 즉 제한된 정보이기 때문에 어쩌면 교사에게 물어보는 것이 오해를 풀기에는 가장 좋다. 또 사안의 심각성을 떠나서 바로 해결하지 않고 넘어가면 뒷담화로 연결되거나 문제가 생길 게 뻔해서, 교사는 보호자에게 알려 줘서 고맙다고 말한 것이다.

교사는 두 아이를 불러 물어봤다.
"얘들아, 어제 둘이 화해한 것 아니었니?"(확인)

"(입을 씰룩거리며) 어제 계속 미안하다고 사과했어요. 근데 못들은 척해요."

"(입을 삐쭉 내밀며) 쟤가 사과는 했는데, 진심이 아닌 것 같아요."

찬찬이를 때린 툴툴이는 자기가 도대체 얼마나 더 사과를 해야 하나는 식이다. 형식만 갖추고 진정성이 없는 사과를 했을 때 나오는 반응이다. 찬찬이는 평소 선비 같은 스타일이다. 만약 교사가 툴툴이의 사과는 진정성 있는 사과이니 이제 그만 화해하라고 한다면 찬찬이는 분명 억울해 할 것이다.

"그랬구나. 진심 어린 사과를 받고 싶었구나?"(공감, 확인)

"네, 진짜 사과를 받고 싶어요."

"툴툴아, 미안한 마음은 있어요?"(확인)

"네."

"그럼 친구 눈 바라보세요. 친구가 지금 어떤 마음인지 느껴지나요?"(탐색적 질문)

"아직 화난 것 같아요."

"화난 것 같은 친구 마음을 보았군요.(지지) 지금 친구 마음 보니 어떤 마음이 들어요?"(탐색적 질문)

"불편해요."

"네, 선생님이 생각해도 그래요. 불편할 것 같아요. 어제 툴툴이가 잘못해서 사과를 했는데, 그 진심이 전달되지 않아 찬찬이가 지금까지 화가 나 있는 것 같아요. 툴툴이는 친구가 계속 화나 있길 원했나요?"(수용, 공감, 확인)

"아…… 그런 건 아니에요."

"지금 친구는 계속 화나 있고, 툴툴이는 불편한 상태인데 그럼 어떻게

할까요?"(탐색적 질문)

"사과해서 풀고 싶어요."

"지금 친구에게 어떤 마음이 들어요?"(탐색적 질문)

"미안한 마음이 들어요."

"어제보다 더 미안한 마음인 것 같은데, 맞나요?"(확인)

"네."

"그럼 지금 미안한 마음을 전달해 보는 건 어떨까요?"(제안)

서로의 눈을 다시 보게 하면서 닫혀 있던 두 아이의 감정을 연결했다. 찬찬이의 화가 난 상태와 툴툴이의 불편한 마음은 앞으로 두 아이의 문제를 어떻게 해결해야 할지를 알려 주는 마음의 신호이다. 단절되었던 감정을 연결하니 마음이 전달되었다.

아이들이나 어른이나 자신의 부족한 점을 인정하기 싫은지 사과할 때 상대의 눈을 잘 보지 않는다. 눈은 마음을 연결하는 통로다. 처음부터 다시 차근차근 상대와 자신의 감정을 살펴보고 어떤 마음이 느껴지는지 그리고 앞에 있는 친구와 어떤 마음을 나누고 싶은지 이야기 나누면서 1박 2일 간의 갈등을 말끔히 해결했다.

학교에서 이미 해결한 갈등을 가정에서 다르게 말할 때

이 사례에서 문제의 원인은 진정성 있는 사과가 전달되지 못한 것이다. 교사는 분명 사과도 주고받도록 하여 아이들의 갈등 상황을 해결했는데 아이의 가정에서는 다르게 말하니 당황스러울 수밖에 없다. 이럴 때 일단 보호자의 문자 내용에 반박하거나 즉각적인 결론을 내려 버리는 것은 위험하다. 보호자가 가진 정보와 교사가 알고 있는 상황을 조합해 보고 비교해 본 후 결론을 내려도 늦지 않다. 하지만 보호자의 이런 연락을 받으면 반사적으로 "어, 아닌데? 어제 다 해결했어요!"라는 말이 튀어나올 것이다. 그러나 이런 반응은 상대가 불필요한 반발을 하게 만들 수 있다.

일단 다시 상황을 알아보고, 해결한 다음의 상황과 정보를 공유하는 것이 한 수 위의 전략이다. 그다음에 아이와 보호자와의 대화 속에서 누락된 부분을 교사가 차분히 공유한 이후 팩트와 오해를 분리해서 안내를 해야 한다. 말하자면 아이가 사과를 했으나 진심이 느껴지지 않는다고 사과를 안 받은 것이 팩트이고, 보호자가 아이들끼리 사과를 주고받지 않았고 교사가 지도하지 않은 것으로 생각한 것은 오해이다.

아이가 진정성 있는 사과를 해서 이 갈등 상황이 완전히 해결된다음에는 교사가 보호자에게 직접 연락하는 방법과, 사과받은 학생이 보호자에게 전달하도록 하는 방법이 있다. 사실 교사가 직접 연락해서 보호자에게 설명해도 되지만, 오해한 보호자 입장에서는 민망해 할 수 있다. 혹은 자신의 민망함을 덮기 위해 다른 꼬투리를 잡을 수도 있다. 따라서 아이와 보호자의 의사소통에서 누락된 이야기이니 아이가 직접 상황을 설명 드리도록 미션을 주는 것도 방법이다. 그리고 다음 날 아이가 빠뜨리고 설명 안 한 상황을 보호자에게 설명해 드렸는지의 여부를 물어보면서 마지막까지 확인하며 상황을 마무리한다. 만약 아이가 설명하지 않았다거나 전달을 잘 하지 못하는 아이라면 교사가 보호자에게 직접 이야기하는 것이 좋다.

교실에서 두 아이가 갑자기 대성통곡을 한다. 부들이는 1학년 치고
는 체격이 큰 아이인데 꺼이꺼이 울며 주먹을 꽉 쥔 채 부르르 떨고
있다. 맞은편의 카랑이는 작은 체구의 아이지만, 카랑카랑한 목소리
로 따지듯 이야기한다.

두 아이를 불러 무슨 일인지 묻자 카랑이가 먼저 대답했다.

"얘가 지난번에 받아쓰기 100점 받았다고 저에게 자랑해서 저도 이번
에 100점 받았다고 했는데, 막 화내고 울어요."

카랑이가 어이 없다는 듯 눈을 더 동그랗게 뜨고 말하자, 갑자기
부들이가 말한다.

"내가…… 어…… 언제……그랬…… 꺼이꺼이…… 니가……"

말을 제대로 잇지 못하는 부들이를 보니 많이 참고 있는 것 같다.

"저번에 너는 100점이라고 나 놀렸잖아! 나는 100점이라고 말도
못해?"

"내가…… 어어어언제…… 꺼이꺼이…… 그건…… 그냥 내가 100점
이라고…… 왜 나를 놀려?"

"네가 나에게 그러는 건 되고, 난 안 돼? 왜?"

"나는 아직 어리잖아. 뭐 그러면 안 돼?"

지난주 한 개 틀려서 속상했던 카랑이에게 부들이가 100점 받았
다고 자랑했고, 오늘은 반대의 상황이 된 것이다. 이번에는 반대로
카랑이가 100점을 받고 부들이는 한 개 틀렸는데 카랑이가 부들이
에게 "나 100점이다."라고 놀린 상황이다. 둘이 무슨 이야기를 하나
지켜보니, 나는 왜 그러면 안 되냐, 나는 어린데 그렇게도 말 못하냐
등등의 논리들을 내세우며 서로 자신의 말이 맞다고 주장한다. 모든
것이 자기중심적인 존재가 인간인데, 하물며 초등학교 저학년 아이
들에게 논리가 무슨 필요가 있겠는가. 누가 잘못하고 누가 잘했는지
를 따지는 것은 큰 의미가 없다. 잘잘못을 따지면 고조선 시대까지
올라가도 해결이 안 된다. 중요한 것은 아이들이 내뱉은 말들이 이
런 상황을 만들었고, 상황이 이렇게 되기를 바란 것이었는지 확인하
는 일이다.

잠시 후 어느 정도 둘이 할 말을 다 했는지 목소리에서 힘이 빠진
다. 교사가 나설 차례가 되었다.

"그런데 선생님이 궁금한 게 있어요."(주의 환기)

"뭔데요?", "뭐…… 꺼이꺼이…… 뭔데요?"

"지금 이렇게 울고 화내며 이야기하는 게 좋아요?"(탐색적 질문)

둘 다 동시에 고개를 젓는다.

"아니요……."

"그럼 선생님이 한 명씩 질문할게요. 카랑이, 지금 부들이가 어떤 기분일 것 같아요?"(탐색적 질문)

"화난 거 같아요!"

"그렇죠. 선생님이 봐도 화난 거 같아요. 그럼 화난 거 말고 또 찾아볼 수 있어요?"(탐색적 질문)

"네, 억울한 거?"

"맞아요. 어떻게 알았어요?"(탐색적 질문)

"주먹을 쥐고 노려봐서 화난 거 같았어요."

"그리고 또 하나 더 있다면 어떤 마음인 거 같아요?"(탐색적 질문)

"슬픈 거?"

"선생님도 그렇게 보이던데, 그럼 카랑이는 부들이를 화나고 억울하고 슬프게 하려고 그렇게 말한 거예요?"(직면)

"……아니요. 그런 건 아닌데요."

그제야 카랑이 목소리가 가라앉고, 부들이도 울던 것을 멈춘다. 감정이 격해지면 어떤 말도 들어오지 않는다. 격해진 감정이 원하는 것은 그것을 쏟아 내고 싶은 것이라, 상대의 말이나 감정은 들어올 틈이 없기 때문이다.

"그런데 지금 부들이는 슬퍼하고 있네요."(설명)

부들이를 본 카랑이 마음이 흔들렸는지 목소리가 차분해졌다.

"……네."

카랑이의 눈이 한결 부드러워졌다.

사실 카랑이도 화가 나 있는 상태였다. 잠시 후 카랑이가 뭔가 말하고 싶은 듯 쭈뼛거린다. 뭔가 말하고 싶은데 쑥스러운 것이다. 이럴 때는 말해 보라고 한번 쓱 지나치듯 제안하면 효과적이다.

"부들이에게 하고 싶은 말이 있으면 지금 이야기해도 돼요."(제안)

"부들아, 미안해."

"무엇이 미안한지도 이야기하면 어떨까요?"(제안)

"내가 오늘 100점 받았다고 놀려서 미안해. 네가 슬퍼할지 몰랐어."

화가 지나간 자리에는 미안함이 있었다. 카랑이는 화가 나서 대차게 쏟아부었지만, 지금은 부들이의 슬픔에 대해 미안하다고 이야기하고 있다. 그건 진심이었다. 부들이에게 시선을 돌리니, 부들이도 말한다.

"나도 지난번에 100점 받았다고 놀려서 미안해."

이 둘은 언제 그랬냐는 듯 금방 부드러운 눈빛을 교환한다.

"이제 둘 다 괜찮은 건가요?"(확인)

"네!"

간혹 아이들이 집에 가서 정반대의 말을 하는 경우가 있다. 더구나 이 아이들은 부모의 불안이 높은 저학년이다. 그래서 교사는 다시 한 번 말한다.

"혹시 집에서 부모님이 물어보시면 뭐라고 말할 건가요?"(확인)

"싸웠는데 화해했다고 할 거예요."

"아직도 억울한 것이 있으면 더 이야기해도 돼요."(확인)

"없어요!"

교사가 직접적으로 화해를 제안하거나 억지로 시키지 않았다. 다만 아이들의 마음을 살피며 아이들이 어떤 대화를 하고 싶을까 생각하며 몇 개의 질문을 했을 뿐이다. 자신의 마음에서 우러나는 진심의 사과와 용서, 즉 진정성 있는 화해를 해야 아이들 스스로 내면화시킬 수 있다. 그렇게 해야 자신의 것으로 기억하므로 억지로 화해를 권하지 않은 것이다. 화해는 아이들 스스로 했다.

이 대화를 할 때, 아이들이 교실로 우르르 몰려들어 왔지만 교사는 둘의 대화를 듣지 못하게 아이들에게 다른 곳에서 놀라고 했다. 옆에서 구경하는 아이들이 집에 가서 이야기를 엉뚱하게 전해 문제를 키울 수 있기 때문이다. 갈등 해결 상황에서는 당사자 이외의 환경도 관리해야 한다.

학생의 저항과 주저를
잘 다뤄 주세요

학생의 문제상황을 다룰 때 교사를 가장 힘들게 하는 것은 학생이 그 상황 자체를 불편해 하여 보다 나아지기 위한 노력을 하지 않으려 하는 것이다. 침묵, 허공 응시, 고개 숙임 등으로 그 상황을 외면하거나 짜증, 분노 등으로 그 상황을 지우려고 하는 것이다. 이런 상태에서 대화를 하면 학생과 교사 모두 시간과 심리적 에너지를 낭비하고, 둘의 신뢰나 유대 관계도 손상된다. 따라서 문제상황에 직면한 학생의 저항과 주저에 대해 미리 알아 두면 이를 다루면서 효과적인 대화를 나눌 수 있을 것이다.

우선 저항resistance은 강요당한다는 느낌이 들 때 뒤로 물러서는 것이다. 의미 있는 사람으로부터 자신의 신념 체계, 말과 행동, 문화적 기반, 가치 등이 위협당한다고 느낄 때 저항하기 쉽다. 예를 들어 "나도 솔직하게 말할게. 너도 솔직하게 말해 봐!" 라는 말은 일종의 강요다. 솔직하게 자기 개방을 하는 것은 자유의지로 하는 것이지 '내가 하니 너도 하라'는 보이지 않는 압력을 받으면서 할 수 있는 것이 아니다. 이처럼 대화 속에서 은연중에 강요, 부정, 위협을 당했을 때 심리적으로 약한 위치에 있는 사람이 반작용적으로 보이는 현상이 바로 저항이다. 한편 주저reluctance는 변화를 위한 행동을 꺼리는 것이다. 어떤 상황을 개선하고 문제를 해결하는 데에는 많은 노력이 필요하다. 이런 노력에는 익숙함을 선택하지 않고 생소하거나 낯선 길을 가는 두려움, 귀찮음 같은 정서를 견뎌 내는 인내가 필요하다. 그런 면에서 학생의 주저는 너무나 당연한 것이다.

결국 저항과 주저는 변화와 성장에 걸림돌이 되는 심리 현상이다. 그렇다면 이것을 어떻게 다루어야 할까? 저항과 주저는 비슷해 보이지만 다르다. 주저의 원인은 학생 자신에게 있는 반면 저항은 학생을 둘러싼 교실 내 환경이나 상대의 강요와 같은 은연중의 압박이 원인이 된다. 이 둘을 비난할 필요는 없다. 사실 평소에 잘 인식하지 못할 뿐, 학생뿐 아니라 누구나 경험하는 자연스러운 현상이기 때문이다.

주저는 대가를 치러야 한다는 사실을 어렴풋이 느낄 때 보이는 모호함이다. 즉 대가를 치르고 난 후의 결과가 노력의 대가보다 좋다는 확신이 부족하거나, 무슨 노력을 어떻게 해야 할지 모를 때 주저하게 된다. 또한 애써 변화해 봐야 크게 나아지는 점이 없을 거라는 판단이 직관적으로 들 때에도 주저를 나타낸다. 주저의 대표적인 양상은 다음과 같다.

- 중요하지 않은 이야기만 반복한다.
- 무엇을 원하는지 제대로 말하지 않는다.
- 모호한 표현을 하며 문제를 제대로 보려 하지 않는다.
- 협조적인 것처럼 말과 행동을 하지만 본질적인 대화를 피한다.
- 비현실적인 목표를 설정하고 행동하며 결국 아무 소용없다고 투

덜거린다.

– 자신의 행동에 책임지지 않는다. (자신은 아무 잘못이 없다고 생각한다.)

주저의 안락감은 학생이 문제를 살펴보지 않게 만든다. 매슬로우는 주저를 '두드러지지 않고 넓게 퍼져 있어 예사로 생각하고 넘어가는 평범한 사람들의 정신 병리'라고 표현할 정도로 평범한 현상이다. 그럼 학생들이 보이는 주저의 원인은 무엇일까?

- **신뢰 부족** : 담임교사나 학급, 학교에 대한 신뢰 수준이 낮을 때 주저가 가속된다. 이런 학생은 '적당한 협조자'가 되어, 변화하지 않아도 교사의 눈에 띄지 않는 존재가 된다.
- **수치심** : 자신의 취약한 부분이 드러날 때 느끼는 감정인데, 아직 준비가 되어 있지 않은 상태에서 자신이 깨닫지 못한 부적절한 모습이 드러날 때 발현된다. 예를 들어 의도치 않게 교사가 학생의 작은 실수를 지적해도 학생은 주저할 수 있다.
- **변화에 대한 두려움** : 습관을 버리고 새롭게 무엇인가를 하려면 성실해야 하며 열정적으로 학습해야 한다는 것을 학생도 직관적으로 안다. 다만 가 보지 않은 길이자 새로운 방법이기에 당연히 두려움을 겪는 것이다.

주저가 수동적이면서도 상대가 뜻하는 대로 끌려가지 않겠다는 수동 공격성을 띄는 것이라면, 저항은 보다 적극적인 행동이다. 학교에서 교사–학생은 기본적으로 힘의 불균형 상태에 놓여 있는데, 이

때 저항은 학생이 취할 수 있는 반항 중 하나이다. 저항 수준이 낮으면 주저와 비슷해 보이지만 저항 수준이 높으면 교사를 헷갈리게 만들고 잘못된 정보로 교사를 힘들게 한다. 은연중에 거짓말(의도적인 게 아니라고 말한다)을 하며 미안하다고 웃는 등 애를 태우는 수준으로 발전할 수도 있다. 그렇다면 어떤 학생이 높은 수준의 저항을 보일까? 암묵적으로 대화를 강요받은 학생이 그럴 가능성이 크다. 만약 대화로 해결되지 않는 것이라면 '분명한 지시'를 통해 생활교육이나 훈육을 마무리 짓는 것이 효과적이다. 분명한 명령이나 지시가 강요된 대화보다 훨씬 더 효과적이고 심리적 저항이 덜하다.

저항과 주저를 다루는 원리를 살펴보자. 일반적인 대화를 나눌 때에도 저항과 주저는 얼마든지 발생할 수 있다. 따라서 저항과 주저가 느껴진다고 해도 교사 스스로를 탓하거나 반대로 대화 상대인 학생을 탓할 필요는 없다. 학생의 저항과 주저를 교사가 알아차리는 순간 대화의 성공 확률이 높아진다.

저항과 주저를 다루는 원칙은 다음과 같다.

• 저항과 주저가 나와 학생의 관계 수준이라고 생각하지 않는다.

대화의 과정이 잘못되어 저항과 주저가 나올 수 있지만 이것이 관계 수준을 뜻하는 것은 아니다. 이 저항과 주저가 교사를 평가하는 하나의 잣대라고 생각하지 않아야 한다. 이는 비합리적인 신념의 하나로 라포에 너무 집착하거나 완벽한 교사가 되어야 한다는 당위성으로 스스로를 옭아매는 경우에 발생할 수 있다. 저항과 주저가 나타나더라도 당황하거나 화낼 필요는 없다.

- **학생의 저항과 주저를 수용한다.**

저항과 주저가 있음을 학생도 의식할 수 있는 수준으로 알아차리고 수용한다. 이는 그 자체로 좋은 대화의 소재가 된다. 모르는 척 무시하는 것도 효과적이지 않다. 있는 그대로 알아차린 부분을 이야기한다.

"선생님이 보기엔 뭔가 고민을 하는 것 같은데, 충분히 그럴 수 있어."

"많은 학생들은 이런 순간에 고민을 하곤 해. 어떤 선택을 하든 그것은 충분히 좋은 선택일 거야."

"선생님이 이야기하자고 불러서 마음이 불편하거나 부담스러웠던 것 같은데 괜찮니? 아까는 선생님도 마음이 급했던 것 같아."

- **주저한다면 확실한 보상을 찾을 수 있도록 돕는다.**

변화를 위한 노력의 대가가 현상 유지의 대가보다 훨씬 낫다는 것을 인식시킨다. 그리고 이에 확신을 주는 말이 필요하다.

"지금 그대로 있어도 큰 문제는 없겠지만 선생님은 네가 아침에 바른 자세로 독서하는 노력을 한다면 한 달 뒤 너의 학교생활 자체가 달라질 거라 확신해. 하루하루가 모인 한 달은 금방 바뀌지 않거든. 어때? 조금씩 저금하듯 하루하루 해 보는 거야."

- **현실적이고 유연한 전략으로 대화한다.**

사실 한 번의 대화로 변화할 수는 없다. 교사 자신이 주저와 저항에 매몰되지 않고 조금 여유로운 모습으로 대화하는 것이 효과적이다. 대화, 학교생활, 학습 등 모든 영역에서 조금씩 나름의 역할을 하며 학생이 변화하고 성장한다는 관점이 필요하다.

- **교사와 학생의 역할을 바꿔 본다.**

가능하다면 교사와 학생의 역할을 바꾸어 보자. 입장을 바꾸어 교사의 언어를 학생이 쓰게 하고 학생의 언어를 교사가 쓰다 보면 그 과정 속에서 자신의 저항과 주저가 보일 것이고 이를 극복할 동기가 제공된다. 이를 역지사지의 의미로 활용하면 안 된다. 역지사지의 의미로 활동하면 학생은 더 강한 압력을 받기 때문이다.

"선생님이 하나 제안을 해도 될까? 선생님과 네가 지금 한 말을 바꿔서 해 보는 거야. 그러니까 선생님이 너의 역할을 해서 아까 했던 말을 하고, 네가 선생님 역할을 해서 아까 했던 말을 하는 거야. 아까 했던 말을 똑같이 해도 되고, 그 말과 비슷하게 말해도 돼. 한번 해 볼까?"

역할 바꾸기가 끝난 후 느낀 점을 탐색한다.

"지금 네 역할을 해 보니 선생님이 웃으면서 말하지만 말이 딱딱하고 무서워 보였어. 너는 선생님 역할을 해 보니 네 역할을 한 선생님의 모습이 어땠니?"

이처럼 상대방을 이해하는 것에 초점을 두지 않고 내 모습을 상대의 연기로 보고 느끼는 것에 집중하여 탐색적 질문을 한다.

저항과 주저는 흔히 보이는 현상인데, 대화 속에서 비언어적인 메시지와 함께 흘러나오기 때문에 쉽게 알아차릴 수 없다. 대화가 빙글빙글 돌거나 뭔가 잘못됐다고 느낄 때 저항과 주저를 의심해 보고 그것들을 다루는 전략을 활용하면 성공적인 대화가 될 것이다.

효과적인 대화를 위해
메타인지를 활용하세요

'메타인지'라는 말을 들어 본 적이 있을 것이다. 플라벨이 1960년대 말 초등학생을 대상으로 '기억력의 정확성 평가' 실험을 하면서 생겨난 개념이다. 메타인지는 확산적 정의를 취하기에 연구자의 전공에 따라 그 조작적 정의가 조금씩 달라진다. 메타인지는 전공과 측정 목적에 따라 그 정의가 달라지지만 어디서나 빠지지 않는 핵심 개념이 있는데 그것은 바로 모니터링monitoring이다. 모니터링은 '현재의 수행 과정에 대한 관찰, 점검'을 뜻하는 것으로 다양한 메타인지의 조작적 정의에서 빠지지 않고 쓰인다. 요약하면 메타인지를 잘 활용한다는 것은 '모니터링'을 정확하게 한다는 의미이다. 메타인지는 교과교육학이나 학습심리에서 '제2의 지능'이라고 불릴 정도로 학습 과정과 결과에 많은 영향을 준다.

사실 우리는 생활 속에서 매 순간 메타인지를 활용하고 있다. 밥을 먹기 위해 메뉴를 고를 때도 '어제 뭘 먹었더라?', '난 알레르기가 있으니 땅콩이 들어간 샐러드는 피해야겠다'와 같은 선택의 순간에도, 출근할 때 지하철을 타야 할지 택시를 타야 할지 판단할 때에도 메타인지를 활용한다. 학습 장면이 아닌 이러한 일상의 순간에도 메타인지가 자주 활용되지만 우리가 잘 인지하지 못할 뿐이다.

교사가 생활교육이나 상담, 훈육을 할 때에도 메타인지 활용이 필요하다. 교사의 생활교육과 상담은 대부분 대화의 형식으로 이루어지는 경우가 많은데 이때 의식적으로 메타인지를 활용하면 대화의 수준을 높일 수 있다.

생활교육이나 상담, 훈육을 효과적으로 하기 위해 메타인지를 이렇게 활용해 보자. 현재 대화의 과정이 대화 목표에 맞게 흘러가는지 비교하고 점검한다. 즉 '지금 내 이야기가 잘 전달되고 있나?'라고 전달 행위 자체만 관찰하고 모니터링 하는 것이 아니라, 대화를 하는 근본적인 이유와 대화의 구체적인 목적을 생각하며 모니터링을 하는 것이 메타인지를 효과적으로 활용하는 방법이다.

학생과의 대화 속에서 교사의 메타인지를 활용하면 대화가 산으로 가는 것을 막을 수 있고, 교사가 화가 나서 대화를 망치거나 2차적으로 생기는 문제를 예방하는 데 효과적이다. 무엇보다도 교사와 학생 간 대화의 질, 관계의 질, 만남의 질이 한결 높아진다.

학생과 대화할 때 메타인지를 활용하려면 다음과 같은 사항을 고려해야 한다.

① 대화 종결 목표를 설정하라.

목표는 대화 중간에 얼마든지 바꿀 수 있다. 상황에 따라 바꾸는 것이 메타인지를 잘 활용하는 것이다. 문제 해결을 위해 학생과 대화할 때 흘러가는 대로 대화하다가 급하게 마무리하거나 습관적으로 불편한 지점에서 대화를 하는 경우가 있다. 대화의 목표가 달라져도 되니 처음 대화를 시작할 때 목표를 정하자. 예를 들어 두 아이가 심하게 다퉈 담임교사가 개입할 때 '다툼을 중지시키기, 다툼의 원인을 파악하기, 다툼을 분석하고 화해하기, 다툼 개입을 통하여 학생의 사회성 기르기' 등의 목표를 설정할 수 있다. 비교적 쉬운 목표부터 많은 노력이 필요한 목표까지 나열해 보았다. 학생들 갈등은 우발적인 경우, 쌓여 있는 감정이 있는 경우, 오해로 인한 경우, 실수한 것이 확대된 경우 등 그 원인이 다양하다. 갈등과 다툼의 원인을 분석하고 목표를 선택한 후 대화를 진행한다. 대화에 집중하다 보면 자연스럽게 목표를 더 높게 잡거나 더 낮출 수도 있다. 핵심 포인트는 목표를 설정한 후 현재 대화하고 있는 모습이 그 목표에 맞는지 비교하는 것이다.

② 성인의 잣대로 이야기하고 있지 않은지 모니터링 하라.

학생의 인지적, 정서적 수준에 맞지 않는 가정을 하며 대화를 하고 있지 않은지 점검해야 한다. 예를 들어 초등학교 1학년 학생의 인지 발달 수준이나 기억력의 정확도는 고학년에 비해서 낮을 수밖에 없는데, 학생이 어제와 다른 진술을 한다고 '거짓말'이라고 가정하는 것은 보호자와의 문제 해결에서 또 다른 2차적 갈등을 불러일으킬 수 있다. 또한 아동과 청소년의 진술은 성인에 비해 더 자주 바뀔 수 있다. 이런 부분을 성인의 잣대, 반드시 그래야 하는 잣대로 규정짓고 이야기하면 대화에 전혀 도움이 되지 않는다. 뿐만 아니라 말하는 사람의 의도까지 무시하는 것처럼 보일 수 있기 때문에 조심해야 한다. 학생의 발달 수준을 고려해서 이야기하고 있는지 중간중간 점검하자.

③ 대화의 걸림돌이 있는지 모니터링 하라.

대화는 두 사람이 자신의 욕구, 바람을 말로 풀어내는 과정이다. 따라서 말 속에 다양한 생각, 감정, 욕구, 바람 등이 함께 담겨 있어 본질적인 해석을 하는 데 있어 대화의 걸림돌이 되는 언어들을 쓰고 있지 않은지 모니터링 해야 한다. 이런 걸림돌이 되는 언어(역기능적 언어)들은 두고두고 교실에서 학급 분위기를 흐리고 무너뜨리는 원인이 된다. 다음은 대화의 걸림돌이 되는 것들이다.

- **지시, 명령**

  지시와 명령은 30~40년 전에 잘 통하는 훈육 방법이었다. 1980~90년대에는 빠른 경제발전과 높은 생산성을 위해서 고민과 협의보다는 일사불란한 지휘 체계로 빠른 대응을 강조하던 사회적 분위기였다. 올림픽을 처음 치렀으며 집단의 이익을 위해 소수의 권리는 포기되어도 이상하지 않던 시절이었다. 그 당시 초등학교를 졸업한 학생들에게는 지시나 명령이 너무나 당연했지만 지금의 학생들이 경험하는 세상과는 거리가 매우 멀다. 지시와 명령을 하려면 그 이유가 분명해야 하고 지시를 내리기 전에 이미 그 지시를 받아서 수행할 수 있다는 신뢰 관계가 단단히 생겨야 한다.

지금의 학생들은 민주적인 사회 분위기와 전보다 허용적인 양육 환경에서 자라났다. 막무가내의 지시라고 느끼면 학생들이 불편해 하는 것이 당연하다. 또 존중받을 기본적 권리에 대한 학습이 잘되어 있어 다양성에 대한 감수성도 뛰어나다. 따라서 지시와 명령은 잘못하면 학생들의 집단적인 불편함과 저항을 유발할 수 있다. 반드시 지시와 명령을 통해 지도해야 할 상황과 그렇지 않은 상황을 제대로 인식하고 구별하며, 이런 부분에 대해 평소 학생들과 이야기 나누어야 한다. 예를 들어 안전과 응급의 상황에서는 일단 교사의 지시와 명령에 따르는 것이 중요하다는 것을 학기초에 강조하는 것이다.

• 위협, 경고

위협과 경고는 대화의 질을 떨어뜨릴 뿐만 아니라 관계를 파괴적으로 만드는 매우 위험한 말이다. 특히 위협은 학생이 어떻게 받아들일지 모르기 때문에 그 의도 자체가 모험적이다. 보통 교사가 직접적으로 학생을 위협하지는 않는다. 대부분 경고를 하는데, 학생의 자아가 약해져 있는 상태에서는 약한 경고도 위협으로 받아들일 수 있다고 가정해야 한다. 지시와 명령, 위협과 경고는 학생을 수동적으로 만든다. 학생은 시키는 것만 하게 되고 결국 시키는 것도 잘 안 하게 되는 경우가 많다. 학생 입장에서는 무섭게 잔소리하는 것으로 느낄 수 있으니 조심해야 한다. 조심해야 할 대표적인 위협, 경고의 말은 다음과 같다.

"네가 자꾸 말 안 하면 난 부모님께 말할 수밖에 없어."

"한 번만 더 하면 아주 혼날 줄 알아!"

"다음부터 이쪽으로 오지도 마! 오면 선생님이 교육청에 신고할 거야!"

이때 문제가 되는 것은 말 자체보다 어떤 비언어적인 메시지를 함께 했는지이다. 즉 이런 말들을 하면서 비언어적인 메시지(표정, 목소리 크기, 톤, 악센트, 행동)가 어떻게 보였는지에 따라 학생들은 다르게 느낀다. 지시, 명령, 위협, 경고의 말 자체도 강한데 비언어적인 메시지도 강하면 2차적인 문제가 생기니 조심해야 한다.

• 비난, 추궁

비난과 추궁 또한 학생을 방어적으로 만든다. 앞서 언급한 것처럼 가장 효과적인 대화 방법은 학생이 방어하지 않고 자신의 속마음을 이야기하게끔 환경을 조성하고 난 후 대화하는 것이다. 학생이 방어할수록 시시비비를 따져야 하기 때문이다. 그만큼 말하는 사람 즉 교사 입장에서는 에너지가 많이 소비되며 교사의 의도가 수용될 확률이 낮아진다. 학생이 방어적이 되면, 더 이상의 비난을 받지 않기 위해 거짓으로 말하거나 행동할 확률

만 높아진다. 비난하고 싶은 마음이 들 만큼 힘든 순간이 분명
있을 것이다. 이때는 심호흡 등으로 비난의 순간을 지연시키고
비난의 농도를 낮추어 의사소통하는 전략을 활용해야 한다.

- **무안 주기, 조롱, 체념, 비꼼, 비아냥거림**

표면적으로 보면 상대를 대놓고 비난한 것은 아니지만 오히려 비
난보다 더 안 좋은 것이 바로 '무안 주기, 조롱, 체념, 비꼼, 비아
냥거림'이다. 표면적으로만 심하게 말하지 않을 뿐 그 내용을 보
면 가장 적개심이 들게 만드는 말들이다. 이렇게 무안을 주거나
조롱하거나 비아냥거리고 비꼬는 행동은 듣는 사람을 적으로 만
든다. 그 행위 자체가 인격이나 존재에 대해서 가치적인 판단을
하는 것도 문제지만 상대의 인격을 조롱하고 무안하게 하는 것
은 직접적인 공격이나 비난보다 더 심리적인 타격과 모욕감을 준
다. 이런 모욕은 말한 사람은 기억 못해도 들은 사람은 평생 안고
갈 수 있기에 모욕감을 주는 말들을 쓰지 않도록 매우 조심해야
한다. 홧김에 썼다가 이후에 많은 반성과 후회를 하게 될 수 있는
말들로는 이런 것들이 있다.

"너 때문에 우리 반이 엉망이 되었는데 넌 웃음이 나와? 대단하
다, 너!"

"네가 그렇게 하고 싶은 것이 고작 이거였어? 이게 5학년 수준인
거 맞아? 너 참 대단하다."

"아유, 내가 너에게 뭘 기대하겠니. 앞으로는 제발 가만히만 있

자. 너처럼 힘든 애는 처음이다."

"다른 친구가 시험 망쳤다고 울 때 옆에서 놀리더니만 넌 이번에 정말 잘 봤더라? 참 대단해. 대단해."(놀렸던 친구보다 훨씬 못 봤음)

"이야, 너희들이 그렇게 죽고 못 사는 우정이라는 것이 고작 이 정도밖에 안 돼?"

이런 말들은 습관처럼 하는 말이라기보다 순간적으로 화를 주체하지 못해 튀어나오는 말들이다. 자신도 모르게 내뱉은 말들이 어린 학생에게 상처가 될 수도 있다.

④ 학생의 감정, 생각을 이미 알고 있다고 생각하는 건 아닌지 모니터링 하라.

교사는 1년에 한 번씩 학생들을 밀착해서 볼 기회가 있다. 그래서 몇 년만 지나면 학생들의 과거-현재-미래가 보이는 듯한 느낌이 들기도 하는데 이는 그만큼 다양한 아이들을 접하고 만나기 때문에 나오는 임상의 경험이다. 그래서 간혹 대화할 때 학생의 감정과 생각을 이미 알고 있다고 판단하며 대화를 이어 나갈 때가 있다. 그런 패턴을 보이는 학생들을 이미 많이 만나 왔기 때문에 직관적으로 알아차리는 것이다. 그런데 학생과 대화를 하다 보호자와의 갈등으로 번지는 경우는 대부분 이 지점에서 발생한다. 학생의 개별적인 상황, 성격, 내적 심리 구조가 다름에도 불구하고 학생의 감정에 대해서 빠르게 판단이 된다면 교사 스스로가 오판의 가능성이 있다고 생각하며 들어야 한다. 즉 미리 가정하고 듣거나 알고 있다고 생각하며 듣는지 스스로 모니터링 하며 혹시 그런 생각이 들면 대화를 잠시 멈추고 학생의 눈을 보며 교사가 느끼는 감정이 정말 맞는지 확인하며 대화해야 한다.

⑤ 문제를 섣불리 해결하려고 하는 건 아닌지 모니터링 하라.

교사는 직업적으로 책임감이 강하고 성실하다. 그래서 어떤 갈등과 문제가 생겨나고 그것을 해결하지 못하는 상황을 상당히 불편해하는 경향이 있다. 이런 갈등과 문제상황은 종종 일어나고, 그것을 어떻게 해결하는지도 알고 있기에 빠르게 문제를 해결하려다 보면 섣불리 해결하려는 것처럼 보이는 면들이 갈등을 더 심화시킬 수도 있다. 만약 다음과 같은 증상이 나타나면 문제를 섣불리 해결하려는 것이니 체크해 보자.

- □ 아이의 말을 계속 끊는 경향이 있다.
- □ 아이의 시선이 어디로 향하는지 기억나지 않는다.
- □ 아이가 계속 고개를 숙인 채 말을 하고 있다.(아이가 교사를 보며 이야기하지 않는다.)
- □ 아이가 선생님이 잘못 알고 있는 것이라며 몇 번에 걸쳐 부정한다.
- □ 지금 내가 조급하다는 것을 느끼고 있다.
- □ 시간이 없다는 생각을 하며 이야기하고 있다.

학생과 대화를 나눌 때 고려해야 할 몇 가지 사항을 정리해 보았다. 이처럼 학생과 대화하며 메타인지를 활용하여 모니터링을 하는 연습을 하면 의도한 대로 문제상황을 해결할 수 있는 확률이 높아지며 무엇보다도 교사가 실수할 확률이 낮아지므로 성공적인 대화를 할 수 있는 토대가 마련된다.

공감적 반영을 통한 직면으로 학생을 성장시킬 수 있어요

"문제를 직면한다고 해서 모든 문제가 해결되는 것은 아니다. 그러나 직면하지 않고서 해결되는 문제는 없다."

20세기의 인종 및 사회문제의 문학적 기반을 닦은 제임스 볼드윈이 한 말이다. 이 말은 아이들을 만나는 교사나 보호자들에게도 시사하는 바가 크다.

문제상황을 해결하는 가장 좋은 방법은 문제를 정확하게 바라보고 무엇이 문제인지 알아차린 후 분석을 통하여 문제 해결과 변화를 위한 행동을 실천하는 것이다. 그러나 아이뿐만 아니라 성인 역시 문제를 피하거나 왜곡하여 자신의 마음이 편한 방법을 택하기 때문에 반복되는 문제를 겪는 경향이 있다.

직면이란 그 사람의 삶에 꽤 영향력 끼치는 사실을 무의식적으로 혹은 의도적으로 피하고 외면하는 현상을 멈추도록 하는 의도적인 지적이다. 사람들은 변화를 원하면서도 한편으로는 자신의 문제가 드러나거나 직시하는 것을 두려워한다. 그 결과 자신의 문제점을 부정하거나 타인에게 그런 점을 숨기기 위해 방어하게 된다. 특히 학생이 이런 모습을 보일 때 교사나 상담자는 학생의 말과 행동에서 드러난 모순점이나 불일치한 점을 지적함으로써 이 사실을 깨닫게 하고 문제 해결의 핵심이 학생 자신에게 있다는 데 주목하게 하는 것이 직면이다.

직면은 자기 탐색을 통한 통찰을 이끌어 내는 강력한 대화(상담) 기법이다. 직면을 하면 불일치한 점을 알아차리면서 진정 자신이 바라는 욕구와 감정이 무엇인지 탐색하게 된다. 또한 이런 문제를 다양한 관점으로 볼 수 있게 하여 자신의 행동에 책임감을 갖게 한다. 직면은 대화 속에서 애매함과 부조화를 감소시키고 심리적인 부담감을 덜어 내도록 돕는다. 결국 직면은 스스로 문제상황을 쳇바퀴 돌 듯 반복하는 것을 멈추고 자신을 수용하여 온전히 기능할 수 있도록 격려하여 새로운 행동을 실천할 용기를 주는 것이다.

이처럼 적절한 직면은 자기 이해를 돕고 변화 동기를 높이는 순기능을 한다. 하지만 잘못하면 학생이 자신의 문제점을 공격받거나 비난받는다고 생각할 수도 있다. 그러면 오히려 심리적 방어 수준이 높아질 수 있다. 예를 들어 "저는 쟤를 싫어하지 않아요!"라고 말하면서 계속 상대를 귀찮게 하거나 놀리는 아이를 지도할 때 "지금 싫어하지 않는다고 말하면서 ○○이가 계속 싫어하는 말로 놀리는구나."와 같은 말은 학생의 말과 행동의 불일치를 지적한 직면이지만 관계의 수준에 따라 학생은 '선생님이 나를 비난하는구나.'라고 생각할 수 있다. 그러면 그 학생은 방어하기 시작하고 자신의 행동에 정당성을 부여하며 교사의 말을 부정한다. 직면하는 것 자체는 어렵지 않지만 효과적인 직면을 하기 위해서는 몇 가지 조건을 염두해 두어야 한다. 그렇다면 어떻게 직면을 해야 할까? 좀 더 정확히 알아보자.

직면의 키워드는 '불일치'이다. 불일치의 유형에는 다음과 같은 것이 있다.

불일치 유형	직면의 예
말과 행동의 불일치	"괜찮다고 말하는데, 표정은 화가 난 것 같아."
두 가지 행동의 불일치	"미안해 하면서, 주먹은 꽉 쥐고 있구나."
행동과 가치의 불일치	"친구의 선택을 존중한다고 하지만 친구가 선택한 방법은 인정하지 않는 것 같아."
이상적 자아와 실제적 자아의 불일치	"수학 시험을 잘 보고 싶다고 말하면서도 시험을 못 볼 것이라고 말하고 있구나."
인식과 경험의 불일치	"친구가 없다고 말하지만 소풍 가서 ○○이랑 즐겁게 게임하지 않았니?"

불일치는 다양한 형태를 띠고, 그것을 찾는 것은 어렵지 않다. 원래 사람은 누구나 불일치하는 부분이 많기 때문이다. 모든 것이 일치할 수 없는 것이 인간이다. 중요한 것은 불일치인지 아닌지가 아니라, 불일치하는 부분이 자신이 지닌 문제의 원인이 되고 해결의 실마리도 된다는 것이다. 따라서 어떤 문제가 되는 상황을 해결하기 위해서는 자신의 불일치를 알아차리는 것이 중요하다.

특히 교사가 학생의 불일치를 전달할 때 그 방법이 중요하다. 가장 간단한 원칙은 직면을 할 때 학생을 지지해 주는 만큼의 강도로 해야 한다는 것이다. 아이 입장에서 직면은 무거운 현실을 마주하는 것이기 때문에 학생이 저항하거나 거부할 가능성이 매우 높다. 교사가 지지하고 공감하는 만큼만 직면해 주어야, 그것이 비난으로 들리지 않는다.

직면에는 몇 가지 수준이 있다. 다음의 예를 통해 직면의 수준을 탐색해 보도록 한다.

- **1수준 직면** : 사실 직면이 아니라 지적이다.

"미안하다고 하면서 이게 지금 미안해 하는 행동이니?"

단순히 불일치되는 것만을 지적할 때 나오는 말과 행동이다.

- **2수준 직면** : 지적과 비난은 피하며 현재의 불일치를 반영한다.

"미안하다고 하면서 이렇게 행동하는구나?"

이것은 어떤 표정, 목소리, 어조로 말하는가에 따라 1수준 직면이 될 수도 있고, 2수준 직면이 될 수도 있다. 또 교사와 학생의 평소 관계에 따라서도 달라진다.

- **3수준 직면** : 불일치에 대한 생각을 공감적 반영으로 말한다.

"미안하다고 말하면서 화난 표정을 짓는 것을 보니 이것 말고 또 다른 문제가 있어 보이는구나."

미안함과 화를 동시에 비춰 주지만 저항이 없도록 공감적 반영의 형식으로 직면한다. 3수준의 직면은 미안하다는 말과 화난 표정이 일치하지 않음을 직면하면서도 이런 반응이 나올 수밖에 없는 이유에 집중할 수 있도록 공감적 반영을 한 것이 특징이다. 3수준의 직면처럼 공감적으로 불일치를 읽어 주지 않으면 1수준의 지적과 비꼼, 비난이 되기 쉽다. 교사의 눈에는 불일치가 너무 잘 보이기 때문이다.

학생에게 직면을 할 때에는 학생이 평가나 비난받는 느낌이 들지 않도록 몇 가지 원칙을 지키며 조심스럽게 해야 한다. 우선 발전과 성장의 가능성이 있을 때 직면한다. 직면의 목적은 불일치 자체를 드러내는 것이 아니라, 불일치를 스스로 알아차림으로써 탐색의 기회를 만드는 데 있기 때문이다. 둘째, 추측한 내용이 아닌 학생의 말과 행동에 근거하여 가설적으로 표현해야 한다. 이것은 교사 스스로 학생에 대한 편견이나 부족한 정보로 잘못된 판단을 내리지 않기 위한 최소한의 장치이다. 셋째, 아이의 상황을 존중하고 신중하며 공감적인 반응으로 직면해야 한다. 이럴 때 직면은 날카롭지만 따뜻해야 비로소 교육적 효과를 얻을 수 있다. 이런 직면을 경험한 학생은 생각의 폭이 커지고 보다 성장하는 모습을 보인다. 보통 초등학교 1학년만 되어도 아이들은 자신이 무엇을 해야 하고, 무엇을 하지 말아야 하며 어떤 점이 부족한지를 거의 안다. 특히 하지 말아야 할 것은 너무나 잘 알고 있다. 따라서 대화 속에서 직면은 행동이나 말, 행위에 대한 불일치만 지적하는 것이 아니라 불일치가 될 수밖에 없는 상태, 그 마음을 느끼고 이를 공감적인 반영을 통해 직면하는 것이 가장 성장에 가까운 교육이 된다.

수준 높은 직면, 즉 공감적 반영을 활용한 직면은 아이가 자신을 둘러싼 문제에 대한 이해의 폭을 넓혀 준다. 또한 새로운 조망을 촉진하고 이는 통찰로 연결된다.

Part 2.

마음의 성장을 돕는 교사의 언어

세상은 두 개로 이루어져 있다.

모두가 보는 세상과 내 마음으로 보는 세상

조금씩 자랄수록 마음속의 세상이 뚜렷하게 보이기 시작한다.

현실의 나와 마음속의 내가 서로 만나 가는 과정들,

누구보다 나 자신과 관계를 잘 맺을 때 성장이 시작된다.

죽마고우인 콩콩이와 대찬이가 장난을 치다가 싸웠다. 콩콩이가 화를 참지 못하고 대찬이를 때려 콩콩이는 울고 있고, 대찬이는 배를 잡고 쓰러져 있다. 이 상황을 모두 본 희망이가 교사에게 설명하려고 끼어든다. "선생님, 콩콩이가 대찬이를요……" 그러나 교사는 긴 설명을 다 들어 줄 여유가 없어 바로 단호하게 말했다.

"그만! 희망이는 교실로 들어가 주세요."(지시)

희망이는 고자질하듯 말하는 버릇이 있어 아이들에게 핀잔을 듣는 편이다. 객관적인 사실을 알아야 한다면 아마 희망이의 설명이 필요했을 것이다. 그러나 단짝인 둘이 싸웠고 오히려 때린 학생이 울고 있는 모습은 일반적이지 않기에 교사는 당사자의 심정을 들어 보는 것이 더 효과적이라 판단했다. 이럴 때 감정 대화가 필요하다.

"대찬이가, 제가 싫어하는 걸 알면서 제 비밀을 이야기했어요."

평소 억울하다며 우는 경우가 많은 콩콩이는 한 달 전부터 억울해 하는 일도, 핑계도 줄어들었다. 그렇다면 지금 이 울음은 어떤 의미일까? 교사는 콩콩이의 모습을 잘 살펴본다. 평소에 교사와 눈 마주치는 것을 어려워하지 않던 콩콩이가 이번에는 눈을 마주치지 못하고 자꾸 숨는 느낌의 모습을 보인다. 콩콩이의 눈물은 화가 나는 상황에서 화를 참지 못했다는 자책의 뜻이다. 억울한 아이의 눈은 화가 난 표정이다. 그러나 지금 콩콩이의 눈을 보니 이런 상황에 대한 슬픔과 때린 친구에 대한 미안함, 참지 못하고 때린 자신에 대한 책망, 선생님께 죄송한 마음들이 뒤섞여 있다.

"고개를 들어서 선생님 눈을 봐 줄래요?"(제안)

"……(고개를 들어서 교사와 눈을 마주치기 시작한다)"

"왜 참지 못했을까? 그래서 스스로에게 화가 나죠?"(탐색적 질문, 공감)

"네, 선생님. 죄송해요. 잘 안 참아져요. 저도 모르게……"

"맞아요, 그럴 수 있어요. 그런데 선생님 생각에는 예전보다 달라지고 좋아진 점이 있었어요. 무엇인지 혹시 알고 있나요?"(탐색적 질문)

"네? 잘 모르겠어요. 제가 달라지고 좋아진 점이 있나요?"

"예전에는 이런 일이 있으면 무조건 변명하기 바쁘고 늘 억울해 했거든요. 그런데 오늘은 변명이 한 번도 없었어요."(지지)

"아……(뜻하지 않은 칭찬에 조금 놀란 표정)"

"지금 친구에게는 미안하고, 콩콩이 자신에게는 화도 나고 후회도 되고, 선생님께는 죄송하고 그렇죠?"(반영, 공감)

"(아이의 눈빛이 흔들리며 교사를 본다)네, 선생님 맞아요. 어떻게 하면 화를 참을 수 있을까요? 욱하는 것을 참고 싶은데 전 정말 이런 걸 못 참는 것 같아요. 어떻게 하죠?"

"정말 잘 참아 내고 싶어요?(확인) 그럼 비법을 알려 줄게요."(제안)

아이를 변화와 성장으로 이끄는 가장 효과적인 전략은 아이 스스로 자신의 행동을 변화시키고자 하는 의지가 있음을 확인한 다음 교육하는 것이다. 변화하고자 하는 욕구와 의지를 인식할 때가 생활교육의 적절한 타이밍이다. 사실 욱하는 순간을 참기는 어렵다. 욱하는 행동은 반사적으로 튀어나오는 경우가 많기 때문에 욱하기 전, 혹은 욱하는 순간을 인식하는 연습이 필수적이다. 즉 화나기 직전의 상황과 신호를 통해 화를 의식적으로 알아차리려고 노력해야 한다.

"자, 상상해 볼까요? 콩콩이가 화가 났습니다! 그럼 이렇게 하세요. 화난 순간 바로 눈을 감아요. 한번 해 볼까요?"(설명)

"화나면 바로 눈을 감고 있나요?"

"네, 그리고 입을 다물고 코로 숨을 천천히 들이쉽니다. 천천히 다섯을 셀 때까지 들이쉬고 2초 정도 참아요. 자, 같이 해 볼까요?"(설명)

"네!"

"콩콩이가 화가 난 순간을 떠올려 보세요. 방금 전 대찬이가 놀렸을 때를 다시 생각해 보세요. 그리고 화가 느껴지는 순간 눈을 감고 코로 숨쉬기 5초, 2초 참고 다시 5초 동안 후~ 하고 내뱉어요."(설명)

교사는 콩콩이에게 이 호흡법을 3번 연습시키고 이것을 스스로 할 수 있을지 콩콩이의 의지를 살펴본다.

"자, 화가 났을 때 바로 해 볼 수 있겠어요?"(확인)

"네~!"

"좋아요. 그런데 문제가 하나 있어요. 화가 난 사람은 자신이 화가 난 줄 모르는 경우가 많아요. 그래서 화를 못 참는 거죠."(설명)

"그럼 어떻게 화난 줄 알 수 있어요?"

"궁금하죠? 선생님이 알려 줄게요. 심장이 두근거리거나 숨이 거칠게 쉬어질 때, 얼굴이 빨개지거나 순간적으로 열이 날 때, 그리고 나도 모르게 주먹을 움켜쥘 때가 있어요. 콩콩이는 어떤 것 같아요?"(설명)

"아, 저는 주먹을 꽉 쥐는 것 같아요. 그리고 숨도 거칠게 쉬고요."

"아! 콩콩이의 경우에는 주먹을 꽉 쥐는 것이 화났다는 신호네요. 그 신호가 올 때 눈을 감고 이 호흡을 하면 돼요. 할 수 있겠어요?"(설명, 확인)

"네, 다음에는 꼭 그렇게 할게요."

"그런데 성공하기 어려울지 몰라요.(설명) 화가 나는 순간 모든 것을 잊을 수도 있으니까요. 그런데 딱 한 번만 성공하면 그다음부터는 쉬워져요."(격려)

자신의 화를 인식하는 것은 상당히 어려운 일이다. 화 감정이 올라오는 순간 모든 감각기관이 긴장하며 상대에게 집중하기 때문이다. 따라서 화가 났을 때의 신호를 먼저 알아차려야 한다. 화나는 순간의 신체 변화, 생각 등에서 단서를 찾아야 한다. 그리고 화를 욱하고 터트리지 않도록 호흡을 통해 심장박동수를 늦춘다면 화에 따른 행동을 어느 정도 조절할 수 있다. 이것을 연습하다 한 번만 성공하면 아이는 자신에 대한 통제감, 효능감을 얻는다. 이는 자존감 향상으로 이어지고 학교생활에 대한 자신감도 높아지는 효과가 있다.

"선생님, 감사합니다. 꼭 성공할게요!"

콩콩이는 인사를 한 후 한결 홀가분한 표정으로 자리에 돌아가서 연습을 한다. 그리고 친구들에게 자랑하듯 호흡법을 설명한다. 이 정도면 화나는 순간에 그 행동을 잘 조절할 확률이 높다. 교사는 콩콩이에게 마지막 피드백을 하나 더 했다.

"성공하면 꼭 선생님께 말해 줘요. 그 성공을 나도 함께 축하해 주고 싶으니까요"(지지, 제안)

기다리고 있으면 아이는 언젠가 성공했다고 찾아오곤 한다. 미세하게 느껴지는 화를 인식하고 미리 호흡법을 하는 경우가 대부분이기 때문이다. 그만큼 자신의 감정에 대한 알아차림이 잘되기 때문에 행동 조절도 성공할 수 있다는 뜻이다. 이렇게 연습하면 자신의 화에 대한 민감성이 높아져서 감정에 따른 행동을 조절하고 통제할 수 있는 힘이 생긴다.

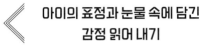

아이의 표정과 눈물 속에 담긴 감정 읽어 내기

아이의 표정 속에 담긴 감정을 3가지 이상 읽을 수 있다면 감정 대화는 쉽게 풀린다. 이는 교사로부터 지적받거나 혼난다는 생각 때문에 방어적인 태도를 취하는 아이를 대화가 가능한 상태로 만들어 주는 시작점이 되기도 한다.

앞선 사례에서는 콩콩이의 평소 패턴과 달라진 점을 교사가 알아차렸다는 것이 핵심이다. 핑계 대지 않고 자초지종을 이야기하는 것은 이성적으로 보면 너무 당연한 일이지만 그동안 콩콩이에게는 참으로 어려운 일이었기 때문이다. 이때 콩콩이가 흘리는 눈물 속에는 미안함, 자책, 후회, 반성, 죄송함, 자신에 대한 화 감정이 담겨 있었는데 이런 지점을 교사가 알아차렸기 때문에 억울함에만 머물지 않고 화에 따른 공격성을 조절하는 생활교육이 가능했던 것이다.

실제로 감정 인식은 어렵다. 감정은 하나씩 차례로 느껴지는 게 아니라, 다양한 감정들이 서로 다른 농도로 동시에 올라오기 때문이다. 이럴 때 표면적으로 쉽게 인식되는 감정부터 숨어 있는 감정까지 하나하나 인식하고 알아차리다 보면 가장 핵심적인 감정과 욕구를 찾을 수 있다. 예를 들어 콩콩이의 경우 교사의 눈에는 자책이 가장 진한 농도의 감정으로 보였다. 자책은 자신의 잘못을 인정하고 반성하는 것을 뜻하지만, 콩콩이는 자책감을 다른 사회적인 행동,

적응적인 행동(예를 들어 자신의 상황을 설명하고 사과하는 행동)으로 변화시킬 심리적 에너지가 다소 부족한 상황이었다. 화날 때마다 반복되는 자신의 행동이 스스로도 못마땅했기 때문이다. 따라서 교사가 적절한 전략을 제시하고 격려와 지지를 해 주어, 변화의 의지가 사라지지 않도록 도왔다. 그래서 호흡법이라는 행동 조절 전략을 함께 연습하고 내면화할 수 있었다.

이러한 일은 교사가 아이의 표정과 눈물 속에 담긴 다양한 감정을 정확하게 읽었기 때문에 가능한 것이다. 아이가 어떤 상황에서 뭔가 감정을 드러낸다면 그 상황 속 감정은 최소 3개 이상이라고 생각하고 그것이 무엇인지를 찾아보아야 한다. 표면으로 드러나는 감정으로만 대화하면 감정적인 대화가 되지만, 속마음을 읽은 후 대화하면 마음이 통하는 대화가 된다.

딱 한 번만 성공하면
네 것이 돼

"아악! 선생님, 큰일 났어요. 어떤 애가 난동을 피워요."

옆 반 아이가 헐레벌떡 뛰어와 큰 소리로 외친다. 교사가 급히 옆 반으로 가 보니 툭툭이가 다른 아이들에게 의자를 던진다. 5학년인 아이의 눈은 흰자가 더 많이 보이는 상태였고, 체격이 커서 힘으로 제압하기도 어려워 보인다. 평소에는 예의 바르고 평범한 아이처럼 보였는데 도대체 무슨 일이 있었던 것인지 의문을 품고 교사는 "야! 그만해!"라고 소리쳤다. 하지만 "네."라는 대답 대신에 의자가 날아 왔다. 다행히 누군가 다칠 정도로 위험한 상황은 아니었지만 주변 아이들은 공포감에 소리를 질렀다. 순간 교사는 고민에 빠졌다. '나 보다 키가 큰 아이였어도 내가 여기서 이렇게 말릴 수 있었을까?' 교 사도 공포를 느꼈지만 어떻게든 다른 아이들이 다치는 상황을 막아야 된다는 책임감 때문에 다른 아이들을 다 교실 밖으로 나가라고 하고 큰 소리로 외쳤다.

"야, 선생님 봐!"(주의 환기)

봐 줄 것을 기대하지는 않았지만 역시 안 본다. 이 아이는 분노의 회로가 뇌를 통제하고 있다. 만약 이 상황에서 아이의 귀에 교사의 목소리가 들어왔다면 그건 분노를 멈췄다는 뜻이다. 분노나 화가 난 상황에서는 신체감각이 둔해져서 맞아도 아픔을 덜 느끼고(화가 풀리고 시간이 지난 다음에 많이 아파 온다), 소리도 잘 들리지 않는다. 오로지 지금 화가 난 상황만 인식할 뿐이다. 교사는 주변에 다른 아이들이 오지 못하게 관리하고 잠시 기다렸다. 그래도 다행히 분노는 오래 지속되지 못하는 속성을 지녀서, 그렇게 혼자 분노하도록 주변 아이들을 물리니 잠시 후 거칠었던 툭툭이의 숨소리가 진정되었다. 교사가 그때 말을 다시 건넸다.

"선생님 눈 봐. 나 보이니?(주의 환기) 선생님 눈 좀 잠시 볼 수 있겠어?"(제안)

그제야 툭툭이는 교사를 본다. 눈을 마주친다는 것은 이미 많은 양의 분노가 빠져나갔다는 뜻이고 생각할 여유가 생겼다는 것이다.

"고마워, 툭툭아.(지지) 주변을 한번 볼까? 한번 봐."(제안)

주변을 둘러본 툭툭이는 엉망이 된 의자, 필통의 잔해들을 보고 어쩔 줄 모른다. '고맙다'는 말로 시작하는 건, 분노의 행동을 멈춘 것에 대한 지지이며 이제 마음 열고 대화를 하고 싶다는 신호를 주는 것이다. 이런 신호는 참 중요하다. 이 대화를 이끌 주인공은 '너'

라는 것을 강조하는 뜻이며 과격하게 표현하지 않고 편안하게 말해
도 된다는 의미를 담고 있다.

"룩룩아, 주변을 보니까 어떠니?"(환기)

"좀……."

"친구들 표정도 한번 볼 수 있겠어?"(제안)

'볼 수 있겠어?'라는 말은 지시적인 느낌이 들지 않아 심리적 저
항을 낮춰 준다. '~할 수 있겠어?'와 같은 말은 존중의 의미도 담고
있어 아이가 솔직히 말할 수 있는 환경을 만든다.

"혹시, 지금 이런 모습을 원한 거였니?"(탐색적 질문)

"아뇨."

"아까 화가 많이 났었어?"(공감적 확인)

"네, 쟤들이 저를 보고 자꾸 뒤에서 놀려요."

"누구?"(확인, 환기)

"……."

기억을 못하고 있다. 어떤 일로 화가 났는지 기억이 나지 않고 감
정의 찌꺼기만 남아 있는 것이다. 평소 습관적으로 분노하는 아이가
아니었기 때문에 이 감정의 찌꺼기는 아이를 계속 괴롭히고 자책하
게 만들 수 있다. 그러다 자신이 감당할 만큼의 자책을 넘어서면 결
국 다시 분노의 형태로 터질 것이다. 잘못한 행동은 벌을 받는 것이
당연하지만, 자책은 끊임없이 자신을 벌하는 것이다. 따라서 아이가

자책하지 않도록 하고 진정한 반성을 통한 행동 변화에 목표를 두어 야 한다. 그렇게 하려면 본인이 원하는 행동이 아니었다는 것을 확 인하고 행동 전략을 제시해야 한다.

"선생님이 보기에는 툭툭이가 후회하는 것 같은데 지금 어떤 마음이 야?"(탐색적 질문)

"……후회돼요. 창피하고요."

"지금처럼 후회한 거 여러 번이었지?"(확인)

"네."

"후회하지 않도록 화가 났을 때 쓸 수 있는 방법 하나 알려 주려고 하 는데 어때? 관심이 생겨?"(공감적 제안)

"네! 알려 주세요."

교사는 1분 이완법 동작을 설명하며 함께 연습한다.

"이거(이완법) 할 수 있겠어?"(확인)

"네!"

"그럼 한번 연습해 보자. 상상해 볼까? 누군가가 너를 보고 귓속말하 고 있어. 넌 그 귓속말이 무엇인지 모르지만 너를 욕하는 것 같아 화가 나기 시작해. 지금 심장이 빨리 뛰기 시작하면서 헐크로 변해 가고 있 어. 점점 화는 더 커지지. 자, 어떻게 할 거야?"(제안, 확인)

"하나, 둘, 세엣, 네엣……"

"할 수 있겠어?"(확인)

"네! 할 수 있어요!"

"그래, 근데 안타깝게도 심장이 빨리 뛰는 순간 너는 이걸 잊어버릴 수도 있어. 대부분은 그래서 실패하는데 그럴 땐 어떻게 하면 좋을까?"(확인)

"꼭 기억할게요."

"정말?"

"네."

"정말 할 수 있겠어?"

"네!"

"그래, 할 수 있겠다고 다짐하니 기쁘다. 그러나 이거 정말 어려운 거야. 잘하고 싶다고 해서 다 잘하는 것이 아니야!"(설명)

"네?"

보통은 이런 순간에 '잘할 수 있을 거야.'라고 지지하는 경우가 많은데 교사가 어렵다고 하니 툭툭이는 뭐라고 대답해야 할지 모르는 것 같다.

"이거 진짜 어려워. 정말 어려워. 그런데 100번이 안 되다가도 딱 한 번만 성공하면 네 것이 되는 거야. 딱 한 번의 성공! 그게 정말 중요해. 네가 이렇게 의지가 강하니 반드시 기억이 날 거야. 혹시 기억이 안 난다고 생각해도 너무 걱정하지 마. 한 번은 반드시 날 거야. 그 한 번이 중요하거든. 한 번만 기억나면 그다음부터는 정말 자연스럽게 조절이 될 거야. 그 기억이 나서 이 호흡에 성공하면 선생님 찾아와. 꼭 찾아와. 알겠지?"(설명, 지지, 공감, 확인, 제안)

"네, 꼭 기억할게요. 화났을 때 이게 기억나서 되면 꼭 찾아올게요!"

"그래, 이제 네가 던진 것들 다시 정리하자. 그리고 친구들에게도 미안하다고 용기 내어 사과하고."(제안)

한 보름 뒤, 툭툭이는 성공했다며 교사를 찾아왔다. 화가 나기 시작하는 분노 상황에서 처음으로 이완법으로 행동을 조절했다는 것이다. 아이가 찾아온 김에 왜 이렇게 되었는지 과거의 이야기를 들어 보니 4학년 때까지 뚱뚱하고 키가 작아서 아이들에게 따돌림을 당했는데, 5학년이 되자 급성장하여 키가 더 커지고 힘이 세져서 그간 참았던 내재된 화들이 툭툭 튀어나오는 상황이었던 것이다. 이 학생은 자신의 분노 행동을 조절하면서부터 점차 자신에 대한 효능감이 높아졌고, 그 결과 6학년 2학기 때는 전교 부회장에도 당선이 되었다. 분노에 따른 행동 조절에 대해서 반성하고 스스로 변화의 의지가 있던 아이는 한 번의 성공 경험을 바탕으로 학교생활에 대한 전반적인 효능감을 쑥 끌어올렸다.

분노로 인한 행동에 집중하면 아이의 잘못한 점에만 초점을 맞추게 된다. 그러면 행동에 대한 처벌이나 징계를 통해 행동을 수정하려는 것이 일반적이다. 그러나 여기에서 더 나아가 궁극적으로는 심리 정서적인 부분과 대안 전략을 마련하여 훈련함으로써 부적응 활동을 줄여 주는 것이 중요하다. 아이의 성장에 초점을 맞추고 벌어진 상황을 살펴보면 변화와 성장이 실현될 가능성이 높다.

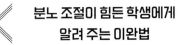

분노 조절이 힘든 학생에게
알려 주는 이완법

분노 조절이 안 되는 학생을 '분노 조절 장애'라고 부르지 않는 것이 좋다. 다른 이유는 없다. 다만 분노 조절 장애라고 부르는 순간, 교사는 무의식적으로 지도도 아무 효과 없을 거라고 생각하게 된다. 분노는 원래 쉽게 조절이 되지 않는다. 다만 분노의 순간을 알아차리고 그것을 조절하려는 노력을 기울일 때 분노에 따른 행동을 조절할 수 있다. 이때 사용되는 것이 바로 '이완법'이다. 온몸에 강한 힘을 주었다가 호흡과 함께 그 힘을 서서히 빼서 분노에 따른 반응을 조절하는 것이다. 이완법을 단계별로 살펴보면 다음과 같다.

① 두근거림, 어지러움, 가쁜 호흡에서 분노, 화 감정 인식하기

② 인식하는 순간 눈을 감기

③ 코로 숨을 5초간 천천히 들이쉬면서 손가락부터 팔, 몸통 순으로 근육에 강한 힘을 주기

④ 2초간 숨을 참으면서 근육을 최대한 긴장시키기

⑤ 입으로 숨을 5초간 천천히 길게 내뱉으며 서서히 몸통, 팔, 손가락의 힘을 빼기

성공 여부는 ①과 ②에서 결정된다. 신체적 자각과 동시에 눈을 감고 호흡에 들어가는 것을 여러 번 연습해야 하고, 혹시 실패하더라도 이는 일상적인 것이니 낙담하지 않도록 한다. 한 번의 성공이 가장 중요하다는 것을 떠올리며 기다려야 한다.

모둠활동을 하던 관심이가 눈물을 보이더니 갑자기 서럽게 울자, 교실의 모든 아이들의 이목이 관심이에게 집중된다. 무슨 일인지 놀란 교사가 관심이에게 물었다.

"무슨 일 있어? 갑자기 우는 이유가 뭐야?"(개방적 질문, 주의 환기)

"저는 속상해서 눈물이 나는데, 순정이가 저한테 '질질 짜고 앉아 있네!'라고 했어요."

순정이는 평소에 조용하고 순한 학생이다. 오히려 지나치게 순수한 면이 걱정될 정도다. 그런 순정이가 우는 친구에게 질질 짜고 있다고 표현한 것은 이례적인 일이다. 저런 말을 쉽게 할 아이가 아닌데 무슨 이유인지 교사는 궁금해 하며 물었다.

"순정아, 선생님은 지금 깜짝 놀랐어요.(자기 개방) 이게 무슨 말이야? 정말 질질 짜고 앉아 있냐고 했어요?"(확인)

교사의 질문에 고개만 끄덕이는 순정이. 비아냥이나 비꼼의 언어와는 전혀 어울리지 않는 순정이가 어쩌다가 비아냥거리는 말을 하게 되었을까 궁금해서 교사는 좀 더 자세히 물어봤다.

"'질질 짜고 앉아 있네'라는 말은 어디서 들었어요?"(사실 확인)

순간 순정이가 눈물을 글썽이며 조심스럽게 입을 열었다.

"……엄마에게 들었어요."

'질질 짜고 앉아 있다'는 표현을 아이가 분명 어디선가 들었을 거라는 교사의 예상이 맞았다. 가정에서 배운 표현이 그대로 튀어나온 것이다. 원인을 알게 된 교사는 두 아이의 마음이 만날 수 있도록 이야기를 건넸다.

"순정아, 관심이 얼굴을 한번 볼까? 관심이가 울고 있는 것을 보니 어떤 마음이 들어요?"(탐색적 질문)

"……"

순정이는 눈물이 터지기 시작했다. 어떻게 보면 당연하다. 비아냥, 비꼼과는 거리가 있는 순정이가 자신의 마음을 담아 말한 것이 아닌데, 교사가 정색을 하고 물어보니 눈물이 날 수밖에 없다. 순정이가 울기 시작하니 이제는 관심이가 울음을 뚝 그쳤다. 관심이는 순정이가 우는 것으로 마음이 달래진 모양새다. 관심이는 순정이의 사과를 받고 금방 마음이 풀렸다. 하지만 교사는 순정이만 남겨서 이야기를 좀 더 더 나누기로 했다.

"순정아, 선생님 좀 봐 줄래? 엄마가 언제 그러셨어요?"(확인)

순간 심하게 흔들리는 눈동자를 보아 하니 뭘 어떻게 말해야 할지 모르는 눈치다. 마치 선생님께 엄마를 고자질하는 느낌도 있어 보이고 아무 말을 못하고 있다.

"순정이에게 엄마가 왜 그런 것 같아요?"(탐색적 질문)

"……잘 모르겠어요."

"그 말을 들었을 때 많이 속상하고 억울했겠다. 어땠니?"(탐색적 질문)

"네, 저는 울고 있는데 엄마가 그렇게 말하시니까 서운하고 화가 났어요."

"그래, 맞아. 선생님이 생각해도 억울하고 화가 났을 것 같아.(공감) 근데 그때 순정이의 속상하고 억울한 마음을 말씀드렸니?"(확인)

"아니요?"

"어머님은 그 일을 기억하실까?"(확인)

"잘 모르겠어요."

"선생님이 생각하기엔 어쩜 잘 기억 못하실 수도 있을 것 같아."(설명)

"……"

"선생님이 정확하게 알 수는 없지만, 순정이를 싫어해서 그러신 것 같진 않아. 아마 지금은 기억도 안 나실 수 있어. 선생님도 바쁘거나 그러면 한 번씩 그런 실수를 해. 누구나 실수할 수 있거든."(공감, 설명)

"아…… 그래요?"

"선생님도 어머님 마음을 정확하게는 잘 모르니까(자기 개방) 한번 어머님께 여쭤보는 것은 어떨까? 그게 제일 중요한 것 같아."(제안)

울던 순정이가 교사의 말에 관심을 기울인다.

"만약 어머님께 말씀드려서 기억을 하시면 그 말을 들었을 때 순정이 기분이 서운하고 화가 났다고 말씀드리고 사과하셨으면 좋겠다고 말씀드리는 것은 어떨까?"(제안)

"네!"

보호자 상담 때 잠시 뵈었던 순정이의 부모님은 아이의 마음을 잘 받아 주실 것 같았기 때문에, 다음 날 교사는 가정에서 어떻게 이야기가 되었는지 궁금해서 마침 순정이와 밥친구를 하며 자연스레 물어보았다.

"순정아, 어머님께 여쭤봤니?"(확인)

"네."

"어머님은 뭐라셔?"(질문)

"잘 기억나지 않는데, 정말 미안하다고 사과하셨어요."

어제와 달리 아이의 목소리에서 묵직한 힘이 느껴진다. 어제 선생님과의 대화, 엄마와의 대화로 순정이는 자신의 감정을 수용받았고, 상황에 대해서 사과도 받았으니 상처로 갈무리되진 않을 것이다. 상처가 될 수도 있었던 상황이 성장으로 연결되었다.

다른 사람의 요구와 욕구에 잘 맞춰 주고 자기표현을 하지 않는 학생은 대체로 다른 사람과 관계가 원만한 편이다. 자신의 욕구만을 먼저 내세우지 않기 때문에 다른 사람들이 편안하게 생각하기 때문이다. 그런데 이런 학생들의 경우 평상시에는 큰 문제가 없다가 앞선 사례처럼 감정이나 생각, 혹은 자신이 받았던 상처가 되는 말들이 갑자기 툭 튀어나올 때가 있다. 이럴 때 학생은 생각지도 못한 자신의 반응에 스스로 당황한다. 자신에게 그런 마음이 있었다는 것에 스스로 놀라는 것이다. 이런 학생에게는 자신의 생각이나 감정을 자연스럽게 표현할 수 있는 연습과 평소에 이를 표현할 기회를 주어야 한다. 또 학생이 용기 내서 자신의 생각이나 감정을 표현할 때 격려해 주면 내면 성장에 도움이 된다.

감정이나 생각을 표현하지 않는 이유는 다른 사람이 자신의 표현을 받아 주지 않거나 거부당할지 모른다는 걱정 때문일 수 있다. 표현하지 않고 잠시 참으면 아무 문제 생기지 않는다는 것을 학습했을 수도 있다. 자신을 불편하게 한 상대에게 불편한 감정을 표현하지 못해서 사과받지 못한 경험이 있는 아이라면, 그것을 표현하고 사과받게 해 주는 것이 좋다. 이런 연습을 계속할 때 자신이 누른 감정과 욕구의 억압을 해소하고, 감정과 욕구를 누르는 데 쓴 심리적 에너지를 자신의 과업에 쏟을 수 있다.

교사가 출근하자 성실이가 기다렸다는 듯 다가와 이야기한다. 큰 눈에는 눈물이 글썽거리고 가쁜 호흡으로 울먹울먹 말하는데, 얼굴이 달아오르고 있다.

"선생님, 저 기분이 이상해요."

책임감이 강하고 성실한 성향의 아이가 기분이 이상하다고 말하는 것은 어떤 복잡한 감정과 정서로 혼란스러움을 겪고 있다는 뜻이다. 자신의 마음이 무엇인지 모르는 불안감도 살짝 묻어 있다. 사실 어른들도 그렇다. 기분이 이상하다는 말은 처리되지 못한 감정들을 대체하는 말이기도 하다. 그렇다면 성실이가 말하는 '기분이 이상하다'는 어떤 뜻일까? 무슨 일인지 알아봐야 한다.

"응, 무슨 일 있니? 선생님한테 말해 볼래?"(공감, 제안)

"오늘 제 쌍둥이 동생이 태어나요."

지난번 밥친구를 하며 동생이 한꺼번에 둘이나 생긴다는 것을 자랑처럼 이야기했던 아이인데, 막상 동생들이 태어난다니 마음이 복잡했나 보다. 어쩌면 당연한 것이다. 집에서 혼자 독차지했던 사랑을 나눠야 한다 생각하니 동생이 생기는 게 좋기도 하면서 두렵기도 할 것이다. 주도적이고 적극적이며 무엇이든 완벽히 잘해야 하는 성향의 성실이에게 갑자기 동생이 생겼고, 또 그 동생이 쌍둥이인 데다가 언니, 누나 역할을 다 해야 되는 상황이니 마음이 복잡할 것이다. 감정이 워낙 풍부한 아이라 눈물을 글썽거리면서 달려온 것이다.

"아! 오늘이구나? 기분이 어떠니?"(탐색적 질문)

"슬프기도 하고 설레기도 하고 걱정도 되고…… 기쁘기도 해요."

"어떤 이유에서 슬픈 마음이 들었어?"(탐색적 질문)

"엄마를 3주간 못 본대요. 산후조리원에 가셔야 돼서요."

"아, 그렇구나. 설레는 것은 어떤 의미야?"(공감, 탐색적 질문)

"동생이 둘이나 태어나는 것은 설레요."

"걱정되는 것은 어떤 이유에서야?"(탐색적 질문)

"친구들에게 물어보니 동생이 생기면 귀찮고 짜증 나는 일이 많아진대요. 그래서 걱정은 되는데, 나이 차이가 11살이나 나니까. 설마 저를 때리기야 하겠어요? 제가 스무 살이 되면 동생들은 아홉 살이래요."

진지하게 시작했지만 이 말이 끝나자마자 성실이와 교사는 동시에 웃음을 터뜨렸다.

"거의 조카뻘인데? 친구들에게 물어봤구나?"(확인)

"네, 친구들이 그러는데, 나이 차이가 많아 동생들이 덤비지는 않을 것 같다고 했어요."

장남, 장녀들이 바라보는 동생의 모습이다. 동생으로 인해 계속 알 수 없는 역할이 주어지고 이 때문에 무척 지친다. 장남, 장녀로 산다는 것은 어쨌든 마음의 짐이 커지는 일이다.

"그럼, 선생님이 성실이를 위로하고 응원해 주고 싶은데, 어떻게 말해야 될까? 슬프다고 했으니 위로를 해야겠지?"(공감)

"아녜요. 슬픈 마음은 5% 정도고 기쁘고 설레는 것이 더 많아요."

아이의 마음이 복잡할 때는 아이가 듣고 싶은 말을 해 주는 것이 낫다. 그래서 교사는 아이에게 어떤 말을 해 줄지 물어보았다.

"아, 그래? 그럼 어떻게 말하면 어울릴까?"(공감, 지지)

"축하해 주세요."

"그래. 우리 성실이 동생이 둘이나 태어난 것을 두 배로 축하해 줄게요."(지지)

"감사합니다."

아이의 기분이 묘하고 이상했던 일은 결국 축하받을 일로 갈무리되었다. 글썽거리던 눈물은 어느덧 동생 탄생의 기쁨으로 변했다.

"동생들이 우리 집 강아지 털을 다 뽑을까 봐 걱정이에요."

"정말 그럴 수도 있겠구나. 동생들이 털 뽑기 시작하면 선생님께 또 말해 주렴."(제안)

"네~ 감사합니다."

축하받을 일로 갈무리하였지만, 성실이의 주된 정서는 걱정(불안)이었다. 어쩌면 그 강아지의 삶이 앞으로 성실이의 삶과 비슷할 수도 있다.

'동생들에게 좋은 언니, 누나가 되기 위해 또 의젓한 큰딸이 되기 위해 얼마나 노력하고 애쓸까?'

자신의 삶도 돌봐야 할 텐데 두 쌍둥이 동생을 돌보는 데 시간을 쏟고 애를 써야 할 성실이를 교사는 마음으로 응원해 본다.

위로하는 마음을 잘 전달하면, 상대는 일상의 다양한 힘겨움을 이겨 낼 에너지를 받는다. 그러나 위로가 생각보다 쉽지 않을 때가 있다. 학교에서 있었던 일 때문이라면 맥락과 상황에 맞게 교사가 잘 위로 할 수 있겠지만, 가정에서 있었던 일로 힘들어 하는 아이를 위로할 때는 교사로서 어떻게 해야 할지 막막해지기도 한다. 이럴 때 흔히 떠올리는 말은 '괜찮아'이다.

사실 "괜찮아, 괜찮아."라는 말은 언제 써도 좋을 위로의 말이다. 이 말 덕분에 아이는 조급하거나 불안한 마음을 덜어 내고 자신을 탓하는 마음속 말들을 멈출 수 있다. 그런데 이 말이 정말 어떤 상황 에서나 좋은 말일까? 괜찮다는 말이 항상 위로가 될까?

결론은 상황과 맥락을 보고 해야 한다는 것이다. 예를 들어 이제 막 슬픔을 인식하고 그 감정을 마주한 아이에게 섣불리 "괜찮아."라 고 하면 오히려 아이의 슬픔이 해결되는 데 더 많은 시간이 걸린다. 사실 이때 말한 '괜찮아'는 아이가 슬퍼하는 모습을 마주하기 싫어 서 한 박자 빨리 하는 위로이다.

슬픔이 느껴질 때는 스스로 그 감정이 가진 무게를 느끼고 섣불 리 피하지 않으며 마주하여야 마음속에서 처리가 된다. 어느 정도 슬픔이라는 감정에 대한 정서적인 처리가 되었을 때, '괜찮아'라고 말해 주는 것이 더 효과적이다. 아직 그 감정을 마주하지 않았는데 옆에서 의미 있는 어른(보호자, 교사)이 '괜찮아'라고 말하면 아이는 자신이 느끼는 감정이 잘못된 것이라고 오해할 수 있고, 아이의 자존감이 낮아질 수도 있다. 따라서 지금 필요한 위로, 받고 싶은 위로가 무엇인지 살펴보고 그것을 아이에게 물어보아야 한다.

앞선 사례에서 성실이는 '기분이 이상하다'는 말로 시작했다. 다양한 감정들이 복합적으로 느껴져서 어떤 위로부터 해야 할지 모르는 상황이므로 교사는 아이가 바라는 위로를 물어보고 그것에 맞춰서 이야기를 해 준 것이다. 이런 위로가 극적인 감동을 주지 않을지는 몰라도, 아이 마음의 성장을 이끄는 위로로는 더 적합하다.

잘하려는 기준은
다른 사람이 아닌 '나'여야 해

과학 단원에 그림자 수업이 있어서 교사가 아이들에게 그림자 인형에 대해 이야기해 주고 다음 주에 모둠별로 그림자 인형극을 해 보자고 제안했다. 스토리 없이 우리가 흔하게 마주하는 몇 개의 상황만 해 보기로 했고, 특히 그림자 인형은 입체 인형이 아니니 가볍게 그려도 된다고 안내했다. 그런데 아이들이 이구동성으로 "너무 어려워요, 어떻게 해야 할지 모르겠어요!"라고 하소연한다.

"선생님이 평소에는 여러분에게 열심히 하자고 이야기하죠? 그러나 이번 경우는 조금 달라요. 여러분을 보면서 가끔 느끼는 걸 지금 이야기해 볼까 해요. 이야기해도 될까요?"(환기, 제안)

"네."

"너무 잘하려고 하지 않아도 돼요."(자기 개방)

"네?"

"여러분은 무엇이든 잘해야 한다는 생각을 계속 하다 보니 스스로 지쳐 가는 것 같아요."(반영)

"……"

"'다른 사람'보다 잘하려니 힘든 것 아닌가요? 잘하려는 기준은 '나'여야 합니다."(설명)

아이들이 그림자 인형극을 너무 어렵다고 생각하는 것은 평소에 자주 접하지 않아 낯설음에서 오는 두려움과 불안 때문이다. 이렇게 익숙하지 않은 데서 오는 두려움은 오래 담아 둘수록 마음을 어지럽히고 일을 더디게 하며 심지어는 해 보지도 않고 싫어하는 원인이 된다.

무슨 말인지 알겠다는 듯 고개를 끄덕이는 아이, 무슨 말인지 모르겠다는 듯 교사의 눈을 피하는 아이, 아이들은 모두 열심히 경청하지만 그 반응은 미묘하게 다르다. 사실 4학년에게 이런 말이 어려울 수도 있다. 그러나 교사는 느낌만 전달되어도 된다는 마음으로 이야기를 계속했다.

"여러분 마음속에 무엇이든 다 완벽히 잘해야 된다는 생각이 있는 것 같아요. 무엇이든 다 잘하면 참 좋죠. 그런데 세상에 무엇이든 다 잘할 수 있는 사람은 없어요. 뭐든 다 멋지게 잘해야 한다는 기준을 세워

두어서 시작할 엄두가 안 나는 것 아닐까요?"(설명)

그때 한 여학생이 말했다.

"선생님, 그림자 인형극 스토리를 만들기가 어려운데 어떡해요?"

열심히 고민해 봤을 법한 아이가 참 고맙게도 반응한다.

"네, 잘 생각해 보세요. 처음부터 스토리를 만들자고 하지 않았어요. 간단한 상황을 그림자 인형극으로 하자고 했어요. 예를 들어, '철수야 점심 먹고 축구 할까? 아니! 난 점심 먹고 줄넘기할 거야.' 이 정도의 상황도 충분하다고 말했는데 기억나세요?"(확인)

그제서야 "아……", "맞다!" 이런 짧은 탄식들이 흘러나온다.

"모든 것을 완벽하게 하려다 보면 막상 시작 자체가 잘 안 돼요. 시작이 안 되면 엄두가 안 나서 머리 아프고 어렵게 느껴져요. 그럼 마무리는 더욱 힘들어져서 스스로 못한다고 생각할 수 있어요. 그리고 자꾸 미루게 될 수도 있어요."(설명)

"그래도 어려워 보이는데 어떻게 해요?"

"네, 그렇게 생각할 수 있어요.(수용) 이럴 때 이렇게 해 보세요.(제안) 지금 할 수 있는 것부터 일단 조금씩 시작하는 거예요. 그리고 제일 중요한 것은 다른 모둠이나 다른 친구의 작업과 비교하지 말고 어제의 나, 방금의 나와 비교하는 것이 훨씬 좋아요."

요즘은 기본적으로 아이들에게 요구하는 것이 많은 시대이다. 지금의 아이들은 다양한 정보를 접하다 보니 해야 할 것도, 알아야 할 것도 많은 세대이다. 친구랑 투덕투덕 싸운 다음 스스로 풀 시간조차 주어지지 않고, 받은 과제가 끝나기도 전에 또 다른 과제를 '완.벽.히' 해야 하는 아이들이다. 그것을 잘 못하면 점점 무기력해지고 그것을 해낼수록 어린 완벽주의자가 되어 간다. 이러면 안 되고 저러면 안 되는 것이 너무 많은 요즘 아이들이다. 부모도, 아이도, 교사도 이런 상황 때문에 너무 피로하다. 좀 더 실수하고 있는 그대로를 느끼면서 자라도록 하는 것이 자존감을 높일 수 있는 교육일 텐데, 스킬이나 꿀팁만 남아 있고 무엇을 왜 하는지에 대한 고민이나 해야 할 이유에 대한 신념은 점차 사라지는 상황이다. 기술은 더 좋아져서 포장이나 퍼포먼스는 화려한데 고민의 깊이는 따라가지 못하는 상황들이 어쩌면 우리 아이들을 둘러싼 문화 때문이 아닐까.

어찌되었든 하기로 한 일이니 교사는 아이들이 잘하든 못하든 호기심을 가지고 해 볼까 하는 마음이 생기도록 의욕을 자극해 봐야겠다고 생각했다. 그래서 그림자극에 관한 동영상을 찾아서 보여 주었다. 약간의 자극이 더해지니 아이들의 그림자 인형 만드는 속도가 붙기 시작했다.

너무 잘하려다 보니 시작조차 힘들어 하는 아이들

잘해야 한다는 생각은 강한데 무엇을 어떻게 해야 할지 몰라 막막하면 시작조차 할 수 없다. 섣불리 시작했다가는 망칠까 봐 걱정되어서 아예 시작을 못하는 경우도 있다.

이럴 땐 잘해야 한다는 부담감부터 낮춰 주어야 한다. 앞선 사례의 경우도 생소함에서 오는 막연함과 잘해야 한다는 부담감이 과업의 시작을 방해한 것이다. 그래서 교사는 그림자극을 직접 보여 주는 것과 부담감을 낮추는 전략을 함께 썼다. 너무 잘하려다 무엇도 시작 못하는 아이에게는 목표를 낮추기 전에 시작점을 구체적으로 설명해 준다. 예를 들어, '그림자극을 할 캐릭터의 외형을 스케치한다.', '가위로 외형을 자른다.' 식으로 안내한다. 해야 할 작업을 구체적으로 제시하면 아이들은 그 작업에 집중한다.

'완벽주의자'라는 말은 원래 성인을 대상으로 지칭하는 말이었는데, 최근에는 이 성향을 보이는 아이들이 늘어났다고 한다. 사실 완벽주의 성향을 가진 사람은 끊임없이 노력하기 때문에 과업의 수행 결과가 좋다. 분명 순기능도 있기 때문에 완벽주의가 꼭 안 좋은 것은 아니다. 성실한 학생일수록 과업의 결과가 좋다. 이런 측면에서 자신이 이룬 좋은 성과를 유지하고자 하는 욕구가 작동될 때가 있다. 낯선 것이 상상 속에 있을 때 막막함은 배가 되므로, 처음 시작은 마중물처럼 교사가 함께 해 주는 것이 가장 효과적이다.

너도 그 말에
동의하는 거야?

평소 눈빛이 강한 여학생 야물이가 문득 교사에게 질문을 던진다. 급식 먹고 놀다 와서 묻는 것을 보니 무슨 서운한 일이나 화나는 것을 꾹 누르면서 질문하는 것 같았다. 눈동자는 약간 충혈되어 있고, 뽀얀 피부에 붉은색 모세혈관이 두근거리는 것을 보니 어떤 '빡침'이 있었던 게 분명하다.

"선생님은 여자를 볼 때 외모를 먼저 보세요. 마음씨를 먼저 보세요?"
"응? 그게 무슨 말이야?"(개방적 질문)

군이 여자로 특정하지 않아도 되는 질문인데 '여자를 볼 때'라고 성별을 특정하여 물으니 교사의 마음이 불편해진다. 바로 대답해 주려던 교사는 일단 한 박자 쉬고 천천히 이야기해야 대화를 이어 갈 수 있다고 생각했다.

"어떤 상황인가에 따라 다를 것 같아. 무슨 일 있었니?"(수용, 탐색적 질문)

야물이가 미술 시간에 있었던 일을 설명한다. 같은 조 장난꾸러기 남학생 눌눌이랑 말싸움을 했다는 것이다. "못생겼다.", "못났다." 이런 말들을 주고받은 것이다. 사실 둘 다 말을 잘하는 친구들이다. 아마도 일반적인 상황에서는 야물이가 말싸움에서 이겼을 텐데, 이번에는 "넌 못생겨서 시집도 못 갈 것이다!"라는 말을 듣고 하도 기가 차고 억울해서 교사에게 온 것이다. 평소 같으면 말로 제압하고도 남을 야물이인데, 교사의 도움을 요청하는 것을 보면 여성에게 둘러싸인 높은 벽들이 아이들에게도 작용하는 거 아닌가 싶어 씁쓸한 기분이 든다. 또 외모를 기준으로 아이와 대화를 나눈다는 것도 불편하다. 더 큰 말싸움으로 번질 수도 있던 상황인데 더 싸우지 않고 야물이가 일단 중재를 떠올리고 교사에게 온 것이 다행이다.

"선생님이 생각하기엔 누구나 외모로 첫인상이 좌우되는 것 같은데, 시간이 흐를수록 성격이나 마음에 따라 외모도 달라 보이는 것 같아."(의견)

"그럼 저는 정말 못생겼나요?"

"누가 그랬어? 선생님 생각에는 우리 야물이 마음도 외모도 예뻐요."(자기 개방)

"그런데 눌눌이가 저한테 넌 마음도 못됐고 얼굴은 더 못생겼다고 하던데요?"

이때 야물이의 눈동자가 흔들린다. 여기에서 교사는 잠시 고민한다. 아이의 성장을 위해서 어떻게 말해야 할까? '아니야! 난 네가 예쁘다고 생각해'라며 외모를 중심으로 말해 주어야 할까? 이럴 때 교사 중심으로 이야기한다면 "난 네가 예쁘다고 생각해. 걱정하지 않아도 돼. 잊어버려."라고 하겠지만, 교사는 야물이가 한 번 더 생각해 보도록 다시 질문을 던진다.

"그럼 너는 눌눌이 말에 동의하는 거야?"(수용, 지지)

"(단호하게) 아뇨?"

야물이를 화나게 했던 말에 동의하는지를 묻는 것 자체가 공감과 응원이 된다. 때로는 생각을 확인하면서 공감하는 것도 필요하다.

"선생님도 눌눌이 말에 동의하지 않아. 오히려 외모를 따지는 것은 사람을 깊이 있게 보지 못하는 거라고 생각해."(공감, 자기 개방)

"그렇지만 눌눌이가 그렇게 말해서 너무 화가 나요."

이 대목에서 교사는 웃음이 나왔다. 진지한 순간이지만 귓속말로 작게 이야기한다.

"선생님 말씀 하나하나 잘 실천하는 것 같아서 너무 좋아. 선생님은 딸이 없는데 야물이가 딸 같아서 우리 야물이 부모님이 정말 많이 부러워."(지지)

교사가 자신을 딸 같다고 해서 그런지 야물이는 갑자기 빙긋 웃는다. 표정을 살펴보니 빡침도 풀렸다. 이제 생각을 정리하고 마무리해야 할 타이밍이다.

"그 친구에게 하고 싶은 말이 있어요?"(탐색적 질문)

"다시는 저에게 그렇게 말하지 말라고 하고 싶어요."

"선생님도 동의해요. 그럼 데리고 오세요. 함께 이야기 나누어 보죠."

그렇게 외모에 대해서 이야기하는 것과 말싸움을 한 것에 대해 교사의 의견을 공유하고 두 아이가 어떻게 생각하는지 확인하였다. 야물이를 놀렸던 눌눌이는 교사 앞에 오자마자 별다른 이야기를 하지도 않았는데 자신이 잘못했다며 먼저 진심으로 사과했다.

평소에 당당하고 활력이 가득한 아이의 경우, 그 아이의 생각을 바로 한 번 더 물어보는 것도 공감과 응원이 된다. "너는 어떻게 생각하니?", "너는 그 말에 동의하는 거야?", "네 생각이 궁금하구나. 알려 줄래?"와 같은 말로 아이의 생각과 판단을 묻는 것은 '너의 생각을 신뢰한다'는 메시지를 준다. 그러나 다른 아이의 말에 이미 위축된 상태라면, 그 전에 먼저 이 상황에 대해서 교사가 어떻게 생각하는지 요약해서 알려 주어야 한다. 위축된 상태에서는 상황을 정확하게 이해하거나 판단하기 어렵고, 스스로를 낮게 생각하는 패턴에 빠질 수도 있기 때문이다. 따라서 이런 상황을 교사가 재평가한 후 아이의 생각을 물어본다면 교사가 전달하고자 하는 마음이 아이에게 더욱 힘 있게 다가갈 것이다. 결국 아이가 겪은 상황, 현재 심리 상태, 본래 성향에 따라 조금씩 다르게 밑작업을 하여 접근하지만, "네 생각이 궁금하다."와 같이 아이를 주체로 설정하여 말하는 것은 같다. 이 상황을 갈무리할 때 아이가 자신의 평가를 하면서 성장이 시작된다. 아이에게 힘이 되어 주고 싶다고 해서 "네 말이 무조건 맞아!"라고 말하는 것은 피해야 한다. "그건 선생님도 동의해, 그런데 이 부분은 네 생각과는 조금 달라. 그러나 선생님은 너의 생각도 지지해."와 같이 교사의 솔직한 생각과 응원을 전하는 것이 아이의 마음 성장에 도움이 된다.

새 학기 첫날부터 까불까불하던 통통이가 어느 순간부터 교사의 이 야기를 하나도 빠짐없이 열심히 적기 시작한다. 첫 만남 후 일주일 만에 차분해지고 수업에 집중하는 모습이 기특해서 교사는 통통이를 칭찬했다.

"우리 통통이가 선생님 말씀을 잘 듣고 열심히 배우는군요?"(지지)

교사는 칭찬을 통해 통통이의 수업 집중 행동을 강화하려고 한 것인데, 통통이가 1초도 안 되어 반응했다.

"(퉁명스럽게)엄마가 시켜서 한 건데요?"

학생의 변화된 모습이 대견해서 더 격려하기 위해 칭찬했는데 정작 아이가 칭찬을 튕겨 내면 교사는 힘이 빠지고 무안해진다. 학생이 이런 식으로 교사의 의도와 마음을 거부하면 맥 빠지는 것을 넘어 오기가 생기기까지 한다. '도대체 왜 저렇게 말하지?'라는 생각이 들면서 점점 '내가 뭘 잘못했나?', '아, 창피해. 다른 아이들이 날 무시하면 어떻게 하지?', '칭찬했는데 왜 저래?' 부정적인 생각이 계속 꼬리에 꼬리를 물기 시작한다. 한번 들기 시작한 부정적인 생각은 회전목마처럼 빙글빙글 돌며 마음을 계속 어지럽힌다.

부정적인 생각의 패턴에 빠진 상태에서 대화는 어떻게 해도 실패하는 의사소통이 된다. 하지만 잠시 멈추고 생각을 재배열하다 보면 교사와 학생 모두 성장의 순간을 맞을 수도 있다. 모든 성장은 자신의 틀을 깨면서 시작되기 때문이다.

교사는 순간의 맥 빠짐을 온전히 느끼고 잠시 통통이의 눈동자를 물끄러미 바라보았다. 통통이의 모습에 약간의 당황스러움이 보인다. 말을 툭 던져 놓고도 스스로 '뭔가 이게 아닌데' 하는 생각, 혹은 '난 잘못 없어'라는 생각, 분위기가 갑자기 조용해진 것에 대한 걱정, 왠지 모를 우물쭈물함 등등 통통이의 복잡한 마음이 조금씩 느껴진다. 가만히 살펴보니 살짝 슬퍼 보이고 우울해 보이기도 한다. 자신감 없고 외롭고 스스로를 못난 아이라고 생각하는 그런 눈빛, '내가 그렇지 뭐……' 하는 자신에 대한 실망감이 느껴진다. 교사가 잠시 생각의 회전을 멈추고 통통이를 바라볼 때 '안쓰럽다'는 생각이 들자 통통이의 두 가지 장점이 보이기 시작했다.

첫 번째는 성실함이다. 토씨 하나 빼놓지 않고 교사의 말을 다 적는 것(효율성은 둘째 치고 진지해진 수업 태도가 칭찬할 점)이다. 두 번째는 믿음직스러움이다. 부모가 시킨다고 다 하는 아이는 없다. 시켜도 안 하는 아이들이 대부분이다. 시킨다고 다 하면 아이들은 모두 학교생활에 만족감이 높을 것이다. 아이는 분명 엄마가 시킨 대로 했다. 이지점까지 생각이 미치자 교사는 확신을 갖고 그 사실을 말해 주기로 했다. 꼬여 버린 대화를 풀기 위해서는 이런 객관적인 사실들이 좋은 역할을 한다.

"우리 통통이가 어머님께서 시키는 것을 했네요.(수용) 많은 아이들이 시키는 것을 안 해서 혼나는 경우도 있잖아요.(확인) 선생님은 어머님이 통통이에게 시킨 일을 성실하게 하는 모습을 칭찬하고 싶어요.(자기 개방)"

갑분싸 분위기 가운데 숨죽이며 교사와 통통이의 대화를 지켜보던 아이들 사이에서 짧은 감탄사가 나왔다.

"아······!"

교사가 잔잔히 전하는, 사실에 근거한 칭찬의 말에 과하지 않은 호응의 말들이 나온다. "맞아, 시킨다고 다 하진 않지. 그래서 혼나지."라고 한 아이가 중얼거리듯 말하자 교실은 순간 한바탕 웃음바다가 되었다.

통통이의 시선은 어느덧 바닥을 향해 있다. 칭찬을 거부할 수는 없지만 온전히 자신의 것으로 받아들이기는 어색하기 때문이다. 생각해 보면 이 말 역시 앞서 했던 교사의 칭찬과 크게 다르지 않지만 이번에는 튕겨 내지 않았다. 그게 몇 분 만에 달라진 점이다.

교사는 다시 통통이의 눈을 바라보며 이야기한다.

"선생님 눈을 마주쳐 줄 수 있어요?"(제안)

"네."

"선생님은 성실한 통통이를 많이 칭찬해 주고 싶어요. 선생님도 더 열심히 할게요."(자기 개방)

이제야 통통이의 눈빛이 편안해졌다. 통통이의 눈은 많은 것을 말하고 있었다.

"네, 선생님. 감사합니다. 저도 열심히 할게요."

이 말을 듣는 순간 교사의 '학생에게 거부당해 생긴 민망함과 상처'는 어느덧 '아이에 대한 믿음'으로 변했다.

보름이 지난 후 교사는 다시 통통이를 자세히 살펴보았다. 그 이후 아이는 더 자연스럽고 편안하게 칭찬을 받았다. 친구 관계도 한층 부드러워진 듯하다. 수업이나 학급운영 중 이런 순간순간의 대처는 아이를 따로 붙잡아 두고 하는 상담보다 더 자연스럽고 효과적이다. 이제 칭찬을 칭찬으로 받아들이는 통통이 덕분에 교사 역시 힘을 얻고 성장했다. 이런 것이 참만남이고 동반 성장이다.

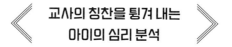
학교에서 교사는 많은 것을 결정한다. 특히 초등학교 교실에서 교사는 최후의 의사 결정자로서 솔로몬의 지혜를 발휘해야 할 때가 많다. 앞선 사례의 상황은 아이가 교사에게 보여 줄 수 있는 거의 마지막을 보여 준 상황이다. 물론 예의 없어 보이고, 맥락에 따라서는 교사를 무시하나 싶은 생각도 들게 하지만 어쩌면 이 아이는 거기까지 생각하지 않았을 수도 있다. 이럴 때 교사 스스로가 자신의 당황스러운 감정을 수용하고 아이가 어떤지 살펴보아야 아이의 감정과 자아가 보이기 시작한다. 교사의 머릿속에 연쇄적으로 드는 부정적인 생각의 회전문을 잠시 멈출 수 있다면 아이의 속마음을 볼 준비가 된 것이다.

　사실 이렇게 반응하면 안 된다는 것쯤은 저학년 아이도 알고 있다. 그럼에도 불구하고 칭찬을 튕기고 거부하는 말이 툭 튀어나온 이유는 무엇일까? 교사에 대한 반발일 수도 있지만, 만약 그렇지 않다면 본인의 인식이나 의지와 상관없는 심리적 작용으로 튀어나온 말이라고 볼 수 있다. 즉, 아이가 자신의 자아 경계(틀)와 마주했을 때 부딪혀 나올 수 있는 반응인 것이다. 아이 스스로가 자신이 칭찬받을 만큼 대단하지 않다고 생각하면 무심코 이런 반응을 보일 수 있다. 아니면 교사나 보호자(주양육자)에게 칭찬을 들어 본 경험이 많지 않은 경우 칭찬이 몸에 맞지 않는 옷처럼 어색해 나온 반응일 수도 있다. 이런 아이들은 자신을 엄격하게 바라보고 그 기준에 못 미칠 경우 스스로를 꾸짖는다. 너무 엄격한 양육이나 교육을 받은 경우에도 칭찬을 거부하는 모습을 보인다.

이럴 때에는 아이 스스로가 세운 칭찬의 기준을 수용하되, 지금 이 모습도 그 기준 안에 들어가는 작은 행동들이라는 것을 인식하도록 하나하나 칭찬해 준다. 이런 아이들 대부분이 큰 결과물만 칭찬의 대상이 된다고 여기기 때문에 자신이 한 일들은 칭찬받을 일이 아니라고 생각한다. 혹시 교사와 대결하기 위해 칭찬을 거부하는 태도를 보이더라도 절대 그 구도에 휘말려서는 안 된다. 이런 아이에게는 즉답하지 않고 수업이 끝난 후 어떤 일이지 물어보는 게 좋다. 교사에 맞서 정말 대결하고 싶은 것인지, 아니면 말실수였는지 살펴보는 과정을 통해서 대결 구도를 흘려버리고 교사가 주도하여 지도하는 것이 효과적이다.

개학 첫날부터 눈에 띄는 아이가 있다. 아슬아슬 긴 장대를 든 채 외
줄타기라도 하듯, 선을 넘을 것 같은데 선을 넘지는 않는 쑥쑥이다.
3월을 잘 버티고 4월까지 그럭저럭 학교생활을 잘 이어 갔다. 5월이
되자 한계가 왔는지 쑥쑥이는 자기 비하가 심해졌다.

"쑥쑥이가 수업 시간에 선생님을 잘 보는구나?"(지지)

"선생님 본 거 아닌데요?"

"숙제를 열심히 해 왔구나?"(지지)

"대충 한 건데요?"

과거에는 교사의 칭찬에 아이들이 감동하는 분위기였다면 요즘
은 칭찬을 해도 고마워 하긴커녕 반박하며 튕기는 아이들이 종종 있

다. 이럴 때 교사는 무척 당황스럽다. 아이가 이런 모습을 보이는 데는 여러 가지 요인이 있겠지만, 결국 본인의 감정을 깊이 공감받아 본 경험이 적거나, 자신과 타인, 환경에 대한 불신이 많을 때 자신의 마음을 보호하기 위한 방편으로 쓰는 것이기도 하다. 쑥쑥이는 의욕이 넘치고 열심히 하려는 의지도 강한데 기대만큼 결과가 잘 안 나온다. 그런 지점들이 쑥쑥이를 뾰족하게 만든 것이다. 칭찬이라고 받아들였다가 많은 일을 더 열심히 잘해야 하는 부담스러운 의무만 생길 수 있으니 말이다. 이럴 때 아이와 더 이야기하다가는 왠지 대화가 씁쓸하게 끝날 것 같다는 직감이 든다면 이제 그 이야기는 접어야 한다. 그래야 다음 대화가 가능하다.

어느 날 쑥쑥이의 글쓰기 속에 수업 내용이 등장했다. 교사가 보여 준 내용을 잘 정리하여 썼다.

'학교에서 자신을 믿는 것에 대한 동영상을 봤다. 동영상에서 어떤 여자가 농구 골대에 공을 한 번도 못 넣었다. 그런데 동영상에서 진행자가 안대로 여자의 눈을 가리고 사람들을 불러서 지켜보게 했다. 여자가 계속 공을 던졌지만 한 번도 골대에 안 들어갔다. 하지만 관객들은 실패해도 계속 박수를 쳤다. 이번엔 안대를 벗고 공을 던졌다. 나는 100% 안 들어갈 줄 알았다. 하지만 여자가 골을 넣자 신기하고 놀랐다. 그러고 보니까 나도 자신 있게 무엇을 하면 대부분 다 잘된 것 같다. 예를 들면 무엇을 발표할 때 자신 있게 하면 발음을 잘할 수 있고 목소리도 커진다. 자신감은 누구한테나 있지만 그

것을 사용하지 않으면 그냥 사라진다.'

교사는 이 주제로 쑥쑥이와 대화를 시도했다.

"와, 쑥쑥이 그 동영상 내용을 잘 정리했네? 그 동영상 어땠어?"(자기
개방, 질문)

"네, 사실 저는 그 영상의 여자분이 골을 못 넣을 줄 알았거든요. 저도
자신감을 가져야겠다고 생각했어요."

"아, 영상 속에서 자신감을 떠올렸구나?"(재진술)

"네."

"지금 어떤 면에서 자신감이 좀 생긴 것 같아?"(탐색적 질문)

"일단 발표하려고 손들 때 고민하지 않고 손을 들어요."

"그래, 맞아. 요즘 발표하려고 자주 손 들어서 선생님도 반갑더라. 또
다른 부분은 어떤 것이 있어?"(탐색적 질문)

"한자 경시대회 공부가 재미있어진 거 같아요. 일단 무조건 외우고 보
려고요."

"아, 틀린 것만 계속 외우기 말하는 거구나?"

"네네, 맞아요. 점점 하나씩 맞추다 보니 재미있더라고요."

"그런데 지금 한자 학습지로 시험 연습을 계속하니까 어때? 힘들지 않
아?"(확인)

"힘들어요."

"힘든데도 표정은 엄청 진지한데?"(반영)

"계속 같은 문제를 풀고 틀린 것만 다시 보니 외우기가 돼서 신이

나요."

"힘들지만 신난다?! 힘들지만 신날 때, 실력이 올라가나 보다."

"하핫, 그런가요?"

동기부여용 영상을 주제로 가볍게 아이와 대화를 나누었는데, 칭찬받을 때의 뾰족함은 사라지고 스스로 뭔가 열심히 하고 있다고 말한다. 특히 아이가 경시대회 대비 같은 내용의 쪽지 시험을 여러 번 거치면서 스스로 외워 실력이 느는 것을 직접 경험하니 '학습 동기'가 생기고 그에 따른 자신감도 점차 커지고 있다.

문제 행동을 수정하는 상담을 진지하게 하는 것이 잘 맞는 경우도 있지만 때로는 이렇게 실천적인 전략이 더 큰 힘을 발휘할 때가 있다. 한자 경시대회 시험을 보기 전까지 활성화된 학습 동기를 확실하게 확장하고 이것을 공고히 해야 한다. 그래야 시험을 못 보더라도 쑥쑥이가 칭찬을 튕겨 내지 않을 것이기 때문이다.

그러기 위해서는 일단 사소한 장면에서 격려한다. 그 과정을 통해 칭찬이 주는 거북함, 어색함을 줄이고 실패할 수도 있는 것을 예상하며 그것에 견디는 연습을 한다. 학습에 몰입하였을 때 얻는 희열감을 인식하고 나누는 것이 중요하다. 또한 시험에 실패하더라도 손해가 아니라는 것을 아는 것이 중요하다. 결국 아이가 스스로 자신을 수용하고 인정할 수 있는 기반을 닦는 것이 목표이며 이는 아이의 시간 속에서 형성된다. 즉 잘하고 싶은 마음을 발견하고 그것에 최적화된 방법으로 오롯이 자신의 시간을 쓰는 것이 중요하다.

자신이 잘한 것을 인정하지 않는 학생

이유가 어찌되었든 교사의 시각에서는 이런 학생을 보면 처음엔 안타깝고 답답하며 짜증스럽다가 나중에는 무시당하는 기분까지 들어 화가 폭발하는 경우도 심심치 않게 있다. 그러나 이런 패턴을 가진 아이들의 진짜 속마음은 대부분 교사에 대한 무시가 아니다. 같은 행동으로 표현하더라도 중학생과 초등학생, 아이들마다의 속마음은 다르다. 따라서 아이들의 이런 행동은 종합적으로 분석하고 대처해야 한다. 그럼 어떻게 하는 것이 좋을까?

① 아이의 속마음 이해하기

초등학생의 겉모습은 어떤지 몰라도 깊이 숨은 속마음은 모두 하나이다. 바로 자신이 '잘하고자 하는 욕구'이다. 문제는 잘하고자 하는 욕구만큼 결과가 따라 주지 못해서 내적 갈등이 밖으로 거칠게 표출되는 것이다. 즉 잘하고자 하는 욕구만큼의 결과가 나오도록 행동을 잘 조절하고 개선하면 의외로 잘 풀릴 수 있다.

② 튕길 때는 억지로 칭찬하지 않기

칭찬은 받는 사람이 인정할 때 의미가 있다. 또 그 사람이 원할 때 해주어야 칭찬이 된다. 사실 칭찬과 격려뿐만 아니라, 걱정, 기대, 사랑, 유대감 등도 마찬가지이다. 상대는 내가 걱정해 주기를 바라지도 않는데 걱정을 해 봐야, 상대에게는 부담이 되고 걱정하는 사람에게는 서운함만 남는다. 그럴 때는 잠시 멈추고 그냥 두어도 된다. 아이는 아직 칭찬받을 준비가 되지 않았을 뿐이다.

③ '잘한 결과' 만들기

칭찬을 튕기는 아이는 칭찬을 받아 본 경험이 별로 없기 때문에 그것을 어색해 한다. 따라서 아주 사소하게나마 성취감을 얻을 수 있는 무엇에 도전하도록 촉진하는 것이 필요하다. 앞의 쑥쑥이 사례에서는 그것이 한자 경시대회를 준비하는 것이었다. 결국 학습지를 짧게 반복해서 풀어 보면서 자신이 노력한 만큼 조금씩 더 점수가 높아지는 것을 경험해 보니 성취감을 맛보게 되고 이를 통해 공부해 보고 싶다는 동기가 생겼다. 잘한 결과는 작은 것일수록 그리고 자주 경험할수록 아이에게 도움이 된다.

평소와 달라서 무슨 이유가
있을 거라 생각했어

사랑이는 수업에 참 열심히 참여하는 학생이다. 그런데 다른 아이들 말로는 작년까지만 해도 수업 태도가 안 좋아서 담임교사에게 지적을 많이 받았다고 한다. 교사가 계속 사랑이의 수업 태도를 칭찬하니 한 학생이 일러바치듯 말한다.

"사랑이 작년까지 수업 태도 엄청 안 좋았어요!"

장난처럼 한 말일 수도 있지만 이런 말은 일종의 낙인과 같은 위험한 말이다. 이때 교사가 그런 말을 하면 된다 안 된다 식으로 지도하는 것보다, 이 상황을 학생이 모델링할 수 있는 기회로 삼아 대화를 이끌어 나가는 것이 좋다.

"아, 그랬군요?(수용) 그럼 사랑이는 올해 작년과 달라진 점이 하나 추가되었네요?(확인) 작년에는 어땠는지 선생님이 본 적은 없지만, 올해

는 분명 최선을 다하는 게 느껴져요."(자기 개방)

약간 긴장했던 사랑이는 교사의 말에 안도감을 느끼는 듯했다. 그리고 마치 교사의 믿음에 부응하려는 것처럼 더 의젓한 모습을 보인다.

교사가 수학 시간 각도에 대해 설명할 때였다.

"교실을 둘러보세요. 우리 교실에서 찾을 수 있는 각은 무엇인가요?"

"직각이요."

교사는 다양한 각의 크기를 설명한 후 다시 교실 속에서 발견할 수 있는 각을 찾자고 했다.

"달력 받침대 각이 직각이랑 달라요."

"화분이 선반에서 보면 직각이랑 달라요."

"여기요, 저기요!"

학생들이 의욕적으로 발표를 한다. 그러던 중 사랑이가 당찬 모습으로 손을 들고 발표한다.

"칠판의 윗부분과 아랫부분이 서로 직각인 거 같아요!"

사랑이는 유독 큰 소리로 당당하게 말한다. 그런데 의욕에 비해 발표 내용이 어딘가 이상하다는 것을 사랑이 자신도 반 아이들도 느끼는 듯했다.

"아, 그렇게 봤구나? 이것은 두 선분이 맞닿아 있는 경우가 아니라서 '각'이라고 하지 않고, '평행'이라고 해."

교사의 설명을 들은 사랑이에게 동공 지진이 일어난다. 유난히 하얀 얼굴에 눈 주위만 붉게 변했다. 사랑이가 자신의 틀린 것에 대해 스스로 실망하고 있는 것 같아 교사는 괜찮은지 물어보았다.

"괜찮아요?"(확인)

"네, 뭘요!!"

사랑이의 말투가 갑자기 공격적으로 변했다. 단 1초 만에 전혀 다른 아이가 되었다. 무엇인가에 화가 났는데, 자신이 화난 것 자체를 인식하지 못하고 있다.

"화난 거 같은데. 괜찮아?"(탐색적 질문, 확인)

"저 화 안 났어요!"

사랑이는 오히려 교사에게 따지듯이 화를 낸다. 어떻게 보면 예의 없는 행동을 하고 있는 것이다. 그런데 가만히 살펴보면 자신에게 난 화가 주체가 안 되어 주변인에게 생채기를 내는 것이지, 교사에 대한 의도적인 공격은 아니다. 더구나 다른 아이들이 지켜보고 있는 상황이라 더 그랬을 것이다. 화 감정은 본디 화나는 대상에 모든 초점이 맞춰진다. 보통은 상대에게 화나는 경우가 많은데, 이번 상황은 사랑이 자신에 대한 화이기 때문에 주변의 다른 것이 보이지 않는다. 그리고 지금 자신이 무슨 말을 하고 있는지 그게 어떤 의미인지 알지 못하는 상태이다. 화 감정은 그렇게 시야를 좁아지게 만든다. 교실에서 이런 상황을 맞닥뜨리면 일단 하던 수업을 계속 진행하는 것이 좋다. 그러는 사이 화의 열기도 식힐 수 있다. 교사는 아무 일 없다는 듯 남은 10분 동안 수업을 계속 진행했다.

교사가 수업을 마무리하며 살짝 보니 사랑이는 아직도 자신의 연필을 꼭 쥔 상태로 안절부절못하고 있다. 아직 자신은 화도 안 풀리고 뭔가 창피한데 아무도 신경을 안 쓰니 괜히 머쓱할 수도 있다. 쉬는 시간에 교사가 사랑이를 불렀다.

"아까 화가 많이 난 것 같던데, 어떤 마음이었는지 들어 볼 수 있을까요?"(반영, 탐색적 질문)

"(퉁명스럽게)화 안 났어요!"

"그래? 그럼 어떤 마음인 거야?(확인) 선생님께 예의 없는 행동을 하지 않는 사랑이가 평소와는 달라서 무슨 이유가 있을 거라고 생각했어요."(자기 개방)

"잘 모르겠어요."

자신의 마음을 잘 모르겠다는 사랑이는 어쩌면 가장 솔직한 답을 한 것이다. 잘 모르겠는 이유는 화도 나고 창피하기도 하고 자책감도 드는데, 더 잘하고 싶은 욕구와 현재 자신의 모습이 불일치되는 것에 대한 아픔이 화로 표현되었기 때문이다. 이럴 때는 감정을 분석해 보는 것이 효과적이다. 교사는 감정조절카드를 꺼냈다.

"자, 여기서 지금 사랑이의 마음과 비슷한 것을 3장 뽑아 볼래요?"(탐색적 질문)

"(휙 보더니) 없어요."

"없어요?"

"네! 없어요."

"그럼 눈에 띄는 카드를 뽑아 줄 수 있어요?"(제안)

　자신의 마음과 비슷한 것을 뽑아 달라고 했는데 대충 보고 없다고 말하는 것은 지금 사랑이의 마음 상태가 카드의 내용을 볼 상태가 아니라는 뜻이다. 즉 마음을 읽지 못하는 상태인 것이다. 게슈탈트 심리치료에서 말하는 '접촉경계혼란'으로, 자신의 마음이 제대로 접수되지 못하는 상태이다. 이럴 때 눈에 띄는 카드, 마음에 드는 카드, 잠시 멈춰지는 카드를 고르라고 하면서 현재 앞에 놓여 있는 카드에 집중할 수 있도록 촉진하면 효과적이다.

　[후회하다, 실망스럽다, 안타깝다.]

　사랑이가 이 세 가지 카드를 골라 교사에게 건네 주는 사이 표정이 조금 달라졌다.

"후회하다, 실망스럽다, 안타깝다. 이 세 가지 마음과 비슷하구나?"(확인)

"네, 맞아요."

"그런데 이거 세 가지 고르고 나니 마음이 어때?"(탐색적 질문)

"왜 그런지 모르겠는데 기분이 좋아졌어요."

　아이가 자신의 감정이 어떤 것인지 스스로 알아차리는 것만으로도 '감정 해소'가 되었을 수도 있고, 민망하고 창피한 상황을 교사와 함께 갈무리해서 기분이 좋아진 것일 수도 있다. 어쩌면 교사가 통명스럽게 화내듯 말한 자신을 꾸짖지 않고 자신의 마음을 알아 주어 편해지기도 했을 것이다.

"아까, 제가 예의 없게 화낸 거 같아요. 죄송해요."

사랑이는 표정이 조금 편해지나 싶더니 이제 고개를 숙이며 교사에게 사과를 한다.

"응, 아까 선생님도 조금 당황하긴 했는데 사랑이가 평소에 그런 친구가 아니니 나중에 되돌아오겠지 싶어서 기다렸어. 그런 생각을 하니 선생님의 당황스러운 마음은 사라졌어. 그래도 이렇게 잊지 않고 사과해 주어서 고마워."(공감, 지지, 자기 개방)

감정이 균형을 이루기 시작하자 사랑이는 자신의 잘못을 떠올리고 교사에게 사과했다. 자신이 실수한 것을 인정하고 사과하는 모습이 대견하다. 사실 민망한 상황이라 그냥 넘기고 싶은 마음도 있었을 텐데 자신의 실수를 인정하고 사과하는 사랑이의 대견한 행동에 교사는 고맙다는 말로 격려하며 대화를 마무리했다.

새 학년이 되면서 전보다 나아지고자 뭔가 열심히 하려는 학생을 지도할 때에는 고려할 점이 있다.

첫째, 학생이 열심히 노력한 결과가 기대에 못 미칠 확률이 높다는 점이다. 학교에서 보이는 좋은 결과는 대부분 좋은 습관이나 태도가 오랫동안 지속되어 나타나는 시간과 노력의 결실이다. 따라서 짧은 시간 안에 그러한 결과를 낼 성공 확률은 떨어질 수밖에 없다. 둘째, 좋은 태도를 유지하는 경험이 부족하다는 점이다. 성공 경험이 부족한 학생은 불확실한 미래를 낙관적으로 예상하는 것을 힘들어 한다. 또한 작은 자극에도 금방 낙담하거나 실망하여 포기하는 경우가 있다.

앞선 사례처럼 오히려 학생이 교사에게 화나 짜증을 내는 것이 낫다. 아이에게 내적 에너지가 있다는 뜻이므로, 이 에너지를 아이에게 도움이 되는 방향으로 돌려 주면 된다. 이때 아이에게 필요한 것은 인내력이다. 스스로에게 화낸다는 것은 참고 버티는 일이 어렵다는 뜻이다. 그리고 이때 내는 화는 자신에 대한 실망의 의미가 더 크다. 따라서 아이를 제압하려 하기보다는 아이의 화가 가리키는 진심을 잠시 살펴봐야 한다. 이럴 때 교사는 한 박자 잠시 쉬고 아이의 화나 짜증이 지나간 다음에 대화를 나누는 것이 좋다.

1학기까지는 모두에게 퉁명스럽기만 했던 아이가 2학기가 되니 의욕적이고 자기주도적인 학습 태도를 보이기 시작했다. 집에서 항상 뭐든 잘하는 언니에게 기가 눌려 무기력하고 짜증이 많던 새맘이었다. 그랬던 새맘이가 2학기가 되니 눈빛이 달라진 것이다. 그런데 최근 사춘기에 접어든 링링이와 자주 다니더니 1학기 때의 퉁명스럽던 아이로 다시 돌아가는 모습을 보인다. 링링이는 1학기 때 꽤 순하고 착실했던 아이다. 요즘 사춘기를 맞은 두 아이는 함께 시간을 나누며 마음이 붕 뜬 것 같은 모습을 보인다. 문제는 이 둘이 함께 어울리면서 새맘이가 다시 퉁명스러워지고 냉소적인 태도까지 보이기 시작했다는 것이다. 교사는 이미 이런 모습들을 포착하고 어떻게 개입해야 할지 고민하던 중이었다. 그리고 아무도 없는 시간에 새맘이를 잠시 불렀다.

"새맘이, 잠시 선생님과 이야기 나눌 시간 돼요?"(확인)

"네."

약간은 긴장한 눈빛이다. 아마 본인 스스로도 느꼈을 것이다.

"선생님이 물어보고 싶은 것이 있어서요. 물어봐도 돼요?"(제안)

"네."

"새맘이가 2학기 들어서 적극적이고 즐겁게 학교생활 해서 선생님도 무척 기뻤는데, 요즘에는 무슨 (힘든) 일이 있나 궁금했어요."(지지, 자기 개방)

"저…… 그게……"

새맘이가 뭔가를 말할까 말까 고민한다.

"말하기 싫으면 말하지 않아도 되는데, 선생님은 새맘이가 계속 학교 생활에 만족하길 바라서 물어본 거예요."(자기 개방)

"네, 저도 좀…… 제가 생각해도 제가 이상해진 거 같아요."

"지금이 더 만족스러운가요? 아님 2학기 초가 더 만족스러운가 요?"(확인)

"2학기 초가 더 좋았어요."

"그럼 선생님이랑 같이 2학기 초 만족스러웠던 모습을 찾아볼까 요?"(탐색적 질문)

"네. 근데…… 잘 모르겠어요. 어떻게 해야 할지. 뭐라 말로 설명이 좀 어려워요."

새맘이는 스스로도 자신의 생활을 불만족스러워 하고 있다. 그 이유가 무엇인지, 어떻게 해야 할지 모를 뿐이다.

"그럼 첫 번째, 2학기 초랑 지금 가장 많이 바뀐 건 무엇이죠?"(탐색적 질문)

"제가 친한 친구들의 성격을 닮아 가는 편인데…… 친구가 바뀌었어요. 친한 친구가 링링이로 바뀐 거?"

스스로 친하게 어울리는 친구가 바뀌었기 때문이라고 말한다. 이미 새맘이는 답을 알고 있다는 뜻이다.

"그렇죠. 선생님도 새맘이가 친한 친구가 바뀐 것 말고는 달라진 것을 못 느꼈어요. 근데 링링이랑 노는 것이 어떻길래 생활도 바뀐 거예요?"(지지, 탐색적 질문)

"링링이가 소망이하고 당돌이를 좀 싫어하기도 하고, 자꾸 짜증이 난다고 말해서 저도……."

새맘이 고민의 핵심은 바로 자신의 마음이 친구의 마음과 똑같아야 한다는 부담감이었다. 그 시기 사춘기 학생들에게서 흔하게 나타나는 현상이다. 친한 친구의 감정을 내 감정이라 착각하고 내 감정도 친구랑 같아야 한다고 여겨서 자신의 진짜 감정을 누르는 것이다. 하지만 사실 타인의 감정과 내 감정이 정확하게 일치할 수는 없다. 가끔씩 그 감정들이 일치하는 순간 반가울 뿐이지 잠시 감정이 일치했다고 해서 영원히 지속될 수도 없고, 또 그래서도 안 된다. 그런 순간의 감정 일치는 지속력이 짧은데, 겉으로는 마치 계속 그 사람과 감정이 일치하며 그 사람 편인 것처럼 말하려 한다는 것이 문제이다. 때로는 그런 식으로 친구를 위로하는 것이 사회적 기술로서 필요할 때도 있다. 하지만 이런 일이 반복되고 지속되면 그 관계는 함께 성장하는 관계가 아닌, 파괴적이고 불협화음의 관계가 될 수도 있다.

지금 새맘이는 친구 링링이의 감정 때문에 본인의 감정 소비가 심한 상태이다. 이런 관계는 건강하지도 않고 오래 가지 못한다. 누구 하나는 계속 감정의 찌꺼기 때문에 힘들어 하며 희생해야 한다. 그래야 유지가 되는 조건적인 관계이다. 이럴 때는 아이에게 건강한 관계 맺기를 제안해 주어야 한다.

"새맘이가 링링이랑 많이 친하군요?"(수용)

"네, 자주 노니 더 친한 거 같아요."

"그런데 링링이가 자꾸 짜증을 내고 뒷담화하니 새맘이도 따라 하게 되나 봐요?"(반영)

"네, 저도 그래야 할 것 같고. 그게 친구잖아요."

"응, 친구가 같은 편 되어 주면 좋지요. 그런데 링링이의 얼굴과 새맘이 얼굴 생김새가 어때요? 똑같아요?"(설명)

"다르죠."

"그렇죠. 다르죠. 얼굴이 다르듯 성격도 다르고 마음도 다를 수 있어요. 지금 새맘이가 뭔가 불만족스러운 것은 링링이와 마음이 똑같아

야 한다는 의무감 때문인 거 같아요. 선생님은 그렇게 생각하는데 어떤가요?"(설명)

"아……"

새맘이의 얼굴은 알듯 모를 듯한 표정이다. 교사는 좀 더 자세히 설명해 준다.

"친한 친구의 마음을 함께 나누는 것은 좋아요. 그리고 하나 더 선생님 의견이 있는데 들어 볼래요? 이야기하자면 내 마음, 내 감정이 꼭 친구와 같아야만 하는 것은 아니거든요. 링링이의 관점과 성격에서는 화가 나고 짜증나는 것 같은 일이 새맘이의 관점이나 성격에서는 다를 수 있어요. 그러니 링링이가 화를 낸다고 해서 새맘이가 꼭 같이 화내야 하는 건 아니에요. 링링이가 화났구나 하는 것을 바라봐 주고 위로해 주는 정도로도 충분해요. 얼굴이 다르듯, 감정도 다를 수밖에 없어요."(설명, 제안)

"(끄덕끄덕)네……."

"선생님은 새맘이가 새맘이 감정의 주인이 된 상태에서 링링이의 마음을 위로해 주고 편을 들어 주는 것이 정말 건강한 친구 관계라고 생각해요."(설명)

"그럼 같이 욕하지 않아도 되는 건가요?"

"같이 욕하는 것이 우정의 기준은 아닌 것 같아요. 새맘이가 마음 편하게 나누는 것이 더 오래 가는 우정인 듯해요."(설명)

"같이 욕하지 않으면 안 되는 줄 알았어요. 욕하고 나니 자꾸 뭐

랄까……."

　친한 친구의 편은 들어 주어야겠는데 마음은 불편한 이런 상황에서 아이들의 감정은 복잡하게 뒤엉킨다. 새맘이가 다시 퉁명스럽던 시절로 퇴행하지 않았으면 하는 교사의 간절한 마음이 전달되었다면 그것으로 충분하다. 이야기의 핵심은 친구와 꼭 감정을 통일할 필요가 없다는 것인데 그것은 전달되었다. 사춘기는 심리적 독립의 시기다. 부모로부터 독립하고, 그 빈자리를 친구로 메우려고 하는 것이 당연하다. 그러나 진정한 독립을 하기 위해서는 자신의 감정과 친구의 감정을 구별하고 자신의 감정에 더 솔직해지려는 노력이 필요하다. 그래야 건강한 사춘기를 보낼 수 있다.

　"사람은 서로의 공통점 때문에 친해지고 차이점 때문에 성장한다." -Satir-

심리적 독립의 불안함을 겪는 사춘기 아이들 지도법

2차 성징이 나타나는 사춘기에 접어든 아이들의 미묘한 갈등과 균열은 어떤 또래 모임보다 더 여유롭고 세심하게 관찰하고 대화를 해야 한다. 사실 많은 아이들은 어떤 것이 정답이고 문제 해결에 도움이 되는지 이미 잘 알고 있다. 다만 그 행동을 할 용기가 없을 뿐이다. 사춘기 증상으로 들떠 있거나 자신의 생각대로 행동하지 못하면 불안은 점점 커지는데, 이때 아이들은 더 거칠게 화내는 방식으로 행동하며 잠시나마 불안을 잊곤 한다. 이러한 행동은 영락없이 사춘기의 반항적인 모습이다.

이때 교사가 아이의 행동을 평가하는 데 집중하면 아이와 대화를 나누는 것이 아니라 말싸움이 될 수도 있다. 교사들이 중요하게 생각하는 예의와 태도에 있어서 아이의 모습은 그 기준점 아래에 있기 때문이다. 따라서 이런 아이를 지도할 때에는 우선 교사 자신의 마음을 먼저 마주해야 한다. 그 전에 섣불리 아이와 대화를 시도하면 지도의 탈을 쓴 잔소리를 쏟아 낼 가능성이 커진다. 이때 교사보다는 상담자 마인드로 접근할 필요가 있다.

사실 교사로서 분명한 가이드라인을 제시하고 그에 맞게 지도하는 게 더 필요할 때도 있지만, 앞선 새맘이의 사례는 새맘이가 1학기 때의 모습으로 돌아갈 가능성이 크기 때문에 좀 더 상담적인 접근이 필요한 상황이다. 만약 교사가 지도나 훈계로 접근한다면 사춘기 친구의 감정에 휘말려 있는 새맘이가 교사의 말을 더 냉소적으로 받아들일 수 있고, 그렇게 되면 교사는 다시 자신의 지위를 이용하여 아이들의 표면적인 문제를 가지고 더 거칠게 해결하려 들 수도 있다. 결국 학생과 더 갈등이 깊어지며 교사는 감정 소진이 될 수 있다. 그러므로 학생이 가진 심리적 불안함의 본질을 보고 먼저 교사의 마음속에서 '아이의 상태를 있는 그대로 이해할 수 있다'는 확신이 들 때 대화를 시도해야 하는 것이다.

한 발짝 뒤에서 바라보는 느낌으로 이야기를 듣고 수용하면서 교사의 생각을 제안하면 아이는 스스로 변화하려고 노력하고 교사의 가르침에 진심으로 마음을 동화시키려고 할 것이다.

교사와 밥친구를 하던 튼실이가 맥락 없이 툭 던지듯 말한다.

"선생님, 저는 장점이 없어요."

아이가 이렇게 툭 던지듯 말하는 이유가 뭘까? 어쩌면 튼실이는 마음속으로 자신의 장점을 교사가 찾아 주기를 바라는 것일 수도 있다. 혹은 뭔지 모르지만 자신을 지지해 달라는 신호일 수도 있다. 마침 수업 시간에 교사에게 칭찬도 받고 자신의 장점이 무엇인지도 알았지만, 교사의 실제 목소리로 그 장점을 직접 확인받고 싶은 마음도 있었을 것이다. 교사는 생각이 여기까지 미치자 어떻게 할지 고민이 되기 시작했다. 교사가 튼실이의 속마음을 보고 바로 "아니야, 넌 이런 장점이 있어!"라고 말해 줄 수도 있다. 그런데 보다 궁극적으로 통찰을 이끌어 내려면 아이에게 이렇게 말해 주는 게 효과적이다.

"장점이 없다고 생각하는구나?(반영) 어떻게 그런 생각을 하게 되었어?"(탐색적 질문)

스스로 장점이 없다는 생각을 왜 하게 되었는지부터 정리해야 장점을 더 잘 찾을 수 있고, 그 장점을 아이 자신의 것으로 내면화할 수 있다.

"잘하는 것이 없는 것 같아서요."

"그런 생각이 드는구나?(수용) 그럼 혹시 잘하고 싶은 것은 무엇이니?"(탐색적 질문)

아이가 갯벌의 낙지처럼 자신만의 굴속으로 숨어 버리려고 할 때는 일단 이야기를 듣고 수용하며 반영하는 전략이 효과적이다. 더 숨지 않아도 된다는 심리적 안정감을 주기 때문이다. 이럴 때 가장 좋은 것이 바로 탐색적 질문이다. 물어봐야 아이도 생각하게 된다. 막연히 생각하는 게 아니라 본인이 그렇게 말하게 된 사건이나 배경, 그리고 의도를 스스로 모니터링 하도록 해야 한다. 탐색적 질문은 메타인지를 작동시키는 최고의 전략이다. 예를 들어 그것은 무엇인지, 구체적으로 무엇인지, 어떤 과정으로 이렇게 된 것인지 모니터링 하게 도와줘야 한다.

"저는 눈치도 없고, 수학도 잘 못해요."

"눈치가 없다고 생각하게 된 이유는 무엇이니?"(탐색적 질문)

"엄마가 저한테 눈치 없대요."

교사는 순간 웃음이 나올 뻔했다. 사실 튼실이는 눈치가 좀 없긴 하다. 어떻게 아이의 장점을 찾아 줘야 할까? 이렇게 고민이 되는 순간에는 반대로 생각해 보면서 방향을 설정할 수 있다. 긍정심리의 기본적인 기제가 되기도 한다. 교사는 튼실이에게 눈치가 빨라서 문제가 되는 상황들을 떠올리도록 했다.

"그럼 눈치가 너무 빠르면 어떻게 될 것 같니?"(예상)

"눈치 보느라 아무것도 못할 수 있어요."

"그럼 눈치가 없다는 것은 자유롭다는 뜻이 될 수 있겠네?"(설명)

"아하…… 네! 그렇네요."

이 순간 하나의 장점이 발견되었다. 바로 교사의 말을 이해하고 알아차리게 되는 장점도 있다. 그래서 교사는 웃으며 이야기한다.

"튼실이는 누구보다 자유롭고 즐겁게 생활한다는 장점이 있는 것 같은데? 그리고 지금 보니 선생님 말씀을 주의 깊게 듣고 생각하면서 이해를 잘하는 장점도 있고."(설명)

"와, 정말 그렇네요. 하하!"

이 세상의 모든 장점은 과장되거나 과몰입하면 단점이 되기도 한다. 어떤 맥락에서 발휘되는가에 따라 장점이 될 수도, 단점이 될 수도 있다. 그래서 긍정심리학의 강점 덕목에서는 사실 버릴 것이 없다. 아이들이 자신의 장점을 모른다고 말할 때 쓰는 가장 편한 방법은 자신의 약점이 장점으로 발휘될 맥락을 찾아 주는 것이다. 이대로 그냥 대화를 마치기는 아쉬울 것 같아 튼실이에게 장점 하나를 더 찾아 주었다.

"다른 학생들은 자신이 밥친구 차례인지 모르는 경우가 많은데, 튼실이는 오늘 밥친구를 기다렸구나? 튼실이가 밥친구 하려고 기다린 모습을 보며 선생님도 즐거웠어. 잊지 않고 챙기는 장점도 있어."(지지)
"와, 선생님 정말 감사합니다."

아이들의 강점, 장점 찾아 주기

아이나 보호자 모두 강점이나 장점에 대한 개념을 '다른 아이보다 두드러지게 눈에 띄는 뛰어난 능력'으로 생각하는 경우가 많다. 그러나 이는 강점과 장점을 너무 좁게 해석한 것이다. 강점과 장점은 학생의 성장을 촉진시킨다는 측면에서 다음과 같이 보다 넓은 개념으로 볼 수 있다.

① 능력 이외에 성향, 태도, 성격과 같은 심리적인 면도 강점, 장점이 될 수 있다. 능력이 장점이 되려면 무척 제한적이고 조건이 붙는다. 그러나 성격적인 모습, 태도, 습관과 같은 면을 포함하면 어떠한 모습도 강점과 장점이 될 수 있다. 모든 태도나 행동은 상대적인 면이 있기 때문이다.

② 강점, 장점은 타인보다 잘하는 것이 아니라 내 안의 여러 자원 중에서 눈에 띄는 자원이다. 타인보다 잘하는 것은 1년짜리 강점, 장점밖에 안 된다. 다른 사람보다 더 잘하는 것은 시간이 흐를수록 적어질 수밖에 없기 때문이다. 예를 들어 올해 우리 반에서 줄넘기를 제일 잘하는 아이가 내년에 줄넘기 잘하는 아이를 만나면 강점이 사라지는 것과 같은 이치이다. 따라서 강점은 타인과의 비교에서 찾는 것이 아니라 '나' 안에서의 비교를 통해 찾아야 한다.

③ 강점과 장점이 적용되는 맥락을 찾아보자. 특히 성격이나 태도, 인성의 측면에서 강점으로 작용되는 부분이 단점으로 바뀌는 맥락이 분명히 있다. 그 반대의 경우도 마찬가지이다. 학생과 대화를 통해 지도하여 심리적 성장을 이끌기 위해서는 단점으로 적용되는 맥락, 강점으로 적용되는 맥락을 찾아서 그 속에 들어가고 빠져나오는 전략을 취하는 것이 효과적이다.

④ 다른 사람이 찾은 나의 강점, 약점을 살펴보고 그것에 대해서 어떻게 생각하는지 내면화하는 작업을 해 보자. 특히 타인이 바라보는 강점과 약점은 대부분 맞다. 다만 그것이 본인의 생각이나 원하는 것과 다른 강점이나 약점이라면 불편할 수는 있다. 타인이 보는 나의 모습을 수용하는 것도 연습이 필요한데, 이는 사고가 유연하고 심리적으로 회복이 빠른 초등학교 때가 가장 효과적이고 적절하다.

지금보다 2배는
천천히 해 줄래

실과 시간에 음식 만들기를 하는데, 부산이의 어수선한 행동이 교사의 눈에 띈다. 텔레비전 요리 프로그램을 보고 따라 하는지, 간단한 음식을 하면서도 도구를 거의 던지다시피 하며 괜히 손만 바쁘다. 감자를 삶아야 하는데 조급하게 불을 끄더니만 결국 익지 않아 다시 삶고, 야채를 썰면서도 다른 친구에게 뭔가 끊임없이 이야기하느라 일의 진척이 없다. 그러다 보니 그 모둠 주변이 가장 지저분하고 정리가 안 되는데, 정리가 안 되니 도구 찾기도 힘들고 간단한 샌드위치 만드는 데도 우왕좌왕하고 있다. 무엇보다 칼과 뜨거운 물이 있어서 교사는 아이들의 안전이 가장 걱정된다. 아이에게 여러 번 천천히 하자고 '부탁'해도 아이는 짜증을 낸다. 여기서 교사가 엄하게 이야기해서 행동을 제지해야 할지, 아니면 이 상황에 대해서 잠시 이야기를 나눠야 할지 고민하다가 우선은 후자를 택했다.

'이 비효율적인 부산함은 어디서 시작되는 것일까? 학교에서 아이에게 뭔가를 급하게 하길 종용한 적이 없는데 왜 이렇게까지 조급하고 산만하게 굴까? 잘해야 한다는 것이 마음을 급하게 하는 건가?' 교사는 곰곰이 부산이의 상황을 분석해 보기 시작했다.

첫째, 장녀이다. 동생들이 있다. 부모님이나 아이 모두 집에서는 바쁠 거라 유추된다. 성실하고 꼼꼼하며 무엇이든 최선을 다하는 성격이다. 아마 동생들이 몇 살씩 어리니 집에서는 동생들에게 뭔가를 계속 챙겨 줬을 것이다.

둘째, 조급함이 부산함을 이끈다. 욕심이 많은 아이다. 무엇이든 좋은 결과를 얻고자 하는 성향이다 보니 일정 수준 이상의 결과를 기대하고 노력한다. 이 조급한 마음은 뭔가를 증명해야 한다는 압박의 결과인 것 같다. 문득 '뭘 증명하고 싶을까?' 생각하니 자신의 존재를 증명해야 하는 아이의 삶이 있는 건 아닌지 생각해 본다.

셋째, 자신이 없다. 어쩌면 지금까지 이런 패턴으로 학교생활을 했을지도 모른다. 잘하는 게 별로 없다는 걸 본인도 직감적으로 안다. 그럼에도 불구하고 자꾸 뭘 증명해 보이려 하니 자신은 없고 자신 없음을 감추기 위한 것 혹은 실패에 대한 보험으로 '부산한 행동'이 드러나는 것일 수도 있다.

넷째, 자신은 있지만 불안하다. '요리 만드는 것은 내가 집에서 해 본 것이니 잘할 수 있다.' 하지만 이내 이런 생각이 불안을 이끈다. '그런데 잘못하면 어쩌지?' 잘하는 것을 증명해야 한다는 게 부담되는 것이다. 여기까지 아이에 대한 밑그림을 그려 본 교사는 부산이에게 이야기하기 시작했다.

"부산아, 지금보다 2배는 천천히 해 줄래요?"(부탁)

"(고개도 돌리지 않으며)네, 그런데 시간이 없어요."

"부산아, 지금 속도의 2배 천천히 하면 더 먹음직스러울 것 같아."(설명)

"왜요? 지금 시간이 없는데요."

"잠깐만 멈춰 보고 선생님을 볼래?"(제안)

"……네."

"한번 주변을 보렴. 어때? 지금 바빠 보이는 아이가 있니?"(주의 환기)

"아, 아니요."

"선생님 생각에는 천천히 해도 괜찮아. 빨리 하는 것보다 정성으로 만드는 것이 요리를 평가하는 기준이거든."(설명)

"정성이요?"

"응. 이 요리를 먹을 사람을 떠올리면서 천천히 만드는 요리가 정성이 들어 있는 요리라고 생각해."(자기 개방)

"그럼 천천히 하기만 하면 되나요?"

"음, 이 요리를 누가 먹으면 좋을 것 같아?"(탐색적 질문)

"동생들 주고 싶어요."

"아, 동생들 챙겨 주고 싶구나?(재진술) 그런데 집까지 가져갈 수는 없을 것 같은데 어떻게 하면 좋을까?"(탐색적 질문)

"음, 그럼 선생님이 드세요."

"처음부터 선생님 드셨으면 좋겠다고 말한 것도 아니고 선생님한테 남는 음식 처리하라고 주는 건 아닐 텐데 네가 훅 던지듯 말하니 좀 그렇다."(자기 개방)

"……"

그런 의도가 아님을 교사도 알고 있다. 하지만 이런 상황에서는 좀 더 예의 있는 말투를 사용해야 한다. 그래서 교사는 부산이가 그런 식으로 하는 말이 상대를 불편하게 만들 수 있다는 것을 일부로 알린 것이다.

"누가 '이것 좀 맛보세요.' 라고 권하면 거절 잘 안 하는데, 말에는 마음을 담아야 될 것 같아. 선생님이 드셨으면 좋겠다고 지금 부산이 마음을 담아서 말해 줘. 그럼 긍정적으로 생각해 볼게."(자기 개방)

부산이는 잠시 생각하더니 한층 차분한 표정으로 말한다.

"선생님, 이 요리 완성되면 선생님께서 맛보셨으면 좋겠어요."

"응, 이렇게 차분히 만드는 음식에는 정성이 가득할 테니 완성되면 천천히 음미해 볼게. 말해 줘서 고마워."

약 5분간의 대화를 통해 부산이를 진정시키고 차분해지도록 했다. 그러자 부산이는 5분 전보다 훨씬 안정감 있는 모습으로 조리를 하기 시작했다. 부산스러움은 차분함으로 바뀌었고 무엇을 만들어도 맛있을 것 같은 표정으로 조리 실습에 더욱 집중하는 모습을 보인다.

학생을 이해하는 여러 가지 방법이 있다. 학교 내에서는 심리검사, 관찰, 인터뷰, 주변 사람들의 보고 등을 통해서 학생에 대한 정보를 얻을 수 있다. 보다 깊이 있게 학생을 파악하려면 가정의 환경(물리적 환경, 심리적 환경) 등을 살펴보아야 하는데 일반적으로 많이 살펴보는 것이 가족 구도와 출생 순위이다.

아들러는 가족 구도와 출생 우선순위를 개인의 생애 초기 발달에 큰 영향을 주는 변인으로 보아 이에 많은 관심을 갖고 개인의 생활 양식을 살펴보려 했다.

① 가족 구도에는 가족의 구성과 그 구성원의 역할, 생애 초기와 아동기 동안 형제자매 혹은 부모와 맺은 관계의 패턴이나 양상이 포함된다. 이때 아동이 수동적인 대상으로만 머물러 있다고 생각할 수 있지만 사실 상호작용에 의해 가족 내에서만 정해지는 특정 역할을 한다고 보는 것이 맞다.

② 출생 순위는 가족 구성원의 개별적 발달에 많은 영향을 미친다고 보는데, 흔히 첫째는 책임감이 강하고 성취지향적이며 일반적으로 행동이 바르다고 알려져 있다. 하지만 동생들이 태어나면서 외동 지위의 상실로 인한 퇴행 등을 경험한다고 보았다. 둘째나 중간

위치는 위와 아래 모두에게 치여 악착같은 면이 있다고 보는 경우가 많다. 감정적으로 불안정하거나 너무 경직되는 경우가 많으며 다른 형제가 잘할 수 없는 것을 잘하려는 경향도 있다.

아들러의 이런 출생 순위 변인은 성격에 영향을 미칠 수 있다는 것을 보여 주었지만 실제 사례에서는 출생 순위가 반드시 그 성격을 보여 주지는 않았다. 출생 순위에 대한 고정관념은 학생을 쉽게 범주화하여 이해할 수 있는 시야를 제공하기도 하지만, 그렇다고 무조건 그 틀에 학생을 끼워 해석하면 잘못된 해석을 할 가능성이 있다. 이런 출생 순위 개념은 학생을 보다 심층적으로 이해할 수 있는 가설로서 살펴보는 것이 좋다.

무엇을 해도 잘하고 책임감이 강한 착실이는 평소 화가 나도 거칠게 표현하지 않고 자신의 생각을 조곤조곤 표현한다. 그래서 친구 관계도 좋다. 그런 착실이가 갑자기 옆 친구를 비난하며 쏘아붙이고 있다.

"그거 너 안 한 거잖아!"

"(당황하며)어……?"

교사는 착실이의 날이 선 목소리에 놀랐다. 착실이의 입 모양과 표정을 보니 어딘가 불편해 보이고 짜증이 난 것 같다. 착실이는 교사가 자신을 바라보고 있다는 것을 알아차렸는지, 살짝살짝 눈이 마주친다. 교사는 쉬는 시간에 조용히 착실이를 불렀다.

"오늘 우리 착실이 무슨 일이 있었니?"(개방적 질문, 주의 환기)

"아니요."

"아까 선생님이 살짝 봤는데, 뭔가 화가 난 듯해서 궁금했어. 평소와는 조금 다른 모습이라서."(반영)

"그래서 아까 밍밍이에게 오해해서 미안하다고 했어요."

"아, 오해 풀고 사과했구나? 근데 눈물이 나고 있네?"(반영)

"왜 그런지 모르겠어요. 자꾸 짜증이 나요."

어떤 상황에서는 아이가 짜증 난다고 하는 말이 교사를 너무 쉽게 생각해서 튀어나오는 단어일 수도 있지만 '화', '짜증'과 같은 단어는 맥락과 아이의 특성을 잘 살펴보고 해석해야 한다. 예를 들어 매사 짜증을 달고 지내는 아이라면 "싫어!"의 의미겠지만 착실이 같은 아이라면 평소 행동을 고려할 때 이 짜증은 자신에 대한 짜증이다. 어린 완벽주의자처럼 뭔가 다 잘해야 하는 상황인데, 그게 안 되니 스스로에게 짜증 내는 경우가 있다. 사실 이건 완벽주의라기보다는 강박에 가깝다.

"어떤 짜증이 났어? 말해 줄 수 있어요?"(탐색적 질문)

교사는 탐색에 들어가면서 높임말을 쓴다. 불편한 감정 상태에서 탐색할 때는 높임말을 쓰는 것이 효과적이다. 이것은 아이를 존중하고 있다는 신호이다. 또한 아이가 존중받고 있다고 느끼는 상태여야 교사가 아이의 내면을 안전하게 탐색할 수 있기 때문이다.

"모르겠어요. 그냥…… 짜증이 나면서 눈물이 나요."

"선생님이 도와주고 싶어."(자기 개방)

교사는 도와주고 싶다고 말했지만 더 질문하지 않았다. 아이의 표정을 보니 마음속 이야기를 더 하고 싶지 않은 것 같기 때문이다. 착실이는 연신 눈물을 훔치며 고개만 끄덕끄덕한다. 성실하고 책임감이 강하여 교사의 신뢰를 받는 아이가 모르겠다고 말하며 눈물을 흘리는 상황이다. 어쩌면 교사가 아이를 따로 불러서 이야기한 것이 아이의 '의무적 자아'를 자극했을 수도 있다. 교사는 관심을 갖고 있음을 알려 주고 아이에게 이 상황을 조금 더 맡긴다.

"응, 선생님의 도움이 필요하면 언제든지 이야기해 주렴."(지지, 제안)

"(눈을 마주치며) 네."

'선생님은 언제나 널 도와줄 준비가 되어 있다'는 이야기를 끝으로 대화를 마쳤다. 이때는 화두만 던지고 한발 물러나 있는 것이 대화의 원칙에 맞다. 훈육 상황이 아닌 이상 본인이 원하지 않는 상황에서 대화를 이어 나간다는 것은 교사, 학생 모두에게 의미가 없다. 또 착실이처럼 생각이 깊고 성실한 아이는 스스로 자신의 생각을 갈무리하는 것이 더 익숙하고 편할 것이다. 교실에서 교사의 역할이 크고 중요하지만 아이가 스스로 클 기회를 주는 것이 더 바람직한 방향이다. 때로는 적절히 물러나 있는 것도 필요하다.

의무적 자아가 큰 아이에게는
한발 물러서 기다려 주기

저학년을 지나면 아이들의 자아개념이 점점 드러나기 시작한다. 자아개념이란 스스로가 생각하는 자신에 대한 생각으로, 다양한 측면에서 볼 수 있다.

일상에서 선뜻 이해가 되지 않는 사람을 마주할 때 히긴스의 자아 분류를 떠올려 보자. 히긴스는 의무적 자아, 이상적 자아, 현실 자아와 같이 몇 개의 자아들이 서로 불일치의 양상을 보일 때 사람은 불안, 초조 등을 느낀다고 했다. 성인 상담에서도 종종 통찰을 주는 이론으로, 이를 학생 상담에도 적용해 볼 수 있다.

앞선 사례의 착실이처럼 초등학생인데 의무적 자아가 높고 수행 능력이 있는 아이들은 자신이 해야 할 일을 성실히 잘 수행하여 교사를 비롯한 주변 어른에게 칭찬을 많이 받는다. 그러나 이런 아이들이 불안, 초조, 조급함을 보일 때에는 의무적 자아가 과도하게 높다고 판단해 볼 수 있다.

의무감은 타인의 기대, 평가를 자신에게 내면화하면서 형성된다. '나는 ~해야 돼. 나는 ~해야만 돼.'라는 의무감이 마음속에 너무 강하게 작용할 때 문제가 된다. 놀고 싶은 마음을 누르고 힘들게 숙제를 완성했는데도 다른 친구 눈에는 안 한 것으로 보인다면 힘들게 숙제를 한 자신의 상황과 상대 아이에 대해 짜증이 난다. 평소와는 달리 다른 친구를 과하게 타박하는 것은 평소보다 더 민감하게 정보를 해석하기 때문이다. 이런 상태에서는 타인의 시선, 기대 등이 부담스럽게 느껴진다. 특히 늘 성실한 모범생이라고 평가받는 학생이라면 교사의 시선, 개입 자체가 부담스러울 수 있다. 그래서 이럴 때는 잠시 멈춰서 기다려 주는 것도 방법이다.

만약 문제를 해결해 주려고 지도(개입)한다면 꼭 해야 할 것이 있다. 아이를 지도해야 한다는 교사의 의무감을 잠시 옆에 두고, 아이의 속마음을 깊이 있게 느끼고 공감하는 것이 우선이다. 그렇게 하지 않으면 오히려 아이가 교사와 거리를 두려고 할 수도 있다. 이때 가장 중요한 것은 공감의 기준이 아이의 마음이라는 점이다.

이 시간을 소중히
다루면 좋겠어

누가 봐도 눈에 띄는 별별이는 늘 핑계가 많다. 등교해서 약속된 독서 활동을 못하고 늘 온 교실을 헤집고 다닌다. 그럴 때 교사가 지적하면 납득이 되지 않는 유치한 핑계를 댄다. 예를 들어 화장실 가려고 하다가 말을 한 거라든지, 이제 막 자리에 가서 앉으려고 했다든지 하는 것이다. 별별이는 고집이 세고 반에서 친구 관계가 원만하지 못해 물과 기름처럼 잘 어울리지 못한다. 학습을 할 때 연필 글씨가 고르지 않고 집중력이 부족하여 학습 결과가 만족스럽지 못하고, 특히 수학은 기본적인 연산을 자신 없어 한다. 수업 시간에 몇 차례 주의를 주고 개별 지도도 했지만 별별이는 여전히 산만하게 돌아다닌다.

"별별이님, 선생님께 와 보세요."(지시)

말은 경어체이지만 그동안 반복되어 온 별별이의 잘못 때문에 이 제 훈육의 단계로 넘어갔음을 교사의 목소리로 알려 준다. 교사는 이미 여러 차례 지적하고 혼도 내 보고 칭찬과 격려로 행동수정도 시도했다. 그러나 별별이에겐 아무것도 통하지 않았다. 아주 가끔씩 개선되나 싶었지만 지속되지 않는 것이 문제였다. 별별이는 자신의 욕구나 흥미에 매우 충실하다. 독립적이고 무엇이든 자신이 원하는 대로 하는 자유로운 아이다. 교사의 목소리를 듣자 평소의 부산함과 유난함은 사라지고 별별이는 교사의 눈을 마주치지 못한다.

"선생님 눈 좀 마주쳐 줄 수 있나요?"(부탁)

눈을 마주치자고 이야기했지만 별별이는 눈을 마주치지 않는다. 교사도 이 상태에서 더 혼내는 것이 무의미함을 알고 있기에, 별별 이를 불러 놓고도 난감하다. 눈을 마주치지 않은 상태에서 이야기하 면 아이는 혼난 기분만 들고 자신이 무엇을 잘못했는지 스스로 통찰 할 수 없다.

교사는 자신이 별별이를 부를 때부터 이미 알 수 없는 짜증이 올 라오고 있음을 느꼈다. 이런 짜증스러운 마음 상태에서 아이를 지도 했을 때 실수가 커진다는 것을 알기 때문에 자신의 짜증에 대해 먼 저 분석한다. '짜증의 이유가 뭘까?' 스스로 자문한다. '내가 이 친구 에게 정말 하고 싶은 말이 뭐지?' 정말 하고 싶은 말, 처음에는 '아침 부터 산만하게 돌아다니지 않았으면 좋겠다'는 말이라고 생각했지 만, 그것은 교사 자신을 위한 요구 사항이었다. 그럼 아이를 위한 요구 사항은 없을까? 고민해 보니 '별별이의 아침 시간이 무척 아깝다. 시간을 잘 활용해서 너에게 도움이 되었으면 좋겠다'라는 생각이 들었다. 교사는 학생이 성장하기를 바라는 자신의 진심을 전하자는 생각이 들어 다시 이야기를 시작했다.

"학교 오고 지금까지 몇 분 지났어요?"(주의 환기)

"20분이요."

"그 종이에 20 곱하기 5를 하세요."(지시)

별별이는 어리둥절한 얼굴이지만 시키는 대로 한다.

"거기에 다시 17을 곱하세요."(지시)

시키는 대로 하기는 하는데 왜 하는지 모르겠다는 표정이다.

"지금 나온 답 1700에 곱하기 2를 하세요."(지시)

궁금해 하면서도 끄적끄적 적는다.

"3400에 60을 나누세요."(안내)

"네, 56이 나와요."

별별이는 교사가 도대체 왜 곱셈 나눗셈을 시키는지 전혀 모르고 있다. 그렇다고 해서 적극적으로 궁금해 하지도 않는다. 교사는 마음속에서 짜증이 완전히 가시지 않았지만 그래도 처음보다는 줄어들었고 별별이가 측은해 보인다고 느낀 순간 다시 이야기를 시작했다. 아이가 측은해 보이는 순간이 교사의 본심이 짜증을 뚫고 나오는 순간이기 때문이다.

"처음 20은 우리 별별이가 학교에 와서 지금까지 쓴 시간이에요. 20분이지요?"(설명)

"곱하기 5를 한 것은 일주일에 5일 등교하기 때문입니다. 일주일에 100분이죠."(설명)

"100분에 17을 곱한 것은 1학기에 17주 정도 등교하는 시간들입니다. 총 1700분이죠."(설명)

"1700분이 1학기, 2학기 두 번이니 1년에 3200분이 아침 활동 시간일 거예요."(설명)

"나누기 60분을 하면 56시간입니다. 1년에 56시간이 아침 활동 시간입니다."(설명)

"영화를 봐도 30편을 쉬지 않고 볼 수 있는 시간, 별별이가 좋아하는 연예인 동영상을 봐도 2일을 쉬지 않고 보고도 남을 시간들이 1년 동안 주어집니다. 선생님은 별별이가 이 시간을 소중히 다루었으면 좋겠어요."(설명)

　다소 차분한 말투로 자신을 걱정하며 건네는 교사의 말을 다 들은 별별이의 동공이 조금씩 흔들리고 있다. 그러더니 이내 눈물을 뚝뚝 흘린다. 교사는 별별이에게 눈물의 의미가 무엇인지 물었지만 아이는 모르겠다고 한다. 어쩌면 눈물이 나는 이유를 찾을 인지적인 능력이 부족해서 모를 수도 있고, 복잡한 자신의 감정이 헷갈려서 모를 수도 있다. 이때 자신의 감정을 탐색하고 알아차리는 것은 자신이 정말로 원하는 것, 진짜 욕구를 찾을 수 있는 좋은 기회가 된다.

"어떤 기분인지 선생님께 말해 줄래? 슬퍼서? 화나서? 억울해서? 속상해서? 죄송해서? 후회돼서?"(탐색적 질문)

감정 단어를 말해 주니 별별이가 조금씩 고개를 끄덕인다. 아이의 눈물은 후회와 속상함의 반응이었다. 이 상황을 주시할 필요가 있다. 별별이는 단순히 울고 있는 것이 아니라 자신의 모습을 돌아보고 있다. 즉 평계를 대는 수준을 넘어서 아이는 성장의 시작점에 서 있는 것이다. 이제부터가 중요하다. 지금은 격려와 용기가 필요한 시간이다. 만약 아이가 자책으로 돌아가면 지금까지 붙잡고 이야기한 것이 모두 아무 소용없다. 아이 스스로 잘못을 돌아보았기 때문에 이제 격려를 통해 통찰과 성장까지 이끌어 내야 한다.

"지금까지의 시간이 아깝죠? 그런데 정말 다행히 시간은 내일도 오늘과 똑같이 주어져요. 별별님이 내일 아침부터는 이 시간을 잘 활용해 보세요. 내일 하루가 정말 중요합니다. 내일부터 활용하기 시작하면 앞으로는 별별님이 시간 활용을 잘하게 될 것입니다."(설명, 자기 개방)

"아, 그렇겠네요. 내일도 시간이 돌아오겠네요. 고맙습니다. 선생님."

별별이는 고개를 숙여 인사하고는 밝은 모습으로 자리로 돌아간다. 잠시 후 수업 시간에는 아까보다 더 집중하는 모습을 보인다.

(며칠 후)

수학 3단원 약분과 통분을 배우는 시간이다. 분모의 곱으로 통분하는 법, 분모의 공배수로 통분하는 법을 설명하고 연습문제를 풀게 하니 별별이가 손을 든다.

"응, 별별아! 왜? 어떤 것을 도와줄까?"(제안)

"(분모의 곱을 가리키며)하나는 분모를 알겠는데, 옆의 것 분모는 뭘 써야
돼요?"

며칠 전의 반성이 학습 태도의 변화를 가져왔다. 별별이는 수학
문제를 자신없어 하던 아이였다. 그런데 이제 '잘 풀어 보고 싶은 욕
심' 즉 '동기'가 생긴 것이다. 그동안은 수학 시간에 조금 어렵다 생
각하면 책에 낙서를 하던 아이가 교사에게 모르는 문제를 묻고 있
다. 교사가 옆에 쪼그리고 앉아서 하나씩 천천히 설명해 준다. 이렇
게 물리적인 눈높이를 맞춰서 설명하는 모습 자체가 별별이의 학습
동기를 강화시키는 효과가 있다.

"이건, 분모끼리 곱하는 것이니까…… 이렇게 되고, 저건 저렇게……
자, 그럼 이건 어떻게 될까?"(설명)

교사의 설명과 질문에 답을 찾아 가며 별별이는 고개를 끄덕인
다. 아이는 초등학교에 들어온 이후 처음으로 수학이 재미있다고 느
끼고 있다. 교사가 두 문제 정도 시범을 보이고, 별별이가 한 문제
푸는 모습을 옆에서 지켜보았다. 아이는 수학익힘책을 풀 때는 눈동
자를 굴려 가며 풀고 있었다. 별별이가 드디어 학습에 관심을 갖기
시작한 것이다. 이때 중요한 점은 다른 아이들 앞에서 티가 나게 칭
찬하지 않아야 한다는 것이다. 교사는 눈빛으로 나름의 신호를 보내
아이를 칭찬해 주었다. 별별이는 칭찬에 익숙하지 않기 때문에 칭찬
받는 것이 어색할 수 있다. 교사의 칭찬에 부담과 긴장을 느끼고 어

색해 한다면 이런 상황은 단기 이벤트처럼 되어 버릴 수도 있다. 그럼 아이는 다시 원래대로 행동하게 될 것이다. 한 걸음 성장하기 전까지는 그 행동이 가장 편했기 때문이다.

그날 교사는 별별이의 보호자에게 문자를 보냈다. '우리 별별이가 요즘 수업에 집중을 잘하고 노력하는 모습이 더 자주 보입니다. 가정에서도 많은 칭찬과 격려 부탁드립니다.' 이것은 별별이의 적극적인 수업 태도나 학습 동기를 강화시키는 효과가 있을 뿐 아니라, 궁극적으로는 교사의 수업 환경을 개선시키는 효과도 있다. 대부분 이런 경우 보호자도 학교로부터 아이가 잘한다는 칭찬을 들어 본 적이 별로 없었을 확률이 매우 높다. 물론 이는 담임교사가 판단해야 하는 몫이다. 잘못한 점을 가정에 이야기해서 함께 변화하도록 노력하는 것처럼, 잘하고 변화한 점도 가정에 전달하여 아이의 성장으로 이끄는 것은 큰 의미가 있다. 별별이에게는 학교와 가정이 강하게 연결되어 있다는 것을 알게 하는 기회가 될 것이다. 이렇게 형성된 협력적 관계로 교사의 교육활동은 더욱 빛난다. 설령 내일 또다시 아이가 원래대로 돌아간다 해도 실망할 필요는 없다. 자신의 몸에 편했던 옷을 버리기 어렵듯 한 번에 행동이 변하는 것은 사실 불가능하다. 이제 시작이다. 천천히 긴 호흡으로 오늘 만난 아이의 마음과 함께 꾸준히 걸어가야 어느 정도의 시간이 흐른 뒤 변화를 느낄 것이다.

한 사람의 행동이 변화하는 데 얼마의 시간이 필요할까? 극적인 처방으로 짧은 시간 안에 행동을 변화시킬 수 있다면 참 좋겠지만, 사실 행동수정은 오랜 시간과 많은 노력이 필요하다. 또 행동의 원인을 다각도로 분석하지 않으면 시간과 노력만 허비하게 된다. 그러므로 아이의 행동수정은 다양한 맥락을 고려해서 시도해야 한다. 이 행동이 인지적인 영향을 받은 것인지, 기질적인 영향을 받은 것인지, 아님 이렇게 할 수밖에 없는 선택의 결과인지, 특정 자극에 대한 반응인지, 의도성을 가진 것인지를 살펴봐야 한다.

원인에 따라 대처 전략은 조금씩 다르다. 하지만 어떤 대처 전략이든 긴 호흡으로 행동을 수정해 나가야 한다. 확률적으로 저학년의 경우 기질적인 문제가 아니라면 행동수정이 좀 더 즉각적으로 이뤄질 가능성은 높다. 그러한 특정한 조건이 아닐 경우에는 교사나 보호자가 생각하는 것보다 훨씬 긴 호흡으로 아이의 행동 변화를 이끌어 내겠다는 초기 목표가 필요하다.

행동은 생각, 정서, 욕구의 복합적인 원인을 갖고 있기 때문에 쉽게 바뀌지 않는다. 그럼에도 몇 번의 지도로 아이가 변화하길 바란다면 교사 스스로 지치게 되고 그 결과 자신감도 떨어진다. 조금 여유를 갖고 학생의 변화점을 더 세밀하게 관찰하며 쪼개서 평가하고 피드백 해야 한다.

네 마음을
편지로 전해 볼까

국어 시간에 친구에게 편지 쓰는 활동을 하다 소망이가 한마디한다.

"선생님, 저는 편지를 보낼 친구가 없어요. 외톨이인가 봐요."

교사는 며칠 전 보호자 상담 신청서에 아이가 친구가 없는 것 같아 걱정이라고 적은 소망이 보호자의 말이 번개처럼 떠올랐다. 사실 객관적으로 보면 소망이는 단짝 친구는 없지만 친구들과 어울리는 데 문제는 없어 보인다. 아이는 장난기가 많고 당당하며 씩씩한 편인데, 원하는 대로 안 되면 유독 서운해 하는 모습을 많이 보인다. 그래서 다른 친구들의 사소한 말에도 쉽게 낙담하곤 한다.

"선생님 생각은 조금 다른데(설명), 소망이는 왜 그렇게 생각해요?"(탐색적 질문)

"방과후 시간에도 저는 외톨이라서요."

"아, 방과후 시간에 혼자라서요?"(재진술, 확인)

"네."

"그럼 다른 수업 시간에는 어때요?"(탐색적 질문-다른 상황 떠올리기)

"다른 수업 시간에는 친구 있어요."

"그럼 방과후 시간에만 혼자 있고, 다른 수업 시간에는 친구가 있군요?"(문제상황 요약)

"네, 그런 거 같아요."

"그럼 다른 수업 시간에는 외톨이가 아니네요."(확인)

"네, 그러고 보니 그렇네요."

"그럼 누구에게 편지를 쓸까요?"(탐색적 질문-제안)

"그런데 선생님, 생각이 안 나요."

일단 관심을 필요로 하는 소망이의 기본적인 욕구는 수용되었다. 편지 쓰기로 들어가면서 생각이 안 난다는 것은 쓰기 싫은 핑계일 수 있지만, 편지라는 것 자체를 어떻게 써야 할지 몰라서일 수 있다. 저학년 아이가 무엇인가를 못한다고 할 때는 의지나 태도 문제라기보다 정서나 인지 능력 때문인 경우가 많다. 교사는 두 번째 단계로 편지 쓰기 활동에 대한 학습전략을 제시했다. 이때 저학년 수준에 맞게 손을 잡고 눈빛을 교환하는 비언어적인 전략이 필요하다. 교사가 소망이 눈을 보며 손을 잡은 후 말하기 시작했다.

"선생님 봐요. 자, 방금 전 쉬는 시간에 무엇을 했어요?"(기억 탐색)

"어, 그러니까 별별이랑 화장실을 다녀왔어요."

"별별이와 같이 간 이유라도 있나요?"(탐색적 질문)

"네, 별별이가 화장실 간다고 하기에 같이 따라가 줬어요."

"그때 별별이는 어떤 기분인 것 같은가요?"(타인 정서 탐색)

"별별이는 그때 웃으면서 같이 뛰어갔어요. 기분이 좋았나 봐요."

"그 모습을 보면서 소망이는 어떤 마음이었어요?"(탐색적 질문)

"저도 재미있어서 뛰어가면서 별별이를 잡았어요."

"별별이를 좋아하는구나?"(확인)

"네, 별별이가 좋아요."

"그럼 별별이에게 편지를 쓰는 것은 어떨까요?"(제안)

"아, 그래야겠어요."

"별별이에게 친하게 지내고 싶은 마음을 감정 단어 5개를 넣어서 편지를 쓰세요. 할 수 있지요?"(제안)

"네, 그럼 감정조절카드 빌려 가도 돼요?

"그럼요. 얼마든지요. 빌려 가고 나중에 다시 잘 챙겨서 오면 돼요."

아이, 어른 할 것 없이 사람은 누구나 자신의 생각 틀로 상황을 해석한다. 저학년인데도 자신을 낮추어 생각하고 낙담하는 아이들이 많다. 어릴 적부터 많은 사랑을 받고 자라난 아이들이라 거절당하거나 상처받는 것을 못 견딘다. 그러다 보니 아무것도 시도할 엄두를 못 낸다. 이럴 때 감정 단어를 통해 자신의 마음과 욕구를 인식하고 알아차리는 연습을 조금씩이라도 꾸준히 하면 아이에게 큰 힘이 될 것이다. 이것은 학교에서 쉽게 할 수 있는 자존감 훈련이다.

아이가 쓰는 단어 속에서 의미 찾아보기

TV나 동영상 콘텐츠에서 자막은 말하는 사람의 말을 요약해 주고 숨은 뜻을 강조하기도 한다. 이때 자극적인 단어가 많이 쓰이는데 이런 자막처럼 아이들도 다양한 이유로 자극적인 단어를 쓴다. "저 외톨이예요. 왕따 당했어요. 학교폭력 당했어요. 우울증 걸렸어요." 와 같은 말들은 알고 보면 교사가 생각하는 것보다 심각한 수준이 아닐 때가 많다. 특히 저학년 아이들은 그 뜻을 정확하게 이해하지 못한 채 표현하는 경우가 많다. 따라서 아이의 이런 말에 놀라기보다는 아이와 함께 차분하게 무엇이 문제인지를 살펴봐야 한다.

효과적인 의사소통을 위해서라도 대화 속에서 사람들이 쓰는 단어와 문장들은 서로 소통하고자 하는 내용을 최소한으로 대변한다는 사실을 꼭 기억해야 한다. 그래야 잘 알고 있는 단어도 상대가 어떤 의미에서 말하는 것인지 살펴보며 대화할 수 있다. 다양한 매체를 통해 끊임없이 자극적인 영상과 단어들에 노출되는 아이들은 자극적인 단어들로 관심을 끌거나 문제를 해결하려 한다. 교사는 아이의 단어가 어떤 의미인지 살펴보고, 그 속에 숨어 있는 욕구를 발견하여 표현되지 못한 것을 함께 탐색하는 과정으로 대화를 이끌어 나가야 한다. 앞선 사례처럼 '외톨이'라는 단어를 학교에서 해결하지 못한 채, 아이가 가정에서 또 쓴다면 다른 오해를 일으킬 수 있다.

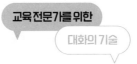
누구에게나 어려운 경청, 연습이 필요해요

    학교급을 막론하고 많은 교사들이 하는 질문이 있다. "제가 아이들 이야기를 다 경청하고 공감해 주었는데 애들이 전혀 나아지지 않아요. 어떻게 하죠? 왜 그런 거죠?" 재미있는 사실은 부모교육 시간에도 비슷한 질문이 나온다는 것이다. 자녀와의 갈등으로 힘들어 하는 보호자들은 이렇게 묻는다. "선생님, 우리 애가 말하는 것 다 경청하고 공감했어요. 그런데 하나 달라지는 것이 없습니다. 왜 그런 건가요?"

    교사나 보호자들이 이렇게 말하는 것은 '경청과 공감'을 '듣기와 이해하기'로 잘못 생각하고 있기 때문이다. 다음과 같은 질문을 하면 경청과 공감이 어떤 것인지 쉽게 알아차릴 수 있을 것이다.

    "경청과 공감을 받았다는 느낌은 누가 판단하나요? 예를 들어 선생님께서 업무 분장으로 힘들어 한다는 것을 선후배 선생님으로부터 듣고 누군가가 위로해 주었을 때 경청, 공감을 받았다고 판단하는 사람은 누구인가요?"

    "어머님께서 자녀분을 키우면서 이래저래 느끼는 속상함을 다른 분께 이야기하면 많은 사람들이 어머님의 이야기를 들어 주지만, 어머님의 이야기를 들어 주는 모든 분들에게 똑같이 고맙지는 않으셨을 것 같은데 어떠셨어요?"

목적 없이 듣는 것은 '들리는 것'이지 '경청'이 아니다. 경청이란 주의 깊게 듣는 것이다. 경청을 적극적 경청, 소극적 경청으로 나누기도 하는데 소극적 경청은 별도의 언어적 반응 없이 조용히 들어 주는 것이다. 적극적 경청은 상대의 말에 적극적으로 반응하며 듣는 것으로, 이해가 되지 않거나 못 알아들은 것을 질문하기도 하는 경청 방법이다. 상대의 말에 온 집중을 하면서 들으면 다양한 표정, 몸짓, 목소리 등으로 공감하는 반응들이 반사적으로 튀어나오기도 한다. 이런 적극적 경청은 말하는 사람에게 스스로 깊은 내면을 탐색할 용기를 주며, 경청하는 사람과의 라포와 작업동맹을 공고히 만든다.

대부분의 사람은 자신의 마음이 따뜻해서 상대의 말을 주의 깊게 듣는다고 생각한다. 그래서 '이 정도면 경청을 잘하는 것까지는 아니더라도 못하진 않는다'고 여기는 경우가 꽤 많다. 경청하려는 마음과 태도는 뛰어나다 할 수 있어도 사실 경청은 마음처럼 쉽게 되지 않는다. 예를 들어 보자. 대화의 세계에는 두 사람이 있다. "말하는 사람과 누가 있을까요?"라고 질문하면 거의 대부분 듣는 사람이 있다고 대답한다. 그러나 그것은 상담이나 의사소통(커뮤니케이션) 교재에 있는 말일 뿐이다. 현실 세계에서는 말하는 사람과 말하려고 준비하는 사람이 있다. 어느 날 갑자기 교사를 찾아온 보호자가 인상을 쓰며 "선생님, 우리 아이가 작년에는 괜찮았는데 올해 좀 이상해졌어요." 라고 말했다면 쉽게 경청이 될까? 듣는 교사의 마음속에서는 '작년에 괜찮았다고? 3월 2일에 작년 담임선생님께 물어보니 전혀 아니던

데. 그때 들은 말을 지금 이야기할까, 말까? 아니다. 그냥 관두자. 아
니야. 억울한데?' 등의 생각이 들면서 보호자의 말에 집중하지 못하
게 될 것이다. 이런 현상은 특정인에게만 해당되지 않는다. 누구나 그
렇다. 경청을 연습하기 위해 시간과 비용을 투자해서 훈련한다 해도
어려운 것이 경청이다.

　앞서 든 예로 다시 돌아가 보호자가 따지듯이 "선생님, 우리 아이
가 작년에는 괜찮았는데 올해 좀 이상해졌어요!"라고 말하는 상황
에서 교사가 이 보호자의 말에 경청한다면 어떤 반응을 하게 될지 한
번 생각해 보자.

　"＿＿＿＿＿＿＿＿＿＿＿＿＿＿＿＿＿＿＿＿＿＿＿＿"

　경청했다면 나의 감정, 욕구, 생각, 신념과 관계없이 말하는 사람
의 마음을 향한 공감적인 반응이 나올 것이다. 예를 들어 "아, 그랬
군요? 많이 놀라시고 당황스러우시겠어요. 제가 학교에서 지켜본 바
와는 다르지만 궁금합니다. 어머님이 생각하시기에는 어떤 부분에서
아이가 이상해졌는지 이야기해 주실 수 있으세요? 예를 들어 학습
영역인가요? 아니면 교우관계인가요? 혹은 생활 습관인가요? 말씀
해 주시면 같이 이 문제를 이야기하는 데 도움이 될 것 같아요. 어머
님께서 보시기엔 어떤 부분에서 아이가 가장 이상해진 것 같나요?"

　경청이 잘 안 되는 것은 인간의 본성에 가깝다. 듣는 사람은 말하
는 사람의 말에 대한 평가, 판단을 내리면서 듣기 때문에 경청은 쉽지

않다. 그럼 어떻게 해야 경청할 수 있을까? 경청하는 기술을 간략하게 소개하면 다음과 같다.

경청의 전략
· 비언어적인(표정, 몸짓 등) 메시지를 읽고 비언어적인 반응을 함께 보인다.
· 이야기 내용에 대한 판단, 생각을 멈춘다.(일단 무조건 이해하며 듣기)
· 말하는 내용의 본질이 무엇인지 파악하며 듣는다.
· 맞고 틀린 것을 따지지 않고 핵심 메시지와 말하는 이의 감정을 확인한다.
· 맥락에서 빠진 것은 없는지 궁금해 하며 듣는다.
· 듣고 있는 나의 생각과 감정은 어떤 상태인지 모니터링 하며 듣는다.

제대로 경청했다면 공감적 반응이 자연스럽게 나온다. 나의 생각, 감정, 욕구, 가치는 잠시 접어 두고 상대가 하는 말에 오롯이 집중하다 보면 자연스럽게 공감하고 말하는 사람도 자신이 공감받고 있다는 느낌을 받을 것이다. 경청이나 공감은 그것을 하는 사람이 잘했거나 못했다고 할 수 있는 것이 아니라, 받는 사람이 그 수준을 판단하는 것이다. 경청 능력은 반복된 연습과 훈련으로 길러질 수 있지만, 마음가짐만으로도 자연스럽게 길러질 수 있다. 어떤 경우에는 연습이나 훈련을 하지 않았는데도 자연스레 경청이 되기도 한다. 내가 상대방을 좋아할 때, 상대에게 연민이나 안타까움 등을 느낄 때, 상대의 말 속에 숨은 메시지가 궁금할 때는 노력하지 않아도 자연스레 경청이 된다. 교사도 학생 때문에 화가 나서 막말이 튀어나올 것 같은 순간에 '얘도 이러고 싶지 않을 텐데'라는 생각과 함께 연민의 마음이 들면 아이가 안쓰럽다는 생각에 더 크게 화나지는 않았던 경험이 있을 것이다. 이런 마음은 순간적으로 생겨나는데, 특히 아이의 눈을 지그

시 잘 바라볼 때 생겨나곤 한다.

경청을 잘하는 사람이 따로 있는 것이 아니다. 경청의 중요성을 인식한 만큼 '들리는' 수준의 듣기에서 '상대의 마음을 읽는' 수준의 경청이 되도록 연습, 반추, 모니터링 해 보는 것이 경청을 잘하는 방법이다. 어려운 경청을 억지로 하는 것보다는 진심으로 원할 때 해야 잘된다. 아무리 연습해도 경청이 잘 안 된다고 실망할 필요도 없다. 경청하는 딱 한 번의 경험이면 충분하다. 학생과의 만남에서는 경청을 통해 학생의 표면을 덮고 있는 수많은 껍데기를 걷어 내고 내면을 들여다 볼 수 있다. 이렇게 경험한 경청은 교사의 자산이 된다. 특별한 사람을 만나야 가능했던 경청을 이제는 교육적 의도를 가지고 생활교육이나 상담에서 비교적 자유롭게 활용할 수 있게 되는 것이다.

사례 개념화를 활용해 생활교육과 상담의 전략을 세워 보세요

'저 아이는 도대체 왜 저럴까?' 혼날 때마다 울며불며 잘하겠다고 다짐하지만 매번 반복되는 상황에 "다음부터 잘하겠습니다."라는 말을 듣는 것조차 민망한 아이가 교실에 한둘씩 꼭 있다. 어떤 형태로든 교사의 생활교육 능력을 시험하는 듯한 아이들이 있는데, 이런 아이들을 학급운영 차원에서 교육적으로 지도하거나, 대화나 상담을 통해 변화로 이끌어 낼 수 있다. 각각의 방법은 그 틀과 목적이 서로 달라 직접적인 비교는 어렵지만 학급운영 차원에서 부적응한 아이와의 대화를 떠올려 본다면, 체계적으로 대화하고 상담하는 것이 교사의 심리적 에너지를 보존하는 데 더욱 효과적일 것이다. 그럼 어떻게 해야 체계적인 대화와 상담이 가능할까?

학생의 변화와 성장을 이끌어 내는 대화는 그 학생의 심리 상태를 고려한 맞춤형 대화이다. 그러나 학생의 표정이 매번 다른 것처럼 다양한 문제와 갈등이 있기 때문에 이것을 마주할 때마다 새롭게 분석하는 일은 매우 번거롭고 비효율적이다. 따라서 이런 대화와 상담의 과정을 하나의 틀로 보고 학생이 흘리는 크고 작은 심리 정보를 모으고 조직화하여 부적응 상황의 본질적인 원인과 패턴을 이해해야 한다. 이러한 일련의 과정을 상담심리학에서는 '사례 개념화'라고 한다. 즉 한 학생에 대한 조각 정보들을 모아 그것을 새롭게 조직화하여 발견되는 패턴들을 이해하고 상담의 과정을 예상하며 어떻게 상담할지 계획을 세우는 기술이다.

전문 상담자는 매번 사례 개념화를 하여 통합적으로 내담자를 이해하려고 하지만 교사들의 경우 1:1 상황이 아니기에 대화할 때마다 이런 사례 개념화 자료를 생성할 수는 없다. 하지만 사례 개념화 과정을 이해한다면 한 인간을 변화시키기 위한 과학적 수행 절차를 익힐 수 있고 다양한 시각으로 한 인간을 이해할 수 있게 되므로 대화나 상담에 큰 도움이 될 것이다. 그럼 사례 개념화는 어떻게 할까? 상담자의 사례 개념화가 시사하는 것을 바탕으로 학교에 적용하여 학생 지도에 활용할 수 있는 합의점들을 찾아보자.

상담자마다 사례 개념화의 방법이 조금씩 다르지만 그 목적과 흐름은 크게 다르지 않다. 결국 사례 개념화에는 문제의 진단, 문제 분석, 촉발 요인, 문제가 지속되는 이유, 외부적 환경 요인(문화 분석), 문제 해결을 위해 필요한 것, 상담 목표, 상담 계획(전략) 등이 포함된다.

- 문제의 진단과 분석에서는 '무엇을 문제로 볼 것인가?'에 대한 합의가 있어야 한다. 이때 교사의 가치와 신념만을 바탕으로 학생의 문제 행동을 정의 내리면 대화나 상담 자체가 진행되지 않는다. 정보 공유 차원에서 '선생님은 이 부분이 문제라고 생각하는데 너는 어떻게 생각하니?'의 방식으로 문제점을 함께 인식하는 것이 효과적이다. 앞서 이야기했듯 이는 학생의 심리적 저항을 줄이면서 대화를 보다 쉽게 이끌 수 있기 때문이다. 이후 문제의 다양한 측면들을 분석하는데, 이때 가장 우선적으로 파악해야 하는 것이 바로 '주호소 문제chief complaint는 무엇인가?'이다. 아이가 해결해 달라고 혹은 힘들다고 호소하는 부분을 다차원적으로 파악해야 한다. 신체, 행동, 정서, 인지적 차원에서 분석하고 무엇이 주호소 문제인지 살펴보는 것은 상담 목표 수립과도 연결된다. 학교에서는 학생과 보호자가 서로 다른 주호소 문제를 이야기하는 경우가 많다. 이때 교사는 학생의 복지와 건강을 기준으로 학생에게 가장 먼저 필요한 주호소 문제가 무엇인지 파악한다.

- 문제의 분석 단계에서는 주호소 문제가 일어나는 원인이 무엇인지 리스트를 작성해 본다. 이 리스트는 가설적인 부분까지 포함

시켜 최대한 많은 가설을 설정하여 분석하는 것이 효과적이다.

촉발 요인은 주호소 문제를 일으키는 개인 요인(심리, 성격, 정서, 기질)과 환경 요인(학교문화, 가족문화, 사회적 요인)을 분리하여 리스트를 작성한다. 이후 정보 수집(면담 등)을 통해 문제가 지속되는 이유와 외부적 요인을 분석한다.

- 문제 해결을 위해서는 지금 학생이 해결하고 싶어 하지만 혼자만의 힘으로 잘 안 되는 것을 찾아야 한다. 즉, 약간의 도움이 필요한 지점을 살펴보고 교사가 학생의 변화 동기를 보호하며 학생을 변화의 주체로 만들어 준다.
- 상담 목표 설정은 앞서 진행한 일련의 정보 수집과 분석을 통하여 얻은 자료를 바탕으로 주호소 문제를 쪼개어 목표 설정을 구체화하는 단계이다. 구체적이고 작은 행동적 목표일수록 달성하기 쉽고 대화와 상담의 효과가 지속된다.
- 상담 계획(전략)은 상담 과정을 몇 가지 단계로 나누어서 종결까지 계획을 세우는 것이다. 상담 과정은 상담하는 교사의 스타일에 따라 달라지는데, 대략적으로 라포 형성, 주호소 문제 탐색, 감정/인지/신념 탐색, 문제 해결 전략 탐색 및 발견, 연습 및 습득의 과정을 거친다.

이해하기 쉽게 단회 상담(30분) 사례를 소개하고자 한다. 이 학생의 보호자는 자녀가 자신의 감정을 잘 표현하지 못하고 위축되어 있는 것, 주변 다른 학생들로부터 학교폭력이나 따돌림을 당하는 것은 아닌지 걱정하고 있었다. 학생은 보호자의 걱정을 부담스러워 했고, 무엇보다 친구들이 심한 장난을 칠 때 싫다는 표현을 하면 자신과 놀아 주지 않을까 봐 두려워하고 있었다. 이 학생의 경우 친구들에게 심한 장난을 그만해 달라고 표현하는 것을 연습시키며 거부 의사를 확실히 표현하는 것으로 자신감을 회복하면 되고, 이 모습을 보호자에게 보여 준다면 보호자의 걱정 수준을 조금 낮출 수 있다. 이때 학생이 가진 자원을 파악해야 하는데 이 학생은 평소 다른 사람과의 상호작용에서는 자신감도 있고 인지적 능력이 평균 이상이었다. 학생이 마음만 먹으면 스스로 변화하고 변화한 모습을 내면화할 수 있는 개인 자원이 있는 것이다. 학생의 주호소 문제를 탐색한 이후, 감정의 영역을 탐색해 본다. 친구에게 '싫어! 하지 마!'라고 말하는 게 잘못된 게 아닌데, 이에 대한 두려움이 있었다. 충분히 그런 두려운 감정이 들 수 있으며 자연스러운 감정이라고 수용하고, 이 두려운 감정이 해결되면 어떤 감정으로 치환될지 예상하여 변화에 대한 동기를 유지시켰다. 학생은 교사의 질문에 적극적으로 대답했고 주호소 문제 해결을 위한 강한 동기를 가지고 있었다. 인지적, 정서적 부분의 탐색을 마친 후 행동적으로 마음을 표현하는 훈련을 통하여 학생이 표현을 잘할 수 있도록 내면화시켰다. 손바닥을 대고 밀어내며 말하기 훈련을 하였다. 이후 학생이 가지고 있던 보호자에 대한 미안함을 탐색하면서 인지적으로 다시 평가하여 마음을 편안하게 하였다.

이 상담은 몇 가지 상담 이론을 혼합하여 상담 과정 속에서 감정 탐색과 표현 훈련 등 학생의 연령대에서 소화할 수 있도록 구성한 상담 사례이다. 그 과정을 아래의 표로 요약하였다. 상담의 과정과 발문의 핵심적인 메시지 등을 확인할 수 있다.

일시 장소	20**년 *월 *일 학교 빈 교실				의뢰인	***선생님
학생	성명	***	성별	남	상담자	김태승
	반		학년 반			

상담 의뢰 사유	- 1학기, 2학기에 놀다가 친구들에게 의도하지 않게 밟히고 찰과상을 입은 일이 있었음. - 최근에는 체육관에서 3-4명에게 끌려서 허리 부분에 찰과상을 입음. - 부모는 학교폭력은 아니더라도 아이가 위축된 것이 아닌가 걱정하고 있음.

주호소 문제 및 평가	의뢰인	학생	상담 목표
	• 학생이 위축된 부분이 있는지 살펴보길 원함. 있다면 회복을 원함.	• 싫다는 표현을 하면 친구들이 안 놀아 줄까 봐 '두려워'함.	* 본인의 의사에 반하는 친구들의 행동을 접할 때 자신의 거부 의사 표현에 대한 확신을 갖게 한다.

상담 과정 단계	1 라포 형성	이름이 **인지, ^^인지 물어봄. 자신 있게 대답함. 좋아하는 과목은 무엇인지? - 수학/과학/수영 순 (미술, 음악은 보통) 선생님은 어떤 사람인 것 같은지 물어봄(의사소통 수준 파악). - 착할 것 같다고 함. 선생님이 **이 첫인상 이야기해도 될까? - 네 **이는 자신의 생각을 잘 말하는 것 같아. 수업 시간에 발표 잘하니? - 네, 아주 잘하진 못해도 잘해요.
	2 주호소 문제 인식	선생님이 이야기 듣기로는 **이가 지난번 체육관에서 다쳤는데, 어떤 일이 있었는지 알려 줄 수 있니? (상황을 이야기) 그때 어떤 기분이 들었니? - 장난이긴 한데 아팠어요. 부모님께서는 어떻게 생각하시고 계셔? - 엄마는 화를 내고, 아빠는 속상해 하셨어요.
	3 감정 탐색	그럼 지금 그때를 떠올리면 어떤지 감정조절카드에서 찾아볼래? (속상하다, 힘들다, 불안하다, 두렵다, 불편하다) / 그 이유도 말해 줄 수 있니? - 이런 일이 생겨서 속상하고 힘들어요. 또 그런 일이 생길까 봐 불안해요. 친구들이 두려워요. 그런 상황이 불편해요. 이 감정들 중에서 가장 강하게 느껴지는 것은 뭐야? - 두려움이요. 왜 두려운지도 알려 줄래? - 싫다고 말하면 친구들이 저를 싫어할까 봐요. 이러지도 저러지도 못하겠어요. 그런데 말하지 않으면 계속 그럴 수도 있잖아. - 맞아요. 근데 토요일 축구할 때도 만나야 해서 친구가 싫어할까 봐 두려워요. 그렇다면 두려움이 해결되면 어떤 감정들이 들까? - 편안하고 행복하고 만족스러울 것 같아요. 그럼 선생님과 함께 연습해 볼래? - 네.

	4 **전략** **습득**	손을 맞대고 팔로 미는 행동을 하며 말하기 연습 (3-4회) 선생님이 &&이가 되어 볼 테니까, 손바닥으로 버티면서 밀어 봐.- 네. 역할 재연(손바닥을 밀면서) **아, 놀자. 재미있잖아, 이렇게 놀자. - 싫어, 다칠 것 같단 말이야. (전략 수정) 싫다는 말보다는 '그만'이란 말이 친구들에게 친절해 보일 것 같은데. 어때? - 네 그런 것 같아요 / 그럼 이렇게 해 보자. "그만, 멈춰 줘, 나 아파."(따라 함.)
상담 **활동**	**인지적** **전략**	1. 주호소 문제에 대한 정확한 인지적 평가를 재진술하였음. 2. 1의 결과 속상-다치고 아파서/힘듦, 불안-또 생길까 봐/두려움-말을 못할까 봐/ 불편함-몸이 불편 3. 부모님에 대한 미안함이 있음을 인식하고 스스로 바꾸기 위한 전략을 선택하게 함. (감정조절카드-부모님 역할 시연) 4. '괴롭힘'이라는 단어를 자주 쓰는데, 본인이 하고 싶은 표현이 아닌 듯하여 물어 보니 습관적으로 튀어나온다고 함. 학부모가 쓰는 언어로 보임. 가정에 돌아가 서 이 단어를 쓰면 오해가 생길 듯하여 '(심한) 하기 싫은 장난'으로 바꿈.
	정서적 **전략**	1. 감정조절카드로 가장 강한 감정을 찾게 하여 해결함.(두려움) 2. 주호소 문제로 설정하고 두려움의 강도 조절 - 두려움이 해결되었을 때 어떤 감 정이 들지 상상하기 (해결 중심 상담 기법 활용)
	행동적 **전략**	1. 상담자와 손바닥을 대고 밀어내면서 역할극하기 2. 강도를 점점 강하게 하여 목소리를 크게 이끌어 냄. 3. 상대방 역할을 해 보게 하여 자신의 표현으로 인해 친구가 싫어하는 것은 아니 라는 점을 인식하게 함. 4. 상담자가 부모님 역할을 하여 학생 스스로 가정에서 전달할 때의 방법을 연습하 게 함.

	강점	약점
내담자 **자원**	- 감정 표현에 적극적 (감정 단어를 잘 인식하고 있음.) - 자기표현력이 뛰어남. - 인지 능력이 또래 평균 이상으로 보임. - 차분한 정서가 형성되어 있음.	- 나이에 비해 생각이 많음. - 불편한 상황에 대한 자책을 느끼는 패턴. - 결정적인 순간에 확신이 부족함.(마무리)

제언	- (부모님께) **이가 스스로 문제상황을 막을 전략을 지닌 상황에서 '괴롭힘'이라는 단어를 쓰면, **이의 통제감을 상실하게 되는 단초가 됨. '괴롭힘'은 상대방에게 일방적으로 당하 는 경우를 뜻함. 말 자체가 학생의 자존감이나 효능감을 낮추는 원인이 되어 다른 표현을 쓰도록 해야 함. '원하지 않는 장난'으로 바꿔 써도 충분히 의미가 통함. 부모님의 정서가 고스란히 학생의 불안과 긴장으로 연결되는 것으로 보이며 이를 막기 위하여 부모님도 ** 이의 내면의 힘을 신뢰하고 믿는 것이 필요함. - 뭔가를 선택하거나 **이의 감정을 살펴볼 때는 부모의 감정으로 해석하지 말고 학생의 눈 을 마주치며 충분히 표현할 수 있도록 물리적, 정서적 여유를 줘야 함.

Part 3.

진정한 만남으로
모두가 행복해지는
교사의 언어

교육의 목적은 학생의 성장과 발전을 이루는 것이다.
학생의 성장은 교사인 '나'의 현재 상태를
정확히 살펴보는 것에서부터 시작된다.
작은 에피소드 속에 의외로 큰 성장 씨앗이 숨어 있을 때가 많다.
일상의 대화 속에서 성장의 씨앗을 찾아본다.

단어 뜻을 제대로 알고
쓰는 게 중요해

점심시간, 아이들이 맛있는 반찬을 더 받으러 급식실에 다녀왔는데 식판에 불고기를 산더미처럼 쌓아 온 모습에 교사는 웃음이 터졌다. 최대한 많이 받으려고 정성스럽게 쌓아서 담은 것이 귀여워 교사가 박장대소를 하니 아이들도 따라 웃는다. 이때 방글이가 활짝 웃으며 말했다.

"선생님이 실성한 것 같아요."

교사와 아이들은 웃다가 순간 당황했다. '실성? 아니, 좀 많이 웃었다고 실성까지야.' 그런데 헌법이 보장하는 '표현의 자유'를 학생에게도 보장해 주어야 할 것 같아, 교사는 당황스러웠지만 혹여 다른 뜻이 있을까 싶어 방글이에게 물었다.

"아, 실성한 것처럼 보였어?"(확인)

"네~"

방글이의 평소 생활을 떠올려 보면 아마도 '실성'의 정확한 뜻을 잘 모르고 한 말 같아 교사는 더 이상 묻지 않았다. 또 방글이의 표정을 보니 비난이나 모욕의 의미로 한 말이 아니었기에 대수롭지 않게 넘겼다. 아이가 교사를 무시해서 한 말이 아니라 단지 말실수였을 텐데 그걸 심각하게 다루는 것도 이상하다.

다음 날 방글이가 교사에게 와서 눈을 껌뻑껌뻑하며 말한다.

"선생님, 실성했다고 말씀드려서 죄송해요."

"응? 왜?"

"엄마에게 말씀드리니 그런 말을 쓰면 안 된다고 선생님께 사과드리라고 하셨어요. 저도 그런 뜻인지 몰랐어요."

평소 예의 바른 방글이가 '실성'이라는 단어를 쓰는 게 좀 의외였는데, 방글이도 교사의 반응이 좀 이상하다는 낌새를 느끼고 찝찝한 마음에 집에서 부모님과 대화를 했나 보다.

"아, 실성이란 단어의 뜻을 모르고 썼구나?"(질문)

"네, 단어 뜻을 잘 몰랐어요."

"그럼 그 말이 어떤 의미인 줄 알았어?"(질문)

"너무 재미있어 하신다는 뜻으로 쓴 거였어요."

"혹시 '박장대소'라는 말을 떠올린 거니?"(확인)

"네!"

"응, 선생님은 괜찮아. 평소에 방글이가 예의 바른 행동을 하는 아이라서, 말뜻을 잘 모르고 썼나 보다 했어. 기분 나쁘진 않았어. 단어의 뜻을 제대로 알고 잘 쓰는 게 중요한 것 같아."(설명)

"네, 앞으로는 잘 알고 쓸게요. 감사합니다!"

아이들이 뜬금없이 엉뚱한 단어를 쓰면, 그 말이 무슨 뜻인지 알고 쓰는지를 물어봐야 한다. 마침 퇴근 무렵 교사는 방글이의 어머니로부터 전화를 받았다.

"선생님, 우리 아이가 말뜻을 잘 모르고 써서 엉뚱한 이야기를 했다고 하더라고요. 키만 컸지 아직 어립니다. 죄송합니다."

"아이고, 어머님. 전화까지 주셨군요. 마음 전해 주셔서 감사합니다. 평소 예의에 어긋나는 행동을 하는 아이가 아니라서, 말뜻을 모르고 썼다고 생각했어요. 충분히 그럴 수 있어요. 제가 단어의 뜻을 잘 알려 주었어요. 아이들이 그러면서 크는 거죠. 아이가 실수한 것이라 저는 웃고 넘어갔습니다. 괜찮습니다."(마음 나누기)

요즘 아이들, 어릴 적부터 이것저것 많이 접하고 배워서 지적 수준은 높아진 것 같지만, 자세히 살펴보면 그 말의 정확한 뜻도 모르면서 어감이나 뉘앙스로만 이해하고 쓰는 경우가 있다. 아이들이 주변 상황이나 맥락과 상관없는 엉뚱한 말을 했다면 어떤 뜻으로 한 말인지부터 살펴봐야 한다.

나이에 비해 어린 행동을 하는
아이들을 대할 때

나이에 비해 행동이 어리거나, 자신의 감정에 따른 행동을 조절하지 못하는 아이들이 있다. 가장 문제가 되는 것은 예의를 지키지 않는 경우이다. 학교-가정-사회에서 예절을 가르치고 있지만 아이들이 예절을 잘 지키지 않는 이유는 무엇일까? 예절을 지켜야 한다는 것은 알지만 어떻게 지켜야 하는지 잘 모르기 때문이다. 예절은 추상적인 개념이기 때문에 무엇이 '예의 있는' 혹은 '예의 없는' 행동인지 구별하여 행동할 수 있도록 가르쳐야 한다.

말을 함부로 내뱉어 예의 없게 행동하는 것처럼 보이는 학생들이 있다. 그런데 가만히 살펴보면 그 말뜻이 무엇인지 잘 모르고 내뱉는 경우가 많다. 이럴 땐 아이의 평소 성향을 반추하면서 판단해야 하는데, 평소의 행동이 바른 아이는 별 문제가 없지만, 그렇지 않은 아이는 교사도 오해할 수밖에 없다. 이럴 땐 교사도 당황스럽겠지만 아이가 뜻을 알고 하는 말인지부터 확인해야 한다.

맥락에 안 맞게 너무 뜬금없는 말이나 행동을 하는 아이가 있다면, 아이가 그런 말이나 행동의 뜻을 제대로 알고 표현하는 것인지 점검해 보고 적절한 표현법을 함께 찾아봐야 한다.

선생님이
진심으로 사과할게

평소에 교사와 관계가 좋은 반짝이가 어리광을 부리길래, 교사는 농담 반 진담 반으로 유치원생에게 하듯 반짝이에게 말했는데 순간 아이의 반응이 싸늘하다. 말로 표현하지는 않지만 표정에는 불편함이 강하게 담겨 있다. 교사는 그냥 웃고 넘어갈 거라 예상하고 가볍게 한 말이었는데 반짝이의 표정을 보면서 좀 당황했다. 그렇다고 반짝이에게 덥썩 사과하기에도 민망한 상황이다. 아이에게 사과했다가는 학급에서 교사의 권위가 무너지는 것 아닌가 하는 걱정도 든다. 하지만 교사는 불편한 마음을 계속 가지고 있기 싫어서 급식 시간 이후 반짝이에게 물었다.

"아까 표정이 좀 불편해 보이던데, 왜 그랬는지 말해 줄 수 있니?"(제안)

"네, 선생님께서 저를 어린아이처럼 대해서 기분 나빴어요."

"아, 선생님의 말에서 불쾌함을 느꼈구나?"(재진술)

"네."

반짝이의 눈은 서운함으로 가득했고, 차가움과 건조함이 동시에 느껴졌다. 서운함은 교사에 대한 감정이고 차가움과 건조함은 자기 보호를 위한 방어막이 작동한 결과이다. 아이가 애쓰는 모습이 안쓰럽게 느껴지고 그 원인이 자신 때문이라 느껴져 교사는 반짝이에게 사과했다.

"반짝아, 미안해. 선생님이 너무 가볍게 생각하고 이야기했나 봐."(자기개방)

순간 반짝이의 눈이 살짝 흔들렸지만, 반짝이는 아직 양파 껍질 같은 겹겹의 방어막으로 둘러싸여 있는 것 같다.

"네, 괜찮아요."

반짝이는 반사적으로 괜찮다고 말한다. 이는 교사의 미안한 마음이 반짝이에게 온전히 전해지지 못했거나, 반짝이가 아직 사과를 받아들이지 못했다는 뜻이다. 교사는 반짝이의 눈을 바라보며, 다시 한 번 사과했다. 교사의 소소한 실수라고 볼 수도 있지만 용기를 내 사과하여 잘못을 되돌리려는 노력을 하는 것이다.

"선생님이 진심으로 사과할게. 사과를 받아 줄 수 있겠니? 너의 마음을 불편하게 할 생각은 없었어. 선생님이 실수했어. 불편하게 해서 미

안해."(자기 개방)

이번에는 교사 마음을 구체적으로 풀어서 사과하니 반짝이의 눈빛이 한결 더 부드러워졌다.

"네, 이제 괜찮아요."

"지금 기분은 어떠니? 어떤 마음인지 이야기해 줄 수 있어?"(질문)

사과와 용서의 문제 해결을 넘어서 학생과 교사의 동반 성장으로 이끌기 위해서 한 말에 아이의 눈이 아까보다 더욱 부드러워졌다.

"선생님께서 사과를 해 주셔서 지금은 다 괜찮아졌어요."

"선생님의 사과를 받아 주어서 고마워. 덕분에 선생님도 불편했던 마음이 괜찮아졌어. 고마워."(자기 개방)

반짝이는 이제 눈빛이 완전히 부드러워졌고 다시 웃는다. 반짝이는 학기초에 자신이 감정 표현을 잘 못해서 올해는 좀 더 잘하고 싶다고 말했던 아이다. 그래서 이 대화가 반짝이에게는 좀 더 특별하게 기억될 수도 있을 것이다.

아이에게 실수를 인정하고 사과할 용기

누구나 삶을 살아가면서 용기를 내야 할 때가 있다. 새롭게 무엇인가에 도전할 때도 용기가 필요하고, 스스로 힘을 북돋을 때도 용기가 필요하다. 미움 받을 용기가 있어야 사실대로 이야기할 수 있고, 내가 원하지 않던 현상을 '있는 그대로' 바라보며 반성할 때에도 용기가 필요하다. 나의 바람, 욕구, 이상과 현실의 차이만큼이나 큰 용기가 필요하다. 이상과 현실이 완벽하게 일치하는 경우는 드물기 때문에 용기는 사실 매 순간 필요하다. 용기를 낸다는 것은 지금 현 상태보다 더 성숙하고 발전되고 나아지려는 욕구와 의지가 강하다는 뜻이며, 용기를 내어 어떤 행동을 할 때 내가 가진 크고 작은 다양한 문제들을 해결할 수 있다. 이는 교실에서 학생들과 맞닥뜨리는 교사의 상황에도 적용된다.

앞선 사례는 조금은 까다로운 아이가 완전히 교사의 편이 되었다고 판단하여 교사가 가볍게 던진 말 때문에 학기초에 쌓았던 라포가 산산히 깨질 뻔한 상황이다. 교사도 사람이니 당연히 실수할 수 있지만 이러한 실수는 빨리 해결해야 한다. 교사의 목표는 학생들에게 완벽한 사람이 되는 것이 아니다. 학생들에게 실수를 인정하고 사과할 수 있는 유연한 사람, 불완전한 존재이지만 잘못된 것을 고칠 수 있는 용기 있는 사람이 되어야, 학생뿐 아니라 교사 자신의 성장과 삶에도 도움이 된다.

너희와 똑같이
선생님도 상처받아

새 학년의 설렘과 긴장이 사라지고 봄바람이 더 따뜻해질 때쯤 교사와 학생 사이에는 '익숙함'이 주된 정서로 자리한다. 익숙함이 편안함으로 인식되는 순간 친하다는 이유로 넘지 말아야 할 선을 넘게될 때가 있다.

체험학습을 가기 전 교사가 학생들에게 안전에 대해 설명하는데학생들이 유난히 산만하다. 아이들이 체험학습에 설레어 마음이 들떠 그러겠지 싶어 교사는 친절하게 말했다.

"선생님 눈을 좀 봐 주세요."

한두 명의 아이들 빼고는 그냥 '알겠다'는 식으로 교사의 말을 흘려버린다. 이럴 때 교사는 고민이 된다. '내가 아이들에게 너무 친구처럼 대해 주어서 그런 걸까? 옆 반 선생님처럼 엄하거나 차갑게 대할 걸 그랬나?'라는 생각이 들자 이 상황을 만든 것은 결국 자신이라는 생각에 자책과 분노, 짜증이 복합적으로 올라온다. 이때 교사의 속마음은 마치 헐크와 같다. 한편으로는 학생들에게 서운하고 이 상황이 속상하다. 이게 다 처음부터 학생들에게 엄하게 하지 않은 자신의 탓이라 생각하니 힘이 빠지고, 자신의 탓으로 돌린다 해도 여전히 찜찜하게 남는 많은 감정과 생각들 때문에 혼란스럽다. 이럴 땐 버럭 화를 내는 것이 이 상황을 벗어나는 탈출구가 될 수 있다. 교사는 '그래, 이제라도 되돌려 놔야지. 지금부터 학생들에게 엄격하게 하리라!' 생각하고 학생들을 집중시키는 최선의 방법으로 버럭화를 내야겠다 생각한다. 무시당한 교사의 권위를 찾기 위해서라도 아이들을 더 차갑게 대하리라 다짐하게 된다.

교사의 이런 의식과 행동의 흐름이 크게 틀린 것은 아니지만, 최선의 방법이라 할 수는 없다. 학생들을 엄격하게 대하지 않은 것 때문이라고만 설명하기엔 무리가 있다. 모든 학생이 교사의 말을 흘려버린 것도 아닌 데다, 학생을 그저 미성숙한 존재로만 보는 게 아니라 나름의 상황 판단을 하는 한 인간으로 본다면 현재 상황을 환기시키는 것만으로도 충분히 분위기를 바꿀 수 있을 것이다.

이 상황에서 분명한 것은 교사의 친절과 믿음이 학생들에게 의미 있게 다가가지 못했고, 교사의 생각이 '학생들이 예의 없다'로 진전

되어 교사의 마음은 자책을 넘어 상처로 갈무리되었다는 것이다. 이 상황에서 학생들은 본인들의 행동이 교사에게 상처를 준다는 생각을 전혀 못하고 있다. 교사는 학생들에게 버럭 화를 내고 엄격한 분위기를 조성하기 전에 마지막으로 아이들의 마음과 만나 보려 한다.

"여러분, 선생님을 좀 봐 주세요. (잠시 침묵하자 시선이 집중된다.) 선생님도 마음의 상처를 받아요!" (자기 개방)

아이들이 순간 눈을 동그랗게 뜨며 교사에게 집중한다. 그러나 이런 교사의 진지한 반응에도 몇몇 아이들은 '에이~' 하며 웃는다.

"선생님은 상처받지 않는 것 같아요?"(확인)

"선생님이 무슨 상처를 받아요? 말도 안 돼!"

여기에서 교사에 대한 아이들의 오개념을 읽을 수 있다. 아이들은 교사가 완전무결하고 절대 상처받지 않는 단단한 사람이라고 생각하고 있는 것이다. 자신들만의 '선생님에 대한 이미지'를 만들어 놓고 철저히 교사를 오해하고 있다.

"선생님이 달리기하다가 심하게 넘어지면 다칠까요, 다치지 않을까요?"(질문)

"다쳐요."

"선생님 몸은 아이언맨이 아니죠?"(확인)

"당연하죠!"

"그럼 선생님 마음은요? 다치거나 상처받지 않을까요?"(확인)

"상처받지 않을 거 같아요. 선생님은 어른이고, 우릴 가르치니까요."

"선생님은 직업이 교사일 뿐이지 선생님도 여러분과 똑같은 사람이에요. 선생님도 여러분과 똑같이 상처받아요."(자기 개방)

"정말요?"

"네, 선생님께 예의 없이 말하거나 선생님이 말하는데 여러분이 귀 기울여 듣지 않으면 서운하고 속상하고 무시당하는 거 같아서 화도 나요."(자기 개방)

"에이, 무슨 선생님이 그래요?"

"여러분은 부모님이 여러분의 말을 집중해서 듣지 않고 관심 없어 하면 어떤 마음이 드나요?"(탐색적 질문)

"우리 엄마는 원래 그런데요? 그래서 아무렇지도 않아요."

한차례 까르르 웃음이 터져 나왔다.

"아이고, 그러셨군요. 그럼 다시 질문해 볼게요. 처음부터 부모님이 내 말을 듣지 않아도 아무렇지 않았나요? 그리고 다른 사람, 친구가 그래도 마찬가지인가요?"(탐색적 질문)

"아니요, 서운하고 화나고 짜증 나요."

"그 이유는 뭘까요? 그것은 바로 존중받지 못했기 때문입니다. 그랬을 때 서운하고 화도 나고 짜증도 나요. 이건 누구라도 마찬가지입니다. 선생님도 여러분에게 존중받고 싶어요."(설명, 자기 개방)

교사는 아이들의 반응을 천천히 살펴보면서 대화를 이어 간다.

"자, 그럼 반대로 생각해 볼까요? 여러분이 선생님한테 와서 무엇인가를 말하려고 하는데, 선생님이 여러분을 보지도 않고 컴퓨터만 보고 공문만 만들고 있다고 생각하면 어때요?"(탐색적 질문)

"……"

이쯤 되니 아이들은 교사의 마음이 보이는지 사뭇 진지해진다.

"또 하나 생각해 봐요. 못 참을 만큼 아픈 것만 상처일까요?"(탐색적 질문)

"네?"

"못 참을 만큼 아파야 상처는 아닙니다. 무시당하는 기분, 존중받지 못한다는 기분이 쌓이면 어떻게 될까요?"(탐색적 질문)

"기분 나쁠 것 같아요."

"그렇죠. 존중받지 못하는 느낌, 그런 사소한 느낌들이 처음에는 가볍지만 쌓이면 무거워지고 결국 힘든 상처가 돼요. 이 상처 때문에 기분이 나쁘다고 느껴지는 것이고요."(설명)

"선생님도 그럼 정말 상처를 받나요?"

"네, 선생님이라는 역할, 교사라는 아이언맨 슈트를 벗으면 결국 그 안에는 여러분과 똑같은 사람이 있습니다. 그것이 진짜 선생님이거든요. 선생님도 무수히 상처받아요. 단지 어른이기도 하고 다양한 경험을 했고 여러분이 준 상처보다 여러분이 준 보약이 많아서 덜 느끼는 것뿐이죠. 또 상처받는다고 교실에서 해야 할 일을 하지 않으면 안 되니 아프고 힘들더라고 견디는 거예요."(자기 개방, 설명)

"보약이요?"

"네, 선생님도 여러분의 눈빛, 행동, 대답에 힘을 얻곤 하니까요."(자

기 개방)

"그럼 선생님, 대답 잘할게요."

"얘들아, 우리 선생님 말씀하실 때 대답 잘하자. 선생님 상처받으시면 안 돼!"

"고마워요. 몸에 난 상처는 눈에 잘 보여 금방 치료하게 되고 시간이 지나면 대부분 아물죠. 상처가 아물지 않는다면 생명이 위험하기도 하고요. 하지만 마음에 난 상처는 눈에 보이지 않아서 나 자신도 상대방도 잘 몰라요. 대부분은 참으면 된다고 생각하고 그냥 두죠. 마음의 병은 그렇게 생겨요. 마음의 상처가 깊어지면 주변 사람들과 관계 맺기도 힘들어지고 자신의 삶도 힘들어져요. 선생님은 오늘 용기 내어 여러분에게 말한 거예요. 선생님도 이럴 때는 상처받으니 배려해 달라고 부탁한 거예요. 선생님 이야기에 귀 기울여 줘서 고마워요."(설명, 자기 개방)

완벽한 교사보다 불완전하지만 용기 있는 교사

교사는 교실에서 늘 옳은 말과 맞는 말을 해야 하다 보니 완벽한 존재가 되어야 한다고 생각한다. 혹시 교사가 틀렸다 하더라도 스스로 그것을 인정하면 교사의 권위가 무너질 것 같기도 하다. 그런데 이런 마음이 어느 순간 신념처럼 굳어져 자신의 실수를 절대 용납하지 않으려다 보면 현실의 자아와 이상적 자아의 괴리가 커진다. 마음이 건강해지는 데 가장 중요한 것은 '일치성'이다. 생각과 표현의 일치, 감정과 표정의 일치, 이상과 현실의 일치, 의무와 현실의 일치가 중요한 변인이 된다. 이것들의 괴리가 커질수록 그 간극만큼 불안, 조급, 무기력해지는 것이 사람의 심리이다.

이런 측면에서 '완벽한 교사'란 이상에 가깝다. 교사가 완벽하고 유능한 모습만 보이려고 애를 쓰고 힘을 들이는 것은 몹시 고단한 일이다. 완벽하려고 애쓰는 것을 완벽주의 성향이라고 볼 수도 있지만 대부분은 강박적인 행동으로 평가된다. 교사의 권위와 완벽함을 유지하기 위한 많은 에너지를 교사와 학생의 성장에 쓰는 것은 어떨까?

교사가 학생들에게 실수했거나 사과할 일이 있을 때는 개별적 혹은 공개적으로 그것을 인정하고 사과해야 한다. 교사가 자신의 실수를 인정하고 사과하는 모습은 학생들에게도 모델링이 되어, 학급 안에서 학생들이 잘못하거나 실수할 때 그것을 인정하고 사과하거나 해결하려는 행동이 늘어난다. 자기중심성이 강한 초등 저학년 아이들도 자기 실수를 빠르게 인정하고 반성하는 게 자신에게 더 나은 선택이라는 것을 알고 따라 한다. 고학년에게는 탈권위적인 존경스러운 교사로 다가갈 수 있다.

속상할 때는 '속상하다'. 화가 났을 때는 '화가 났다', 미안할 때는 '미안하다', 기쁠 때는 '기쁘다', 슬플 때는 '슬프다'와 같이 학급 상황에 대한 교사의 생각과 감정을 학생들에게 표현하는 것이 낫다.

'지금-여기'에 집중하여 인간의 불완전함과 성장 가능성을 염두해 두고 진솔하게 다가서는 교사의 모습이 학생들에게는 더 존경스럽고 신뢰가 갈 것이다.

선생님을 방해하는 건 아니야

학년말이 될수록 교사는 가르치는 일보다 행정 업무로 더 바빠진다. 아이들과 함께 이야기 나누고 재잘재잘 떠들며 놀았던 장면은 이제 추억으로 사라져 가고 교사는 공문 처리, 성적 처리, 예산 사용, 품의 등의 일들로 출근하자마자 정신이 없다. 수업이나 아이들과의 만남보다 행정적인 일들이 교사를 짓누른다. 그래서 교사는 출근하자마자 학생들과 인사를 나눈 이후 줄곧 모니터만 바라보게 되는데, 그동안 학생들과 다져 온 단단한 관계도 점차 느슨해진다. 교사는 이렇게 바쁜 날들을 1~2주 정도 보내고 문득 아이들과의 관계가 소원해진 것을 느꼈다.

'언제부터인가 쉬는 시간에도 아이들이 곁에 오지 않네.'

아침에 교사와 눈을 마주치며 인사하던 아이들, 쉬는 시간에도 교사에게 와 재잘재잘 떠들던 아이들이었는데, 어느 순간 이런 일들이 뜸해지더니 이제 아이들끼리의 시간이 더 많아졌다. 어쩌면 아이들이 바빠 보이는 교사를 배려하는 것일 수도 있고, 교사가 출근하자마자 컴퓨터부터 보고 있으니 말을 못 거는 것일 수도 있다. 넘쳐나는 행정 업무로 그동안 아이들과 잘 맞춰 오던 호흡이 어려워진다면, 힘들게 만들어 온 학급운영의 기조와 철학, 함께 나눈 기치들이 물에 빠진 소금인형처럼 녹아 없어질 것이다. 문득 거기까지 생각이 미치자 교사는 아무래도 안 되겠다 싶어 아이들에게 말했다.

"2반~!"

"네~"

학생들은 '선생님이 왜 그러시지?' 하는 표정으로 바라보며 큰 목소리로 대답한다. 그런데 몇몇 아이들은 교사를 안 본다. 전에는 이렇게 교사가 아이들을 부르면 거의 모든 아이들이 교사를 바라보았다. 그런데 컴퓨터 모니터에 집중한 약 보름 사이 아이들과 눈 마주침 인사를 잘 못하니 확실히 아이들의 반응이 전보다 약해졌다.

"2반~"

"네??"

다시 아이들을 부르니 아이들이 다 교사를 바라본다.

"선생님이 요즘 너무 바빠서 학교에 오면 인사하고 컴퓨터만 보고 있

없네요."(자기 개방)

"(끄덕끄덕)"

"선생님 마음이 급했나 봐요. 요즘 아침에 인사를 하는 친구가 별로 없던데."(자기 개방)

한 아이가 작은 목소리로 속삭이듯 말했다.

"선생님이 바빠 보이셔서요."

"맞아요. 바쁘긴 해요. 그런데 선생님 생각이 짧았네요. 어느 순간 할 일이 많아져서 조급해졌나 봅니다. 여러분이 와서 인사를 하더라도 크게 방해되지 않는데, 아마 선생님이 여유가 없었나 봐요."(자기 개방)

"네?"

"선생님이 바쁘더라도 우리 인사해요. 선생님도 여러분이 올 때는 여러분과 눈인사할게요."(제안)

"선생님을 방해하는 거 아닌가요?"

"아니요. 그건 선생님의 일이고 선생님의 몫일 뿐이에요. 학교 오면 꼭 선생님하고 인사 나누도록 해요. 선생님이 학교에 오는 목적은 바쁜 일을 처리하는 것이 아니라 여러분과 함께 생활하러 오는 것입니다."(자기 개방)

아이들 표정이 아까보다 밝아졌다. 사실 학교교육의 가장 큰 결실은 학생들의 성장이다. 일 년 동안 아이들과 열심히 지냈으면서도 마지막에는 바쁘다는 이유로 잠시 학생들과 거리가 생길 수밖에 없는 것이 학교 생태계이다. 교사는 자신의 의지와 관계없이 또다시 비슷한 실수를 할까 봐 아이들에게 더 분명하게 부탁하며 다시 의지를 다진다.

"여러분, 혹시 선생님이 여러분의 인사를 받지 못하도록 바쁘거나 모니터만 보고 있으면 선생님께 다가와서 눈앞에서 이렇게 말해 주세요. '선생님, 안녕하세요? 저 왔어요.' 이렇게 말입니다. 할 수 있죠?"

아이들이 킥킥 웃는다. 아이들 입장에서는 상상만 해도 웃길 수 있다. 이렇게 교사와 아이들이 하나의 가치를 향해 함께 호흡한다는 기분을 동시에 느끼는 순간 학급의 응집력은 더욱 높아진다.

건강한 관계를 형성하고
유지하는 방법

교사가 가르치는 일에만 집중할 수 있다면 교사-학생의 관계는 특별한 훈련이나 학습이 없어도 건강하게 유지될 것이다. 하지만 교사는 가르치는 일에만 집중할 수 없다. 수많은 부가 업무를 하다 보니 가끔 주객이 전도되는 상황도 생긴다.

책임감이 강하고 성실한 교사일수록 '긴급'이 붙은 국정 감사 요구 자료, 자료 집계 시스템, 장학 자료 등의 공문들을 그냥 외면할 수가 없다. 교육 행정 문서가 수기 문서에서 전자 문서로 바뀐 이후, 공문의 생산량도 폭발적으로 늘어 정말 하루에도 수십 건 이상의 공문이 생산되고 접수되는 상황이다. 행정 지원이 늘어났다고는 하지만 현장에서 체감하기로는 아직 갈 길이 멀다.

학생들은 교사가 어떤 상황이라는 것을 잘 알고 있다. 특히 초등은 교실에서 함께 생활하기 때문에 교사의 표정, 행동 등 비언어적인 메시지만으로도 선생님의 상황을 가늠할 수 있다. 학년 초에 잘 다져 놓은 관계들이 서서히 어색해지고 서먹해지는 순간은 바로 앞선 사례와 같은 순간이다.

교사가 바빠 보이니 방해하지 않으려고 배려하다 보면 어느 순간 학생들과 교사의 사이는 멀어져 있다. 바쁘다는 이유로 보지도 않고 대답하는 몇 번의 상황들이 반복되면 학생 입장에서는 친절하게 거절당한 것이므로 교사와 점점 더 멀어지게 된다. 이런 일들이 쌓이면 돌이킬 수 없는 상황이 된다.

교사가 이런 상황을 자각했을 때에는 본질을 떠올리고 자기 개방을 해야 한다. 바쁘다는 게 이유였지만 관계를 훼손시킬 의도가 없었음을 학생들에게 분명히 알려 주어야 한다. 그렇게 하지 않으면 교사의 의도와 상관없이 학생들과의 관계가 소원해질 수밖에 없다. 약속을 정하는 것도 좋다. 앞선 사례에서는 '인사하기'를 약속했다. 이런 작은 행동들은 건강하고 촉진적인 관계를 지속할 수 있는 좋은 전략이 된다.

선생님은
너를 믿고 싶어

어느 교실이든 교사와 밀당을 하려는 아이가 꼭 있다. 교사를 좋아하면서도 잘 따르지는 않고, 자신이 못하거나 해 보지 않은 일, 귀찮은 일은 잘 안 하면서 마치 잘하는 것처럼 말하는 아이가 있다. 왕별이가 바로 그런 아이인데, 왕별이가 교사를 속이려다가 딱 걸렸다. 교사가 간단한 숙제를 확인하는데, 그동안 하지 않고 밀린 부분은 감추고 검사받는 마지막 장만 교사에게 보여 준 것이다. 왕별이의 행동에 화도 나고 실망한 교사의 입에서 "아니, 이게 뭐죠?"라는 말이 툭 튀어나왔다. 순간 왕별이가 당황하며 숙제가 안 된 부분을 가리키는 교사의 손을 가로막는다. 부끄러워서 하는 행동인지, 이 상황을 모면하려는 행동인지 알 수 없지만 교사는 화가 났다.

"앞부분은 안 되어 있는데, 어떻게 다 했다고 검사를 받죠?"(직면)

사실 교사는 왕별이가 다른 아이들 과제 검사하는 모습을 힐끔힐끔 보고 있다는 것을 눈치채고 있었다. 차라리 다 못했다고 솔직하게 말했다면 좋았을 텐데 왕별이는 그렇게 하지 않았다. 솔직한 왕별이의 모습을 기대하고 있었던 교사는 뭔가 화가 난다. 이 화는 왕별이가 교사를 기만했다는 생각에서 오는 화와 기대했던 대로 행동하지 않은 왕별이에 대한 실망감의 화가 뒤섞인 것이다. 교사는 아이의 눈을 살펴보며 상태를 살핀다. 왕별이는 전과 달리 두려워하고 있었다. 여기서 중요한 것은 왕별이의 두려움이 무엇을 뜻하는지 알아야 한다는 것이다. 지금 왕별이의 두려움은 교사가 불같이 화를 낼까 봐 두려워하는 마음이기도 하지만, 친구들 앞에서 혼났을 때의 창피함을 두려워하는 마음이 더 커 보인다. 교사에게 인정받고자 하는 아이라 순간 숨고 싶은 마음도 들었을 것이다. 이 순간, 교사에게는 두 가지 선택지가 있다. 첫째, 제대로 화를 내서 다시는 그런 행동을 못하게 한다. 둘째, 교사를 속인 것에 대한 잘못을 마음으로 직면시킨다.

"지금 어떤 마음이에요?"(탐색적 질문)

"부끄럽고, 창피하고……"

"무엇이 부끄러워요?"(탐색적 질문)

수치스럽거나 부끄러운 감정이 나올 때는 무엇이 부끄럽고 얼마나 창피한지를 물어봐야 한다. 부끄러운 마음을 구체적으로 살펴볼 때 행동을 통제할 수 있다.

"선생님을 속인 것이요."

무엇 때문에 부끄러운지 알았다면 이제 부끄러움의 질량을 알아 봐야 한다. 사람은 누구나 불편한 감정을 피하고 싶어 하기 때문에 정확하게 인식하지 못할 때가 많다. 그래서 엉뚱한 행동이나 말이 툭 튀어나오는 것이다. 행동이 바뀌기 위해서는 무엇이 부끄러운지 정확하게 인식해야 불편한 감정을 마주할 용기가 생긴다.

"부끄러움이 얼마나 느껴졌나요? 100점 만점 중에 몇 점이죠?"(탐색적 질문)

"100점이요."

왕별이는 생각보다 더 크게 창피함을 느끼고 있었고, 교사는 그 마음에 공감이 되었다. 아이의 말에 경청한 것이다. '많이 부끄러웠 구나. 그러니 얼마나 피하고 싶었을까?' 지금 이 순간 왕별이가 핑계 대거나 회피하며 도망가지 않고 대답하는 것이 대견하다. 부끄러움 의 크기와 실체를 정확히 듣고 나니 아이의 속마음이 이해되고 어떤 행동수정 전략을 선택할지 그 근거도 마련되었다.

교사는 마침 엊그제 도덕 시간에 배운 '용기'에 대해 이야기했다.

"엊그제 도덕 시간에 부끄러움을 알고 마주할 용기를 내면, 부끄러운 만큼 성장하고 발전한다고 했는데 오늘 부끄러움을 100점 정도나 느 꼈으니 성장도 두 배로 하겠군요."(설명)

이 말은 용기를 낸 아이에 대한 격려이자, 도덕 수업을 잘 들은 것 에 대한 칭찬이고, 이 상황에 대해 용서한다는 뜻이다. 교사에게 크 게 혼날 줄 알았던 왕별이의 표정이 달라졌다. 하지만 부끄러움은 아이의 내면에서 쉽게 빠져나가지 못한다. 왕별이가 고개를 숙이고 있다. 이때 부끄러움을 못 이겨 계속 고개를 숙이고 있다면 교사의 언어가 아이의 마음속에 들어가지 못한다.

"선생님 눈을 보세요. 오늘 선생님에게 검사받고자 하는 부분을 감춘 것은 선생님이 이제 용서하겠습니다. 왜냐하면 잘못한 자신이 스스로 부끄러움을 느꼈으니까요. 누구라도 밀리면 계속 하기 싫어졌을 것입니다. 밀린 부분은 다음 주까지 다 해 오세요. 선생님은 왕별이가 앞으로는 숙제를 밀리지 않았으면 합니다."(설명)

"네, 선생님. 감사합니다. 다음 주까지 꼭 해 올게요."

"그리고 한 가지 약속하는 것이 어때요?"(제안)

"어떤 약속이요?"

"밀려서 못했다고 하더라도 선생님께 솔직하게 말해 주었으면 좋겠어요."(제안)

"아, 네. 죄송합니다."

"솔직하게 말해 주지 않으면 다른 상황에서도 선생님은 왕별이를 못 미더워 할 것 같아서요. 선생님은 왕별이를 믿고 싶습니다. 그 믿음은 왕별이의 행동으로부터 나오는 것이거든요."(자기 개방, 설명)

"네, 선생님. 앞으로는 솔직하게 말할게요."

"약속하나요?"(확인)

"네."

선을 넘는다든지 속을 긁거나 뻔하게 들킬 거짓말을 하는 아이를 보면 단순히 화가 나는 차원을 넘어 또 다른 불편함을 느낀다. 그 불편함은 아마도 교사의 인격이나 권위에 대한 도전처럼 느껴지는 불편함일 것이다.

이때 교사는 '나도 너의 속마음 정도는 알아. 자꾸 어설프게 속이지 마!'라는 의미로 직면을 시키고 싶은 마음도 든다. 하지만 상대를 위하는 따뜻한 마음 없이 직면을 사용하면 매우 위험하다. 직면을 잘못 사용하면 학생의 수치심을 자극하여 모욕감을 줄 수도 있다. 여기서 중요한 것은 학생에게 수치심을 주는 것이 아니라, 학생이 스스로 부끄러움을 느낄 수 있도록 해야 한다는 것이다. 수치심은 남이 나에게 주는 것이고, 부끄러움은 자기 스스로 깨닫고 반성하는 측면이 크다.

학생 입장에서는 교사를 속일 수 있다고 생각했지만 교사는 속지 않았다. 그런데도 교사가 화를 내거나 자신을 무시하지 않고 평정심을 유지하며 '앞으로 해야 할 일', '교육활동'에 집중해서 이야기한다면 더 권위 있게 느낄 것이다. 물론 여기서 교사가 불쾌한 마음을 숨겨야 한다는 것은 아니다. 불편함을 이야기하되 학생의 수치심을 자극해서는 안 된다는 뜻이다. 학생의 수치심을 자극해서 불필요한 저항감만 키우면 가정에서 오해하고 엉뚱한 민원을 받을 수도 있다.

　이런 상황에서 교사가 흥분하거나 어설프게 화내지 않고 교육의 목적을 떠올리면서 깔끔하게 요약, 설명, 제안한다면 학생은 교사를 좀 더 솔직하게 대할 것이다. 그리고 말과 행동에서도 점차 진정성과 진지함이 묻어 나오기 시작할 것이다.

　학생이 교사를 좋아하지 않는데, 교사가 무안을 주고 논리적으로 면박하면 또 다른 문제로 전이되고 감정의 골만 깊어진다. 앞선 사례는 교사가 몇 번에 걸쳐 참았다는 것을 학생도 알고 있었고 스스로 '걸렸다고' 자각했기 때문에 교사가 냉정하게 이야기한 것이다.

적당이는 딱 지적받지 않을 정도만 하는 처세술에 능한 여학생이다. 조용한 편이지만 은근 장난이 심해서 교사가 없는 곳에서는 남자아이를 헤드락할 정도로 쾌활하다. 그런 적당이가 쉬는 시간에 아이들과 문을 가운데 두고 서로 구석으로 미는 다소 위험한 장난을 하고 있었다. 문을 밀며 장난하면 위험하다고 교사가 몇 번씩 주의를 줘도 적당이와 아이들 몇몇이 계속 장난을 친다. 다른 아이들은 한두 번 하다 마는데, 적당이는 이런 장난을 친 게 벌써 세 번째다.

"적당이, 선생님한테 와 보세요!"(지시)

적당이는 쪼르르 와서 멀뚱멀뚱 교사를 바라본다.

"지난번에도, 지지난번에도 위험하다고 주의해 달라고 신신당부를 했는데, 왜 또 그 장난을 하죠?"(확인)

"그런데요, 지난번에 언제요?"

반성을 해도 모자랄 판에 발뺌하는 듯한 대답에 교사는 당황스러움을 넘어 어이가 없다. 적당이가 교사를 무시하는 것 같아 화가 나기 시작한다. '화난다, 약 오르네, 지금 나 무시하는 건가? 아 일단 멈추자.' 교사는 속으로 자신의 감정 상태부터 살핀다. 바짝 약이 오른 상태에서는 실수할 확률이 높다. 이럴 땐 잠시 멈춰야 안전하다. 평소에 적당이가 잘해 왔다면 "지난번에 못 들었구나? 그때 선생님이 말했는데."라고 말했을 텐데, 심장이 빨리 뛰고 화가 나는 반응은 그동안 '쌓인 일들'이 많다는 뜻이다. 교사는 3초만 멈추자 생각하고 잠시 눈을 감았다. 그렇게 화 반응을 멈추고 생각했다. '어떻게 해야 할까? 그냥 알겠다고 하고 넘어가면 당장은 편하긴 하겠지. 어차피 쉽게 바뀔 아이가 아니니. 타협을 할까?' 싶다가 '그래, 한 번은 아이에게 이런 부분을 짚어 주고 가자. 힘들더라도 그게 나나 아이를 위해 나을 거야.'라는 교육적인 생각도 든다. 교사는 동시에 두 가지 생각을 하고는 직관적으로 결론을 내렸다.

교사는 적극적으로 이 상황을 해결하기로 마음먹었다.

"지난번에 위험하다고 그런 장난하지 말라는 이야기를 못 들었어요?"(확인)

"네, 기억이 안 나요."

"그래요, 그럼 오늘부터는 꼭 기억하세요."(지시)

"선생님이 적당이에게 물어볼 것이 있어요."(주의 환기)

"적당이는 선생님 말씀을 잘 듣고 있나요?"(확인)

"네! 나름 열심히 듣고 있어요."

"나름요? 그래요? 그렇다면 선생님의 이야기를 귀담아 듣고 있나요?"(확인)

"네, 귀담아 듣고 있어요."

아이는 절대 물러서지 않겠다는 태도로 이야기한다.

"예를 들어 어떤 것이죠? 수업 내용이든, 선생님이 평소에 하는 이야기든, 귀담아 들었던 것을 생각나는 대로 들려 주세요."(직면)

"음……어……음……"

교사와 기싸움이라도 하는 듯한 모습을 보이던 적당이의 눈동자가 슬슬 바닥을 향해 내려간다. 적당이는 쉬는 시간을 체육 시간처럼 쓰고, 교과 수업 시간은 미술 시간처럼 그림 그리는 데 쓰는 아이다. 학업 능력도 좋은 편이지만 노력보다는 요령을 택한다. 그리고는 교사에게 노력하고 있다고 말한다. 적당이의 보호자도 아이가 딱 혼나지 않을 수준만큼만 적당히 한다는 것을 알고 있다. 교사와 보호자 모두 견해가 같다. 노력하지 않는 것인지, 노력하고 있는데 교사나 보호자가 그렇게 보지 않는 것인지, 무엇이 진실일까 싶은 생각까지 들게 만드는 아이다.

"생각나는 것이 없나요?"(탐색적 질문)

억지로 몇몇 에피소드를 기억해 내서 이야기한다. 이 역시 적당히 넘어가려는 것이다. 교사는 적당이에게 단도직입적으로 물었다.

"적당이, 한 가지 물어봐도 될까요?"(주의 환기)

"네."

"학교생활에 최선을 다하나요?"(탐색적 질문)

"(순간 멈짓) 최선은 아니지만 나름 열심히 하고 있다고 생각해요."

"나름 열심히 하고 있어요?"(확인)

"네~!"

"선생님이 생각하기엔 적당이가 착각하고 있는 것 같아요."(확인)

"왜요? 저는 열심히 하고 있는데요?"

"선생님은 적당이가 나름 열심히 생활한다고 생각하지 않아요."(정보
공유)

적당이는 살짝 억울하다는 표정을 하며 반격할 거리를 잡았다는
눈으로 말한다.

"제가 열심히 하는지 안 하는지 선생님께서 어떻게 아세요?"

"적당이가 열심히 하고 싶다는 건 알겠어요. 그러나 마음처럼 행동으
로 열심히 하는 것 같진 않아요. 의지가 있다고 모두 행동으로 실천되
는 건 아니니까요."(설명)

순간 적당이의 눈빛이 미세하게 흔들리면서 멍한 표정이 된다. 아
이가 억울해 하는 게 아니라면 생각이나 태도를 바꿀 수 있는 좋은
기회이다. 이때에는 아이가 이해할 수 있는 예로 설명해야 효과가
있다.

"그림을 잘 그리고 싶은 것과 그림을 잘 그리는 것은 다릅니다. 그림을
잘 그리고 싶은 마음이 들었다면 잘 그리도록 연습해야 되는 거죠. 노
력이라는 행동이 빠지면 그건 그냥 말만 하는 것입니다. 그걸 노력이라

고 착각하면 안 돼요."(설명)

"……"

"열심히 하고 싶은 마음이 곧 열심히 하는 것은 아닙니다. 실천이나 노력이 없으면 그것은 그냥 생각에 그치는 것이에요. 이제 그 차이를 알겠나요?"(확인)

"네."

교사가 담담히 하는 이야기가 어렵지도 않고 논리적으로 정확한 이야기였기 때문에 적당이는 고개를 숙이며 수긍을 한다. 그런데 잠시 후 적당이가 다시 교사에게 말을 건넨다.

"선생님, 그런데요. 노력 안 하면 안 되나요? 꼭 최선을 다해야 하나요? 최선을 다하지 않을 수도 있잖아요."

이 말을 하면서 적당이의 눈시울이 붉어졌다. 말 자체만 보면 반항 같지만, 자신의 내면을 스스로 본 후 솔직한 마음을 보여 준 것이다. 이런 순간은 오히려 깊이 있는 대화를 나눌 수 있는 기회가 된다. 적당이가 드디어 핑계에서 벗어나 있는 그대로의 모습으로 소통을 시도하기 때문이다.

"그래, 적당이. 노력하지 않아도 돼요. 차라리 솔직하게 말해 주니 이제 적당이의 마음이 이해가 됩니다."(수용, 공감)

교사의 질책 또는 다른 지시가 예상되었던 상황에서 교사가 자신의 말을 이해하고 공감해 주니 적당이는 놀란 표정이다. 아마도 적당이는 대부분의 어른들이 말하듯 교사도 매사에 최선을 다해야 한다고 할 줄 알았던 모양이다. 눈물이 쏙 들어가면서 눈이 동그래져 교사의 다음 말을 기다리고 있다.

"노력하고 싶지 않으면 노력하지 않아도 돼요. 선생님 말은 억지로 노력하라는 게 아니라 적당이가 스스로 노력하고 있다고 착각하면서 실제로는 노력하지 않는 것을 지적한 것입니다. 그건 자신을 착각하는 것이니까요. 노력을 하든 안 하든 그건 적당이의 선택입니다."(설명)

"그럼 노력하지 않아도 돼요?"

"네. 노력하고 안 하고의 문제는 적당이가 스스로 판단하고 결정하고 책임져야 하는 영역입니다. 그러나 노력하지 않으면서 노력하고 있다고 말하는 것은 자기 자신에게 솔직하지 못한 거죠. 차라리 지금처럼 노력하고 싶지 않아서 노력하지 않았다고 솔직하게 말한다면 그게 더 좋을 것 같아요."(설명, 자기 개방)

교사는 처음으로 자신의 솔직한 마음을 이야기한 적당이의 모습에 진정성을 느꼈고, 적당이 때문에 불편했던 마음도 사라지기 시작했다. 최선을 다하지 않으면서 최선을 다하고 있다는 말은 어차피 반박할 수도 없다. '최선'의 기준은 사람마다 다르기 때문이다. 적당이의 말과 행동이 불일치하는 것이 늘 불편했던 교사는 차라리 솔직하게 노력하고 싶지 않다고 말하는 적당이가 이제야 이해가 되기 시작했다. 최선을 다하든 안 하든 그것은 적당이의 의지와 선택에 달린 문제일 뿐이다. 교사는 그 과정에서 아이와 함께 걸으며 격려하고 직면하며 성장을 촉진해 주면 된다.

교사가 학생들에게 '우리 반의 강점'이 무엇인지 비주얼씽킹으로 표현해 보자고 했다. 아이들이 하나씩 우리 반 강점을 써서 붙여 가고 있을 때, 똑딱이가 교사를 힐끔 보더니 '우리 반 장점? 모름'이라고 써서 맨 위에 붙여 놓았다. 저학년 학생도 아닌 5학년 아이가 그렇게 쓴 걸 교사는 정말 이해하기 어려웠다. 게다가 똑딱이는 자신이 쓴 것을 보는 교사의 모습을 유난히 즐거워하는 모양새다. 똑딱이는 평소 교사가 다가가면 일부러 멀어지려 하고, 교사가 좀 거리를 두면 관심을 끌고 싶어 하는 패턴을 보이는 아이다. 예를 들면, 밥친구 차례를 누구보다 기다리면서도 막상 자기 차례가 오면 "밥친구 꼭 해야 해요?" 라며 교사에게 마음에도 없는 말을 한다. 학생이 반복적으로 이런 패턴을 보이면 아무래도 교사는 약이 오르거나 지처서 열린 마음으로 학생과 대화하기 어렵다. 교사도 상처받기 싫고 생존 반응을 하는 사람이기 때문이다. 언젠가 교사와 소통하는 글쓰기장에 똑딱이가 '나는 부정적이다. 올해는 부정적으로 생각하는 것을 바꿔 보고 싶다'라고 써 놓았기에 교사는 "선생님이 도와줄까?"라고 말했는데 "선생님 도움 필요 없어요."라고 한 적이 있다. 어떤 교사들은 이런 상황을 학생의 심리 분석으로 해결하려고 하는데, 사실 이런 장면에서는 비효율적인 전략이다. 이 아이는 심리적인 문제가 있는 것이 아니라, 현재 사용하고 있는 '의사소통 방법'이 비효율적인 것이라서 그것을 해결하는 것이 낫다.

담임으로서 학생들을 열심히 가르쳐 온 교사 입장에서는 만감이 교차한다. '우리 반 강점을 쥐어짜서 억지로 생각해 내는 건 안 되겠지만, 그렇다고 해서 꼭 저렇게 표현해야 할까? 저 아이는 왜 저럴까?' 교사는 똑딱이가 왜 그러는지 정말 궁금해지기 시작했다. 궁금할 땐 마음대로 상상하지 않고 직접 물어봐야 정확한 이유를 알 수 있기에 똑딱이에게 물어보려던 찰라, 다른 아이들이 웅성웅성하며 말한다.

"우리 반 장점이 왜 없어? 엄청 많은데?"

똑딱이의 도발에 아이들이 수군대며 한마디씩 던진다. 대다수의 아이들이 교사의 편에 서 주는 것은 다행이지만 자칫 똑딱이와 다른 아이들과의 싸움으로 번지고 이것이 교실을 흔드는 갈등으로 이어질 수도 있다. 더 이상 똑딱이에게 질문하지 않고 일단 이 상황부터 정리해야 한다.

"우리 반 장점을 모를 수도 있지. 그래서 함께 찾자는 거야. 모르면 모른다고 이야기하는 것도 나쁘지 않아."(설명)

교사가 이 정도로 정리하고 다음 활동으로 넘어가려 할 때, 갑자기 한 장난꾸러기 아이가 자리를 박차고 일어나더니 똑딱이가 쓴 글자 위치를 옮겼다. 그래서 '우리 반 장점? 모름'은 '우리 반 장점 모름?'으로 바뀌었다. 아이들이 "와~!" 하며 환호성을 지른다. 자연스럽게 모름을 모름으로 인정하고 문장을 다른 장점들과 연결되게 바꾸어 배치한 것이 기발했다.

학급의 응집력이 학급 분위기를 좌우하는 고학년의 특성을 고려했을 때, 다수의 생각에 반하는 의사 표현에 비아냥거리듯 반응하는 것은 위험하다. 특히 '우리'라는 관념이 강한 시기의 학생들이기 때문에, 표현의 자유를 보장하더라도 다수의 아이들 사이에서 "왜 저래?"라는 말이 나올 법한 상황이었다. 그런데 평소에도 창의적으로 자주 장난치던 한 아이 덕에 교사는 한시름 놓았다.

교사의 수치심을 자극하는 아이와
과제 분리하기

고학년 학생 중에는 교사를 좌지우지하려는 아이도 있다. 이런 학생은 교사의 의도가 무엇인지 알면서도 일부러 모르는 척하거나 교사의 사소한 실수를 콕 집어 큰소리로 이야기하곤 한다. 이는 의도적으로 교사에게 창피를 주려는 행동이거나, 아니면 대부분은 교사의 관심을 끌기 위한 행동에 가깝다. 한편 이런 자극은 교사에게 생각보다 심각한 내상을 입힌다. 대부분의 교사가 이런 상황을 맞닥뜨리면 학생에게 정이 뚝 떨어지는 것도 사실이다. 교사가 적당히 받아주면 약 올리듯 더 선을 넘고, 차갑게 대하면 적당히 잘해서 더 이상 지도할 상황을 만들지 않는 학생도 있다. 교사의 수치심을 자극하고 내상을 입히며 스트레스 주는 학생을 어떻게 지도해야 할까?

이런 경우 참고 넘어가려 해도 그렇게 잘되지 않는다. 하지만 안 참는다고 해서 딱히 상황이 달라지지 않는다는 것도 문제다. 보호자 상담이나 생활지도 위원회 등을 통한 접근 방식을 따르면 학생이나 보호자를 적으로 만들게 되는데, 그래도 상관이 없다면 그렇게 하는 것이 맞다. 학생의 표현 방식에 변화를 주어야 하기 때문이다. 다만 교사는 책임감이 강하고 성실하며 자기실현 추구 경향이 강하기 때문에, 이런 학생을 정상 범주의 학생으로 변화시키고 싶어 한다. 이 럴 때는 '과제 분리'를 떠올리며 학생을 지도해야 한다.

지구상에 있는 모든 물체들이 중력의 영향을 받듯 사람으로 태어난 이상 누구나 존재를 인정받으려는 욕구, 사랑받으려는 욕구, 관심받으려는 욕구를 지닌다. 하지만 우리가 모든 사람에게 관심과 사랑을 받는 일은 불가능하다. 교사도 마찬가지이다. 따라서 누군가 교사인 나에게 말도 안 되는 트집을 잡고 문제를 키운다면 과제 분리를 떠올리며 불가능한 일에 더 이상 애쓰지 않아야 한다.

'너는 너, 나는 나. 둘이 만나서 서로 도움이 되는 관계면 참 좋지만 너의 과제와 나의 과제는 서로 다르다. 서로의 과제를 침범할 수는 없다. 너는 너의 몫만큼 살고 나는 나의 몫만큼 산다. 예의 없고 실망스러운 모습은 너의 과제일 뿐 내 삶은 아니다. 네 말과 행위가 내 삶을 침범할 수 없다.'

특히 교사, 상담자, 복지사와 같이 다른 사람의 성장에 관여하는 직군은 수치심에 취약하다. 수치심을 느낄 때는 과제 분리를 통하여 적절한 거리를 유지하면서 생활하는 것이 필요하다.

교사가 수업에 유독 집중을 잘하는 겸손이의 자세와 태도를 칭찬했다. 보통 이럴 때 다른 아이들이 보이는 반응과는 달리 겸손이는 모든 게 선생님 덕분이라고 말한다.

> "제가 5학년 들어와서 선생님 말씀을 잘 듣고 더 의젓해졌다고 엄마가 칭찬을 해요. 선생님 덕분이에요. 감사합니다."

교사의 진심 어린 칭찬을 받은 겸손이. 실제로 학교에서 좋은 태도를 보이고 가정에서도 그것이 느껴질 정도로 본인에게 내재화가 된 것이다. 이럴 때 자신을 낮추며 겸손해지는 여유가 생긴다. 솔직히 교사 경력이 얼마 되지 않았을 때 '선생님 덕분이에요'라는 말을 들으면 교사는 정말 자신이 다 잘해서 그런 줄 알았다. 교사가 모든 아이들의 마음을 헤아리고 대화하고 설득해서 아이가 성장했다고 믿었다. 그게 완전히 틀린 것은 아니겠지만 어느 정도 경력이 쌓인 지금의 교사에게는 그런 마음이 크지 않다. 교사는 겸손이에게 조용히 말을 건넸다.

"선생님 덕분이라고 생각하는구나?"(탐색적 질문)

"네, 선생님께서 잘 가르쳐 주셔서요. 엄마도 그렇다고 하세요."

"선생님이 너희에게 최선을 다하려고 생활하는데, 그것을 인정받은 것 같아서 기쁘다. 고마워."(자기 개방)

"네."

일단 겸손이의 말을 수용하고 교사의 의견을 덧붙인다.

"그런데 선생님은 네 덕분이기도 하단 말을 하고 싶어."(자기 개방)

겸손이가 흠칫 당황한다. '갑자기 내 덕분이기도 하다니 무슨 말씀이시지?' 라는 생각을 하는 것 같다. 교사로부터 한 번도 이런 말을 들어 본 적이 없다는 표정이다.

"선생님이 많은 학생들을 지도하지만, 가르치고 지도하는 대로 잘 따라 주어 성장하는 학생도 있고, 똑같이 가르치고 지도했지만 그러지 못하는 학생도 있거든. 선생님과의 대화를 소중히 여기고 그 이야기들을 생활 속에서 잘 적용한 건 순수하게 겸손이의 선택이고 겸손이의 실천 덕분이야. 선생님 말씀을 잘 듣고 따르려고 한 너의 노력 덕분이지. 선생님은 단지 그 기회를 보고 말해 주었을 뿐이야."(설명, 지지, 자

기 개방)

"아……!"

뭔가 알았다는 표정으로 교사를 바라보는 겸손이에게 교사는 다시 진심을 전한다.

"선생님 이야기를 소중히 여기고 네 생활 속에서 실천해 줘서 고마워. 네 덕분에 선생님이 더 소중한 사람이 된 것 같아."(자기 개방)

교사는 반 전체 학생들을 대상으로 이야기할 때가 많다. 그 이야기를 듣고 학생들이 움직인다는 것은 교사를 신뢰하고 용기 내어 믿고 따른다는 뜻이다. 이것이 가능한 이유는 교사도 잘 지도했지만 학생이 교사의 말을 실천하기 때문이고, 그래서 변화할 수 있는 것이다. 하지만 교사의 같은 말에도 마음을 열지 않거나 받아들일 준비가 되지 않은 학생은 좀처럼 움직이지 않는다. 그런 아이는 좀 더 기다리고 기회를 엿볼 수밖에 없다. 교사는 성장하는 아이들을 보면 진심으로 뿌듯하고 고맙다.

"너희의 성장은 사실 너희가 선택하고 실천한 덕분이야. 내가 아니라도 너희는 그렇게 할 거야. 고맙다. 너희 덕에 나도 행복하단다."(설명, 자기 개방)

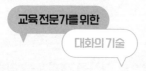

생활교육과 학생 성장을 위한
9가지 전략으로 대화 루틴을 만드세요

생활교육은 학생의 학교생활뿐 아니라 학습에도 많은 영향을 준다. 놀이나 활동을 통해 생활교육을 할 수도 있지만 결국 갈등이나 위기 상황에서는 대화를 해야 하므로 교사의 대화법이 매우 중요하다. 특히 누군가의 노하우를 그대로 따르기보다는 그런 노하우들을 참고하여 교사 자신만의 문제 해결 대화법을 만드는 것이 중요하다. 그럼 나만의 문제 해결 대화법을 만들기 위해 무엇을 고려해야 할까?

① 발달단계를 고려하라.

수업할 때는 학생의 인지, 정서 발달을 고려하여 수업을 설계하지만 일상의 대화나 위기 상황에서 말할 때는 발달단계를 고려하지 않는 경우가 많다. 수업은 비교적 배울 내용이 분명히 드러나므로 발달단계를 고려하지 않아도 다른 활동을 통해 빈 구멍을 메울 수 있다. 하지만 문제 해결을 위한 대화에서는 말하기-듣기를 통해 문제 인식, 원인 분석, 해결 전략 검토, 실행 동기 등을 살펴야 한다. 즉 교과서 없이 대화로만 진행해야 하므로 발달단계를 고려해 학생의 눈높이에 맞춰야 한다. 이것만 되어도 대화의 50%는 성공한 것이다. 특히 저학년은 인지 능력, 정서 인식 능력, 기억력의 정확성 등에서 큰 차이가 있으니 더욱 눈높이를 맞추어 대화해야 한다.

② 목적을 분명히 하라.

교사와 1대1로 대화를 하다 보면 학생들은 심리적으로 위축되는 경우가 많다. 일단 심리적인 영향을 받기 시작하면 인지적 능력이 평소보다 잘 작동하지 않기 때문에 대화 내용을 학생이 잘 이해하지 못할 수도 있다. 따라서 대화의 목적이 평가나 처벌이 아닌 학생 성장에 있음을 분명히 하여 대화해야 학생도 대화에 집중한다. 특히 대화가 겉돌거나 학생이 대화에 집중하지 못할 때 유용하다.

"(잠시 선생님 눈을 한 번 볼래?) 선생님이 너와 이야기를 나누는 건 네가 덜 속상했으면 하는 마음에서 하는 거야."

"(선생님이 무엇 때문에 이 이야기를 하는지 혹시 짐작이 가니?) 선생님은 너를 혼내려고 말하는 것이 아니라 네가 조금 더 즐거운 학교생활을 했으면 하는 생각에서 이야기를 시작한 거야."

③ 많은 말을 한 번에 하지 마라.

대화를 하다 보면 학생이 잘 이해하지 못하는 것 같아 계속 설명하는 경우가 있다. 교사가 여러 제안이나 가정을 학생에게 제시하다 보면 학생 입장에서는 너무 많은 정보를 받게 되어 이해할 수 있는 인지 수준의 양을 넘어 버리기도 한다. 그러면 잘 이해되지 않는 상황에서 학생은 자꾸 자신을 다그치는 듯한 느낌을 받으므로, 대화를 했다고 생각하지 않고 혼이 났다고 생각하게 된다. 이는 교사의 대화법 자체에 문제가 있는 게 아니라 하고자 하는 말이 너무 많아서 생기는 문제이다. 따라서 학생의 발달단계와 대화의 목적을 고려하여 할 말을 정선해야 한다. 그래야 학생도 대화를 통해 시야가 넓어지고 판단할 수 있는 능력이 생겨난다.

④ 충고가 아닌 제안을 하라.

대부분의 충고는 맞는 말이다. 꼰대가 하는 말도 사실 다 맞는 말이다. 다만 그게 나에게 의미 있게 다가오지 않고 잔소리처럼 들리는 것이 문제다. 결국 말이 효과적으로 쓰이려면 상대와의 관계가 중요하다. 타인의 충고는 자신이 놓치는 것을 깨닫게 해 주기도 한다. 그러나 대부분의 충고가 '충고질'이 되는 것을 보면, 충고란 듣는 사람이 기각하면 아무 소용이 없는 것이다. 교사의 말 또한 학생 하나하나에게 도움되지 않는 것이 없다. 보호자 상담을 할 때도 마찬가지다. 교사의 말을 들어서 손해 볼 것이 하나도 없지만 보호자 입장에서는 충고처럼 느껴지면 충고질로 전락될 확률이 높다. 교사의 말이 충고가 아닌 제안이 될 때 그 말들에 힘이 생긴다. 충고와 제안은 말하는 형식과 태도가 다르다. 결국 듣는 사람을 얼마나 존중하며 말하는가의 차이가 있다. 너무 중요하고 급박한 문제라 제안보다는 충고를 해야 할 것 같으면, 차라리 지시를 하는 편이 낫다. 어설픈 충고보다 분명하고 구체적인 지시가 행동 변화에 도움이 된다. 학생을 존중하는 상태에서 내리는 지시는 학생에게 바라는 바를 분명하고 진솔하게 전달하기 때문이다.

"네가 이렇게 하면 늘 혼날 수밖에 없어. 잘 생각해서 행동해!" 이 옳은 말을 하기에 앞서 "선생님이 제안 하나 해도 될까?", "선생님이 이야기해도 될까?", "선생님 생각을 한번 들어 볼래?" 같이 제안의 말로 시작한다. 그리고 "잘 생각해서 행동해!"라는 말은 비난, 비꼼, 위협으로 들릴 수 있다. 이런 말은 대화를 방해하는 걸림돌이니 쓰지 않도록 한다.

⑤ '지금-여기'에 충실하라.

학교에서 문제상황(행동)은 반복적으로 이루어지는 경향이 있다 보니 매번 비슷한 설명과 훈육을 해야 할 때가 많다. 그래서 교사는 지칠 수밖에 없고 '그때-거기'에 집중해서 또 같은 문제가 발생한 것을 지적하게 된다. 반복되는 문제로 답답하고 지치는 것은 사실 교사뿐 아니라 학생도 마찬가지다. 매번 혼나고 싶은 학생은 없기 때문이다. 다만 반복적으로 혼나다 보면 자신에게는 변화할 수 있는 능력이나 의지가 없다고 생각할 수 있고, 이런 생각들이 누적되면 학생은 성장과 발전 대신 무기력과 반항심을 키워 그것으로 본인의 존재감을 드러내려고 한다. 어떤 문제가 반복적으로 발생한다고 해도 마치 지금 처음인 것처럼 다루어 주어야 학생도 변화에 대한 동기와 노력할 여지를 가질 수 있다. '지금-여기'의 문제가 해결되면 과거의 반복되었던 문제들은 더 이상 문제되지 않는다. 과거의 반복되었던 문제는 최소한의 문제 인식을 위해 지적한 후 곧바로 '지금-여기'에 충실한 대화를 해야 한다. 예를 들어 다음과 같은 말들은 과거의 문제를 인식하며 지금-여기로 집중할 수 있는 효과적인 표현들이다. 이런 말들과 질문을 연습해 보자.

"그때 그런 일이 있었는데, 지금 네 생각은 어때?"

"예전에는 어떤 마음이었어? 지금은 어떻게 변화했니?"

"그때와 지금 달라진 것은 무엇이니?"

⑥ 학생 말을 요약하며 재진술하라.

학생이 한 말을 요약하고 재진술하면 학생은 자신의 말과 행동에 책임감을 갖게 된다. 즉 현재의 상황과 학생의 생각을 교사의 잣대로 이해하는 것이 아니라, 학생의 기준에서 이해한다는 메시지가 전해진다. 이것은 표면적으로는 공감이고, 실제로 학생에게는 자신의 말과 행동에 대한 민감성과 책임감을 느끼게 하는 효과가 있다.

"그러니까 네 말은 때리고 싶은 마음이 없었는데, 실수로 이렇게 되었다는 것이지? 선생님이 맞게 이해한 거니?"

"아, 그럼 한 줄로 요약하자면 미안하다는 이야기로 들리는데 맞니?"

"네가 별별이에게 그렇게 이야기한 이유가 너도 속상해서 그런 건데 지금은 후회하고 있다는 거구나?"

이렇게 요약하고 재진술하며 확인하는 과정은 학생에게 탐색의 시간을 주고, 자신이 정말 하고 싶었던 말을 확인할 수 있도록 한다. 이런 말은 입에 붙을 때까지 연습을 해야 어떤 순간에서도 바로 활용할 수 있다. 이렇게 요약하여 재진술하면 그 이후의 대화가 더 수월해진다. 학생 스스로 자신의 생각을 구체적으로 요약하게 하는 모델링 효과도 있다.

⑦ 요구하는 말은 구체적으로 분명히 하고, 확인하라.

갈등 상황에서 대화를 하다 보면 학생은 머릿속이 복잡해진다. 그래서 가끔은 학생이 잘 이해한 줄 알았는데 전혀 다른 행동을 하는 경우도 있다. 상황에 따라 다르긴 하지만 의도적으로 교사의 말을 무시하거나 따르지 않은 것으로 보긴 어렵다. 최근에는 ADHD와 같이 주의력이나 집중력이 떨어지는 아이들이 증가하여 더욱 지도가 어려워졌다. 이유가 어찌되었든 교사가 요구하는 말, 지도하는 말을 학생이 제대로 이해하는 것은 매우 중요하다. 이때 이런 말들을 구체적으로 표현하는 전략이 필요하다.

"그럼, 이제부터 복도에서는 걷는 걸 연습하는 거야! 그때 중요한 게 있어. 천천히 걷는 거야. 뭘 해야 한다고?" (천천히 걷는 거요.)

"화장실을 갈 때는 문을 열고 나갈 때가 가장 위험해. 밖에서 뛰는 아이와 부딪힐 수 있거든. 그래서 손잡이를 잡았을 때는 문을 열고 천천히 밖을 살펴보는 거야. 한번 따라해 볼까? 손잡이를 잡는다. 문을 연다. 밖에 다른 사람이 없는지 살펴본다. 나간다. 이렇게 해야 이번처럼 부딪혀서 다치지 않아. 어떻게 하는지 한번 말해 볼래?"

구체적인 행동을 반복적으로 말해 주어 학생에게 행동을 이해시키고 연습할 수 있게 한다. 3학년 이하의 학생들에게 효과적인 방법이며 인지적 능력이 조금 부족한 고학년 학생들에게도 효과적이다.

⑧ 학생의 자원이 무엇인지 파악하라.

한 사람에게는 자신도 잘 모르고 있던 회복과 성장의 자원이 꽤 많이 있다. 상담이나 심리치료의 핵심은 이런 자원을 함께 발견하거나 인식함으로써 내담자의 회복과 성장을 돕는 것이다. 교실에서 학생에게 전문적인 심리치료나 상담을 할 것은 아니지만(그 전문성은 오랜 기간 수련을 해야 생긴다.) 그 핵심적인 원리를 이용하면 학급운영과 생활교육에 도움이 된다. 그런데 학생의 환경적 자원은 대부분 학생이 통제하거나 조율할 수 없는 것들이다. 문제 해결을 위해 학생과 대화할 때는 이런 부분을 고려해서 학생의 자원이 스스로의 성장을 위해 작용할 수 있도록 조율해야 한다. 학생의 자원에는 다음과 같은 것들이 있다.

심리적 자원 (개인 내적 자원)	- 성격(구체적인 장면에 따른 성격) - 자신에 대한 이해 : 자신에 대한 높은 관심, 뚜렷한 신념, 자신의 욕구와 문제를 지각하는 능력, 자신의 가치관에 대한 이해 - 자기 성찰 및 반성적 태도 : 자신의 잘못을 인정하는 태도, 개방적이고 유연한 태도 - 정서에 따른 행동 조절 : 감정 인식, 감정을 표현하는 능력, 상처와 아픈 부분을 마주하는 의지와 능력, 자신을 스스로 위로하고 격려하는 행동 , 위기에 압도되지 않고 마주하기, 위기를 성장으로 이끌기 - 미래에 대한 긍정적인 생각 : 현실에 대한 평가를 기반으로 한 미래를 준비하는 모습, 열정, 소신 있는 모습 - 변화와 성장을 위한 동기 : 노력의 중요성 인식, 변화 의지, 변화 동기 부여, 변화 기회 포착 - 낙관성 : 긍정적인 면 찾기 - 추진력 : 융통성 있게 행동하기, 새로운 것을 시도하기, 실천 가능한 목표 설정하기, 생각을 행동으로 옮기기

환경적 자원 (개인 외적 자원)	- 표정, 말투, 용모 - 가정 내 자원 : 부모, 형제 관계 - 학교 내의 인간관계 - 지역사회의 문화 - 그 밖에 학생 개인이 통제할 수 없는 환경들

다음은 학생의 개인 내적 자원을 탐색, 지지하기 위한 말이다.

"너의 평소 성격은 어때? 지금은 너의 그 성격과 어떻게 달라진 것 같아?"

"우리 ○○이가 **이에게 많은 관심이 있어 보였는데 언제부터였어?"(관심 확인)

"○○이는 친구 관계에서 믿음이 중요하다고 생각하는구나?"(가치관 확인)

"자신이 실수하고 잘못한 것을 인정하고 이렇게 사과를 하는구나. 사실 어른도 잘 안 되는 것 중 하나거든."(자기 성찰 지지)

"그렇다면 어떻게 해야 할까? (노력하면 되지 않을까요?) 응, 맞아. 우리 ○○이가 지금 말한 것처럼 노력해야 함을 알고 있다는 것도 중요해. 그리고 그 노력은 바로 ○○이의 행동에서 나와. 오늘부터 내가 지금 무엇을 하고 있는지 한 번씩 생각해 보렴."(변화 동기 지지)

"화가 날 수 있는 상황인데, 무턱대고 화내지 않고 무엇 때문인지 차분히 원인을 살펴보았구나?"(정서 조절)

"새로운 것을 시도하는 것도 참 용기가 필요한 일인데, 선생님은 용기를 선택한 ○○이를 지지해. 어려운 일 있음 언제든지 말하렴. 선생님이 도와줄게."(추진력 지지)

"아, 지금 가족의 모습을 알려 주어서 고마워. 그럼 가족의 상황은 그대로 두고 우리가 할 수 있는 학교에서의 생활을 바꿔 보는 것은 어때? 선생님은 네가 바로 할 수 있는 것부터 해 나가는 것이 효과적으로 보이거든."(개인 환경 공감 및 내적 자원 탐색)

⑨ 학생의 장점, 강점을 확인하고 지지하라.

너무나 당연한 이야기지만 바쁜 학교생활 속에서 쉽게 잊고 지나치는 것이 있다. 성장, 발달, 회복, 치유와 같은 모든 변화는 변화하고자 하는 사람으로부터 시작된다는 점이다. 이때 우리가 꼭 기억해야 할 것은 누구든 변화하는 것이 어렵다는 사실이다. 준비물을 잘 챙겨 오던 아이가 준비물을 잘 못 챙기게 되기는 쉽지만 준비물을 잘 못 챙기던 아이가 준비물을 잘 챙겨 오는 것은 무척이나 많은 인지, 행동, 정서적인 준비와 노력이 필요하다. 변화와 성장이 힘든 이유는 그것이 어렵고 귀찮을 거라는 직관적인 판단이 있기 때문이다. 따라서 학생의 장점을 강조하고 지지하면서 변화를 위한 동기를 높여 주는 것이 효과적이다.

그런데 한 가지 딜레마가 있다. 장점과 강점의 빈익빈 부익부 현상이다. 강점이 많은 아이들은 너무 많고 없는 아이들은 너무 없다는 사실에 교사들은 낙담하곤 한다. 그러나 이는 장점과 강점에 대한 개념을 잘못 알고 있기 때문이다.

흔히 강점이나 장점이라고 하면 다른 사람보다 잘하는 점을 떠올린다. 예를 들어 'ㅇㅇ이는 수업 태도가 좋은 장점이 있다'고 말하는 경우 다른 학생과 비교하여 장점이라 보는 경우가 많다. 수학적 사고력이 뛰어나든, 운동을 잘하든, 다른 친구와 사이가 좋든 다른 사람과 견주어 알게 된 장점과 강점은 엄밀히 말해서 장점이 아니다. 내년이 되어 그 학생보다 더 잘하는 학생이 생겨나면 의미가 없어지기 때문이다. 따라서 강점과 장점은 상황이 바뀌더라도 그 사람의 성장과 발전을 위해 존재하는 개념으로 생각해야 한다. 어떤 상황에서도 발휘될 수 있을 때 의미 있는 것이다. 그렇다면 무엇을 강점과 장점으로 봐야 할까? 바로 지금 상황에서 본인이 바라는 대로 변화하고자 하는 마음 상태, 성격적 특성, 성향, 능력, 역량, 태도로 보는 것이다. 바라는 상태가 되기 위해 변화된 점, 달라진 점을 강점과 장점으로 보아야 한다. 예를 들어 공부를 잘하고 싶은 욕구는 있으나 수업 시간에 집중력이 떨어지는 학생이 있다고 치자. 그 학생이 어느 순간 교사의 눈을 마주치고 있다면 그 장면은 학생의 강점이 드러나는 순간이다. "선생님께서 무엇을 말씀하실지 귀를 쫑긋 세우고 선생님 말씀을 들으며 눈을 잘 마주치는구나! 이렇게 눈을 마주치는 모습과 태도를 보니 앞으로 수업 집중을 더 잘하겠어!", "선생님한테 꾸중 들으면 다 선생님의 눈을 피하는데 잘 귀담아 듣는 모습을 보니 앞으로 잘할 수 있겠다." 즉 그 학생의 태도를 강점으로 이끌어 낼 수 있다. "지난번에는 화를 많이 내며 선생님 말씀을 듣지 않았는데 오늘은 끝까지 잘 듣고 다짐하는 것 같구나!" 즉 예전 모습에서 긍정적인 변화가 온 것을 강점과 장점으로 보며 피드백을 해 주어야 한다.

대화할 때 이성, 감정, 행동 영역을
골고루 자극해 주세요

갈등 상황이 벌어졌을 때는 문제를 해결하느라 교사의 머리가 몹시 복잡해진다. 몇 가지 경우의 수를 생각하고 잘잘못을 따져 어떻게 마무리할지 고민하느라 순간적으로도 몇 가지의 시나리오를 쓰게 된다. 교사의 이성대로 접근한다면 대부분의 갈등 상황은 해결된다. 하지만 해결되었다고 여겼던 상황이 금방 다시 갈등 상황이 되거나 민원으로 이어지는 경우에는 교사도 많이 허탈해진다.

교사는 교육과정, 수업 및 교육활동을 구성하고 설계할 때 3가지 영역을 고려한다. 바로 인지적 영역, 정서적 영역, 행동적 영역이다. 그런데 갈등 해결을 위해 고려하는 영역이 한 가지에만 국한될 때 갈등 상황이 반복되거나 민원으로 이어질 확률이 높아진다. 마음이 급하다 보면 인지적 영역으로만 학생의 심정을 이끌게 된다. 학생 입장에서는 갈등이라는 불편한 상황에서 '화해'라는 종착역에 억지로 끌려가는 느낌이 든다. 교사보다 낮은 지위에 있는 학생이 학교라는 공간에서 자신의 심정, 의지와는 다르게 이끌려 가는 느낌을 받으며 억지로 사과하고 화해하게 되는 것이다. 그렇다면 어떻게 하는 게 좋을까? 방법은 비교적 간단하다. 교육활동 설계와 마찬가지로 학생과 대화할 때에도 3가지 영역을 골고루 다룬다. 그러면 교사의 생활교육이나 상담은 보다 안전하고 효과적이며 학생에게도 변화의 씨앗을 심어 줄 수 있다. 한편 지나치게 정서적으로만 대화하는 것도 문제가 있다. 학생의 감정에 과하게 동조(공감과 구별되는 것)하거나 심정적으로 공감이 아닌 일치를 하며 교사 자신의 정서가 흔들리기도 한다. 이 경우 학생의 입장에서는 교사가 인간적이고 학생인 자신을 위해 준다는 느낌을 강하게 받지만, 자꾸 자신의 행동에 대한 책임을 교사에게 떠넘기게 된다. 또 주변 다른 학생들로부터 자신은 교사에게 이해받지 못한다는 서운함이나 반발감을 불러일으킬 수 있으며 이는 보호자들에게도 전달될 수 있다. 따라서 이성적이고 논리적인 면과 심정과 감정을 헤아리는 정서적인 면, 그리고 표정, 비언어적인 메시지 등을 활용한 행동적인 면을 함께 활용하여 대화를 이끌어 가야 한다.

자신의 대화 중심 사항을 체크해 보자.

대화의 중심	나와 비슷한 모습을 체크해 본다.	개수
이성 논리 중심	· 왜 이렇게 했어? · 그렇게 하면 안 되는 거였어. · 어떻게 도와주면 되겠니? · 이런 문제는 ~게 해결해야 돼. · 이러면 돼? 안 돼? · _____	
감정 심정 중심	· 그래 속상했겠다. · 그래 그럴 수 있어. 너무 괴로워하지 마. · 아이구, 저런 어떡해! · 괜찮아? 놀랐겠다. · 화가 많이 났구나? · _____	
행동 중심	· 손잡고 이야기하기 · 학생의 표정을 보며 비슷한 표정 짓기 · 제스처를 쓰며 이야기하기 · 눈 마주치며 이야기하기 · 어깨나 팔을 토닥이며 이야기하기 · _____	

(* 이 체크리스트는 과학적 절차를 따른 심리 검사의 결과로 만들어 낸 것이 아니다. 저자의 강의, 교사 컨설팅과 상담 등 임상 경험에서 유추한 것으로, 각 대회의 중심 예는 화자에 따라 달라질 수 있다.)

이 세 가지 영역은 더 중요하고 덜 중요한 것이 없다. 교육 전문가의 대화에서는 이 세 가지 영역을 고루 활용하고 대화의 목적에 맞게 깔끔하게 취사선택하여 활용한다. 지나치게 논리적이면 맞는 말이지만 잔소리가 되고, 지나치게 감정과 심정만 살펴 주면 따뜻해 보이나 선이 없어진다. 또 과도한 행동과 리액션 위주로 대화하면 알맹이 없이 공허한 느낌이 들 수 있다.

대화의 상대가 초등 저학년일수록 학생의 발달단계를 고려하면 행동(40%)-감정 심정(40%)-이성 논리(20%) 정도의 비율로 대화하는 게 효과적이다. 이는 그 단계의 학생이 교사의 지도를 이해하고 마음으로 받아들여 갈등 상황에 대처할 수 있는 실질적인 적응력과 사회성을 늘리기 위함이다.

만약 초등학교 고학년 이상의 연령대 학생이라면 행동(20%)-감정 심정(40%)-논리(40%)의 비율을 고려해 보자. 고학년들은 제스처나 스킨십 등에 예민하기 때문에 가벼운 토닥임, 혹은 눈 마주침을 중심으로 감정 심정과 논리를 적절히 배분하여 말해야 한다.

이성 논리 중심 대화를 하는 경우 감정 심정 중심 대화가 시간 낭비이고 불필요하여 갑갑하다고 생각할 수 있다. 그러나 재미있는 사실은 자신이 심정적으로 힘들 때는 이성 논리 중심의 말들이 잔소리나 비난처럼 느껴진다는 것이다. 따라서 학생의 변화와 성장을 촉진하기 위해서는 이 두 가지를 목적에 맞게 적절한 비율로 활용해야 유리하다.

대화 중심이 이성 논리 중심에 치우쳐 있다면 감정 심정에 대한 알아차리기 연습을 해 보자. 우선 감정 단어, 느낌 단어의 목록을 살펴보고 느낌에 맞게 큰 소리로 하루에 3번씩 읽는 연습을 한다. 이렇게 한 달만 해 보고 이 책의 대화들을 다시 읽어 본다면 그냥 눈으로만 글을 읽는 것과는 다른 차원으로 와닿을 것이다. 이것은 실제로 연습한 사람만 느낄 수 있는 것이니 반드시 추천한다.

대화 중심이 감정 심정 중심에 지나치게 치우쳐 있다면 학생을 나이에 비해 너무 어리게 보거나 과보호하는 것은 아닌지 살펴봐야 한다. 아님 교사 자신에게 학생에 대한 역동이 존재할 가능성이 있다. 학교와 교실은 감정 중심으로만 대화할 수는 없는 곳이다. 나가야 할 교과 진도가 있고 해야 할 행사들과 수많은 교육활동이 있기 때문이다. 이런 경우 이성 논리적인 결론을 내려서 학생에게 전달하여도 학생이 잘 이해 못할 때가 많다. 따라서 교사는 학생의 감정에 앞서 가지 말고 따라가는 형태로 한 박자 늦은 공감을 한다고 생각하며 대화한다. 그 이후 지도할 내용의 핵심을 간단히 적어서 출력물로 제공하는 방법도 좋다. 학생이 교사의 심정에 집중하다 보면 무엇을 해야 할지 잊는 경우가 많기 때문이다. (또 그런 학생들하고만 대화하게 되는 상황을 반복하곤 한다.)

말투나 언어는 오랜 습관의 결과물이다. 학생의 발달단계를 고려하여 주된 언어 양식을 유연하게 바꾸는 것이 반드시 필요하다. 특히 6년이라는 긴 학제를 가진 초등학교에서는 어떤 학년을 하더라도 교사의 이성적 지도와 심정적 마음이 잘 전달될 수 있도록 연습한다면, 학급에서 행동 스펙트럼이 넓은 학생을 만나도 당황하지 않고 적절하게 잘 대처할 것이다.

평범하지만 특별한
교사의 언어

1판 1쇄 발행 2024년 5월 30일
1판 2쇄 발행 2024년 10월 30일

지은이 김태승

발행인 송진아
편 집 아이펑크
디자인 권빛나
제 작 제이오
펴낸곳 푸른칠판
등 록 2018년 10월 10일(제2018-000038호)
팩 스 02-6455-5927
이메일 greenboard1@daum.net

ISBN 979-11-91638-21-9 13370